Deux Assassinats Pour Une Escalade

D1719892

Kennedy, Diệm,
Leurs Assassinats,
et la Guerre du Viêt Nam

Bùi Ngọc Vũ

Deux Assassinats Pour Une Escalade

Kennedy, Diệm,
Leurs Assassinats,
et la Guerre du Việt Nam

À mon épouse bien aimée Paula Lê Minh Phượng en souvenir de notre heureuse vie commune.

À mes chers enfants Quốc Cường, Vi An et Kha Linh pour leur rappeler le pays de leur origine.

Table des matières

Avant-Propos

Comme Vietnamien d'origine je voulais mieux comprendre la deuxième guerre du Việt Nam qui avait marqué profondément ma jeunesse sans pour autant m'infliger personnellement de drames majeurs comme ce fut le cas pour des millions de Vietnamiens. J'avais eu en effet la chance d'obtenir une bourse pour partir du Việt Nam et aller faire mes études supérieures en France à la fin de l'année 1964 c'est-à-dire juste avant que la guerre ne commença à faire rage. Vivant en France je ne connaissais que d'une manière très superficielle les États-Unis et leur histoire.

Il faut rappeler que l'intervention des États-Unis dans la région avait déjà commencé à l'époque de l'Indochine française mais uniquement sous la forme d'une aide financière et du matériel militaire américain à l'entreprise de maintien par la France de sa colonie sous une forme plus évoluée qui était l'Union française.

Ce fut dans un contexte de Guerre Froide entre le monde communiste et le monde occidental que les États-Unis entrèrent directement en scène avec la fin de l'Indochine et le retrait de la France suite à la bataille de Điện Biên Phủ et aux Accords de Genève de 1954 qui divisèrent le Việt Nam en deux 'pays'. Le 17ème parallèle conçu au départ pour être une ligne de démarcation provisoire séparant les deux parties Nord et Sud devint un peu plus d'un an plus tard une vraie frontière entre deux pays distincts, chacun doté d'un régime politique hostile à l'autre.

C'était pour éviter que le Việt Nam du Sud ne tombât dans le bloc communiste que les États-Unis envoyèrent ses dollars et ses conseillers militaires à Saigon sous la présidence d'Eisenhower. Kennedy prit la suite de cette politique en la renforçant. On ne pouvait pas nier à cette époque cet élan d'idéalisme de la part de John F. Kennedy qui se présentait sincèrement comme un défenseur de la liberté et du monde libre.

N'avait-il pas prononcé ces phrases restées célèbres dans son discours inaugural: « Toute nation, qu'elle nous souhaite du bien ou du mal, doit savoir que nous sommes prêts à payer n'importe quel prix, à porter n'importe quel fardeau, à faire face à toute épreuve, à soutenir tout ami, à nous opposer à n'importe quel ennemi pour assurer la survie et le succès de la liberté. »

Et avec Kennedy le nombre des conseillers militaires américains au Sud Việt Nam passa de 600 environ au moment où il fut élu à 16300 au moment de son assassinat.

C'est en m'intéressant à la guerre du Viêt Nam que j'étais amené à m'intéresser de plus près à l'assassinat de Kennedy qui amena au pouvoir LBJ. Avec ce dernier les choses changèrent du tout au tout. C'était de manière subtile au début, presqu'en cachette, pendant le bout de mandat restant de Kennedy pour donner l'illusion que la même politique était poursuivie. Probablement LBJ voulait hériter de la ferveur populaire pour Kennedy et se montrer modéré pour gagner les élections de 1964 contre Barry Goldwater le candidat républicain belliqueux. Il ne dévoila ses vraies intentions qu'une fois réélu et on peut même dire dès son élection.

L'escalade de la guerre commença aussitôt ce qui prouve qu'elle avait été bien préparée d'avance. Les critiques les plus hostiles montreront que ce qu'on appela l'incident du Golfe du Tonkin en août 1964, les attaques du destroyer Maddox par des navires de guerre nord-vietnamiens, furent plutôt le résultat d'une provocation américaine. Ils montreront même que l'attaque d'un deuxième jour ne s'était jamais produite. L'incident fut amplifié par la fabrication de cette attaque virtuelle pour justifier des raids punitifs de bombardement aériens sur le Nord Viêt Nam, pour habituer le public américain et surtout mondial vis à vis de ces actes de guerre qui deviendront par la suite monnaie courante et quotidiens.

Cette guerre américaine c'est l'assassinat de Kennedy qui l'a permise alors qu'il se préparait déjà à un retrait de la présence américaine du Viêt Nam une fois qu'il serait réélu. Le plus grave c'est qu'il avait fallu attendre presque trois décennies pour que cet aspect des choses soit révélé de manière détaillée au public américain grâce à la sortie du film à grand succès 'JFK' d'Oliver Stone en 1991.

Définitivement c'est en s'intéressant dans le détail à l'assassinat de Kennedy qu'on apprend qu'il y a beaucoup de choses mystérieuses et que l'explication officielle n'est qu'un mensonge grossier. Ce mystère avait passionné un grand nombre de chercheurs, d'enquêteurs et d'historiens, les avait poussés dans une recherche patiente et méticuleuse de la vérité pendant plus d'un demi-siècle et grâce à eux des faits assez incroyables et d'un grand intérêt furent mis à jour.

Le rapprochement de ce mystère avec la guerre du Viêt Nam a permis d'établir une liaison forte entre les assassinats de deux présidents, celui du Viêt Nam du Sud, Diệm et celui des États-Unis, Kennedy. Il s'en découla une explication plausible et logique de l'escalade décidée par LBJ qui plongea les États-Unis dans de 9 années de guerre impopulaire et dévastatrice pour la société américaine.

CHAPITRE 1

Kennedy relève le défi vietnamien

Le 35ème Président élu des États-Unis

En pleine Guerre Froide ''Jeune Président élu à 43 ans Kennedy avait la réputation de posséder une grande intelligence, d'avoir plein d'esprit et un style d'une grande élégance. Avide de laisser ses marques dans l'histoire, le diplômé en science politique de Harvard accepta volontiers les défis globaux croissants liés au poste. La fameuse 'Nouvelle Frontière' caractérisant sa politique domestique et étrangère impliqua les États-Unis dans l'endiguement du Communisme et la défense des Droits de l'Homme.''[1]

Pour les pays du troisième monde menacés par le Communisme, il promit l'assistance des États-Unis : « Pour ces nouveaux États que nous accueillons au rang des États libres, nous donnons notre parole que la coercition coloniale ne doit pas céder simplement la place à une tyrannie bien plus implacable. »

Le contexte international

Au Laos les perspectives d'avenir étaient très sombres à court terme car les alliés Laotiens des États-Unis étaient en passe de se faire éliminer par les succès marquants du Pathet-Lao. Le répit précaire occasionné par l'annonce d'une nouvelle conférence de Genève pour le Laos n'était même pas le signe d'un grand espoir pour la partie laotienne pro-occidentale qui avait peu de cartes à jouer dans le jeu des négociations. Les États-Unis espéraient, au mieux, arriver à la solution d'un gouvernement de coalition, position très en retrait par rapport à celle prise dans les derniers mois de l'administration d'Eisenhower.

Les relations avec la Chine étaient toujours très tendues après les incidents de 1958.

La conférence au sommet entre les États-Unis et l'URSS organisée au printemps 1960 à Paris dans le but d'initier la détente entre les deux pays fut dénoncée par Kroutchev après qu'un avion espion américain fut abattu dans l'espace aérien de l'URSS.

Ainsi la Chine et l'URSS, encore désignées comme le 'bloc Sino-Soviétique', étaient toujours considérées comme une menace majeure à la paix et la sécurité de la zone de l'Asie du Sud-Est.

---

[1] Howard Jones, *Death of a Generation*, p.6

Intention de Kennedy de 'mettre le paquet' au Việt Nam

Quand la nouvelle administration prenait place c'était une situation complexe au Việt Nam dans laquelle il était facile de commettre des erreurs. La menace Việt Cộng était suffisamment sérieuse pour exiger des actions mais pas suffisamment sérieuse pour faire concurrence avec les autres crises et les autres problèmes et attirer un intérêt plus attentif de la part des décideurs hauts placés.

Même si Diệm pouvait apparaître comme indigne d'un soutien il était difficile de prendre la décision de le laisser choir, tout particulièrement dans le contexte du monde de 1961. Si les États-Unis pouvaient avoir le sentiment que la meilleure option fût de rechercher immédiatement une alternative à Diệm, personne ne savait qui pouvait être cette alternative ou si se débarrasser de Diệm allait améliorer les choses.

Face au défi d'avoir à traiter avec les guerres de libération nationale il était difficile de décider que le premier auquel il fallait faire face n'était pas '*à notre goût*'. Et après que les États-Unis aient reculé au Laos « il était difficile de persuader les Russes que nous entendions leur tenir tête fermement si nous cédions ensuite au Việt Nam» Kennedy s'était obligé de considérer le Việt Nam comme un test dans lequel les États-Unis devaient manifester leur volonté de ne pas encore reculer face à la menace de l'expansion communiste.

C'était donc avec l'état d'esprit d'un Président nouvellement élu, encore animé de l'exaltation de sa victoire, un état d'esprit combatif et offensif que Kennedy avait considéré le Việt Nam comme une occasion de montrer les muscles de l'Amérique.

La nécessité de renverser la tendance par un changement de politique caractérisé par l'introduction de plus de moyens américains lui apparaissait alors très clairement.

Kennedy découvre la gravité et l'urgence du problème vietnamien

L'occasion se présenta aussitôt car dès son arrivée à la Maison Blanche le président Kennedy se trouva devant la perspective d'une crise au Việt Nam comme le lui révéla le rapport Lansdale.

Aussi à la première réunion consacrée au Viêt Nam le 28 janvier 1961 il accueillit Lansdale[2] en le complimentant pour son rapport[3] qui lui avait permis *'pour la première fois de mesurer le danger et l'urgence de ce problème'*.

Le CIP, Counter Insurgency Plan

La réunion commença par la présentation à Kennedy du CIP (Plan de Lutte Anti-Insurrectionnelle) élaboré durant la fin de l'année 1960 et proposé par l'ambassadeur Durbrow avec l'idée d'un marché clairement suggérée à Diêm: les États-Unis fourniraient l'aide pour renforcer l'armée sud-vietnamienne de manière substantielle et Diêm devrait réformer le gouvernement et l'appareil administratif et militaire pour plus d'efficacité.

Le plan commença par signaler une détérioration de la situation générale depuis la fin de l'année 1959 jusqu'à présent, qui se manifestait par un accroissement sur l'ensemble du territoire sud-vietnamien des activités terroristes et des actions de guérilla. Ces activités comprenaient des campagnes de propagande par des groupes en armes et des distributions de tracts ; des ponctions d'argent, de nourriture et de médicaments auprès de la population ; des enlèvements et assassinats d'officiels du gouvernement dans les hameaux et villages ; des embuscades sur les routes et les canaux ; des attaques contre les agrovilles, les postes de la garde civile et du corps d'auto-défense mais aussi les petites unités de l'armée gouvernementale.

L'objectif immédiat du Viêt Công était d'éliminer toute forme de contrôle du gouvernement sud-vietnamien dans les zones rurales en particulier dans le delta du Mékong et de créer des *'zones libérées'*.

Le plan notait cependant que « le gouvernement de Diêm offrait le meilleur espoir pour vaincre la menace du Viêt Công et qu'il possédait le potentiel de base pour faire face à la guérilla menée contre lui si les mesures correctives nécessaires étaient entreprises et si les forces adéquates étaient disponibles. »

Principales mesures du CIP

Pour l'essentiel le plan proposait deux mesures à financer par les États-Unis pour faire renverser la tendance :

- création et équipement de 20000 hommes pour l'armée sud-vietnamienne en faisant passer son effectif de 150000 à 170000.

---

[2] À la fin de l'année 60 Lansdale avait été chargé par le Département d'État de faire une mission au Viêt Namdans le but pour les États-Unis d'avoir la plus grande compréhension possible des faits, des problèmes et les réponses possibles telles que Diêm les voyaient afin de faire remonter aux plus hautes autorités américaines les points de vue de Diêm. Il accomplit la mission en janvier 61.

[3] Doc 4, Memo de Rostow a Bundy 30 janvier 1961, FRUS 1961-1963 Vol I

- amélioration de la qualité et de l'efficacité de la Garde Civile par un programme d'entraînement immédiat et accéléré de 32000 des 60000 hommes composant cette force.

Ces mesures coûteraient environ 40 millions de dollars et allaient faire passer l'aide américaine d'un montant annuel de 220 millions de dollars par an à plus de 260 millions. Le plan détailla ensuite un ensemble de mesures politique, militaire et économique à adopter par le gouvernement sud-vietnamien s'il voulait poursuivre et remporter la lutte contre l'insurrection.

Il était proposé en même temps au gouvernement sud-vietnamien:
- de réduire le nombre des 43 personnes des provinces qui devaient répondre directement à Diệm.
- de créer un système de planification pour l'économie.
- de mieux centraliser les institutions du gouvernement.
- d'améliorer le système de patrouille des frontières et des côtes.
- d'améliorer le système de communication intérieure.

Rapport par Lansdale de sa visite du Việt Nam

Venait ensuite au tour de Lansdale de présenter le rapport de sa visite du Việt Nam du 2 au 14 janvier 61.

Le mémorandum de Lansdale commençait en ces termes :

''Les États-Unis devraient reconnaître que la situation du Việt Nam était critique, considérer le Việt Nam comme un théâtre où se joue la Guerre Froide et mobiliser un traitement d'urgence.

1961 s'annonce comme fatidique pour le Việt Nam. Les Communistes, désignés sous le vocable Viêtcong, espèrent récupérer le Việt Nam au sud du 17eme parallèle dans la mesure du possible cette année et sont beaucoup plus avancés dans la réalisation de cet objectif que je ne le pensais à la lecture des rapports reçus à Washington. Le Viêtcong a l'initiative et la majeure part du contrôle d'une région s'étendant des pieds des Hauts Plateaux au nord de Saigon jusqu'au Golfe de Siam à l'exclusion de la grande zone urbaine de Saigon-Cholon. Si le 'Việt Nam libre' tombait, alors le reste de l'Asie du Sud-Est serait une proie facile pour l'ennemi car la force locale la plus solide de notre côté aurait disparue.''

Lansdale invita les États-Unis à manifester un ferme soutien à Diệm pour restaurer sa confiance sans laquelle l'influence des États-Unis ne pourrait pas être effective. Il recommanda le rappel immédiat de Durbrow qui était considéré à tort ou à raison par Diệm comme ayant été impliqué dans la tentative de coup d'état du 11 novembre 1960.

Kennedy veut nommer Lansdale comme nouveau ambassadeur, mais…

"A la fin de la réunion Kennedy demanda à Lansdale si Rusk l'avait informé de son intention de le nommer comme ambassadeur au Việt Nam. Lansdale ne l'était pas et devant la soudaineté de la question il répondit qu'il était un militaire et non un diplomate.

Kennedy persista dans son idée pour le poste d'ambassadeur et Lansdale communiqua à Rostow son désir de servir mais l'idée demeura lettre morte, victime des anciens combats de Lansdale avec le Département d'État sur la politique vietnamienne. En fait le Secrétaire d'État Rusk avait menacé de démissionner tellement l'opposition de ses proches conseillers fut véhémente.

L'offre de Kennedy ne se matérialisa pas et Lansdale fut mis de côté. La décision fut de s'appuyer exclusivement sur la bureaucratie gouvernementale régulière pour continuer à aider le Sud Vietnam."[4]

Un soutien renforcé à Diệm

Kennedy s'inspira cependant de toutes les idées de Lansdale pour en faire la base de sa nouvelle politique pour le Sud Việt Nam. Il mit en sourdine 'le problème Nhu', prit la décision de mobiliser de gros moyens, s'engagea dans un soutien total à Diệm pour continuer, **avec Diệm et Nhu,** à faire du Việt Nam le verrou à l'avancement communiste.

Conformément à la recommandation de Lansdale de remplacer Durbrow Kennedy nomma le 17 février Frederic Nolting comme nouvel ambassadeur; celui-ci ne sera confirmé par le congrès que le 15 mars et n'arrivera que le 29 mars à Saigon. Il laissa à Durbrow le soin de terminer, d'ici la fin de son mandat, les pourparlers avec Diệm pour lui faire accepter le CIP américain; ces pourparlers durèrent plus de 6 semaines entre mi-février et fin mars.

Kennedy avait même exprimé l'idée de faire porter la guérilla au Nord Việt Nam et voulait que dans un horizon de trois mois la situation s'améliore dans tous les points de crise du moment, au Việt Nam, au Congo, au Laos et à Cuba. Il s'interrogea sur l'utilité d'écrire à Diệm et fut conforté par Rusk qui trouva cette initiative très bonne, contribuant positivement à une nouvelle approche par le nouvel ambassadeur en remplacement de Durbrow.

Kennedy approuva sur le champ le CIP hérité de l'administration d'Eisenhower (notamment les deux mesures phares du plan, l'augmentation de l'effectif de l'ARVN de 20000 personnes et la formation accélérée de 32000 gardes civils).

---

[4] Rufus Phillips, *'Why Viet Nam Matters'*, p. 103

Création d'une Task Force

Le 20 avril 1961 Kennedy chargea Gilpatric[5, 6] de présider une *'Vietnam Task Force'* (Cellule opérationnelle pour le Việt Nam) chargée de définir un programme d'action pour le Việt Nam. La direction opérationnelle et la coordination seraient placées sous la responsabilité du général Lansdale. C'était en quelque sorte un développement et une amplification des mesures prises dans le CIP dont l'application constituera la première action-test pour la stratégie américaine de lutte contre les guerres de libération prônées par l'Union Soviétique.

Une première version d'un 'Programme d'Action pour le Việt Nam' élaboré par Gilpatrick et Lansdale, fut présentée à Kennedy le 26 avril 1961. Il y était rappelé que l'objectif des États-Unis au Sud Việt Nam était d'y créer une société viable en progression vers une démocratie et d'y empêcher une domination communiste.

Pour atteindre cet objectif il importait d'initier une série d'actions à la fois militaire, politique, économique, psychologique et même secrètes, qui se supporteraient mutuellement et qui devraient être mises en application de manière accélérée. Il s'agissait de concentrer l'effort américain sur le problème de la sécurité intérieure au Sud Việt Nam; il s'agissait aussi de montrer aux amis Vietnamiens comme aux ennemis Việt Cộng que quoi qu'il arrivât, les États-Unis étaient déterminés à gagner la lutte.

Le programme reflétait le souci de Lansdale concernant l'effort de guerre psychologique et politique, en particulier le besoin d'attaquer le problème dans les zones rurales, plutôt que de mettre l'accent sur les réformes qui n'avaient d'intérêt que pour l'élite urbaine. Il était supposé que Lansdale reviendrait au Việt Nam pour prendre en charge la mise en œuvre des propositions du

---

[5] Roswell Gilpatric, Secrétaire Adjoint à la Défense. Autres membres de cette Task Force : Rostow, Paul Nitze (Assistant au Secrétaire à la Défense pour les Affaires de Sécurité Internationale), le général Bonesteel du JCS, Alexis Johnson (Vice Sous-Secrétaire d'État), Desmond Fitzgerald (CIA)

[6] Gilpatric avoua plus tard avoir manqué de connaissances à propos de ces peuples de l'Indochine, à propos de leur culture, de leur histoire et de leur politique. *'Aucun d'entre nous n'avait reçu de préparation pour ce problème. Ce que nous n'avions pas pu saisir c'était l'incapacité des Vietnamiens à absorber notre doctrine, à penser et à s'organiser de la même façon que nous. Nous avions juste supposé qu'ils réagiraient comme nos alliés Occidentaux l'avaient fait. Nous avions vraiment eu à traiter avec une mentalité et une psychologie que nous n'arrivions pas à comprendre.'*

programme et pour assurer leur suivi ; Gilpatric et les membres à Washington se chargeraient alors de la coordination d'ensemble. [7]

Choix final pour le programme d'action

Au fil des réunions successives le projet avait été amendé à plusieurs reprises et finalement repris en main par le Département d'État et c'était à cette période qu'était apparu l'idée d'envoyer des troupes terrestres de combat en Thaïlande et au Sud Viêt Nam en soutien de la situation difficile au Laos. Même Fulbright qui auparavant était opposé à une intervention américaine au Laos, se déclara sur le perron de la Maison Blanche favorable à un envoi de troupes américaines en Thaïlande et au Viêt Nam pour consolider la position des États-Unis en Asie du Sud-Est.

Mais l'échec de l'opération de la Baie des Cochons avait rendu Kennedy beaucoup plus prudent envers les conseils et avis qu'il recevait de ses experts militaires. Il refusa d'impliquer de façon active les troupes américaines au Laos et au Viêt Nam.

Entre temps Diệm s'était fait réélire avec 89% de voix en sa faveur, 65% seulement à Saigon. Les rapports américains considéraient que c'était une belle victoire pour Diệm et qu'il n'y avait pas eu de preuves de fraudes flagrantes, généralisées. La situation à la campagne était restée sous contrôle malgré des actions de sabotages du Viêt Cộng.

Décisions de Kennedy découlant du programme d'action

Aussi lors d'une réunion du 5 mai Rusk annonça qu'il n'y aurait pas d'envoi de troupes au Viêt Nam et la version définitive du Programme d'Action datée du 6 mai contint les décisions acceptées par Kennedy *dans le but de répondre à la menace croissante du point de vue de la sécurité qui découlait de la nouvelle situation'* le long de la frontière entre le Laos et le Viêt Nam:

1. -assistance à l'armée sud-vietnamienne pour établir un système de patrouille et de recueil de renseignements à la frontière Laos-Viêt Nam, surveillance aérienne de toute la zone frontalière.
2. -assistance au Sud Viêt Nam pour établir un Centre de Test et de Développement de Techniques au Combat.

---

[7] On a retrouvé sur une copie du mémorandum de Gilpatrick transmettant le programme d'action à Kennedy le groupe de mots ''départ **sans délai** de Lansdale'' corrigé de la main de McNamara en ''départ **sur demande de l'ambassadeur**''. Et en fait Lansdale n'est jamais revenu au Viêt Nam pour la mise en œuvre du programme d'action.

3. -assistance au gouvernement vietnamien dans les projets pour la santé, l'aide sociale et les travaux publics ; fourniture d'équipes mobiles de l'armée américaine comme formateurs dans l'action civique.
4. -déploiement d'un groupe de Forces Spéciales de 400 hommes à Nha Trang pour accélérer l'entraînement des Forces Spéciales vietnamiennes.
5. -étude de l'utilité d'une augmentation de l'effectif de l'armée sud-vietnamienne de 170000 à 200000 hommes (elle venait de bénéficier d'une décision de passer de 150000 à 170000).

En parallèle à cette intensification de l'assistance au Sud Việt Nam Kennedy autorisa des 'covert actions' militaires au Nord Việt Nam et au Laos. Parmi elles les actions de recueil d'information et de harassements par des unités sud-vietnamiennes au Laos du Sud-Est et l'utilisation de conseillers américains dans les attaques du centre d'approvisionnement nord-vietnamien de Tchépone sur la piste Hồ Chí Minh furent autorisées.[8]

Envoi du Vice-président Johnson pour réaffirmer un soutien énergique à Diệm

Kennedy était très impatient pour donner la plus haute priorité à des actions rapides et énergiques au sujet du Việt Nam. Rostow proposa à Kennedy d'organiser une contre-offensive au Việt Nam avec la visite symbolique du Vice-président Johnson à Diệm et l'utilisation de moyens de lutte antiguérilla inexploités jusqu'ici comme les hélicoptères de combat, les unités de Forces Spéciales…

Kennedy reprit les recommandations du rapport final de la Task Force dans une lettre qu'il chargea Johnson de remettre à Diệm le 12 mai pour lui réaffirmer sa confiance et son ferme soutien. Le Vice-président avait aussi reçu comme consigne d'aborder oralement avec Diệm l'idée d'un déploiement de troupes terrestres pour des missions n'entraînant pas de confrontation directe avec le Việt Cộng ou l'idée d'un traité de défense bilatéral. Diệm répondit n'avoir besoin de troupes américaines qu'en cas d'invasion ouverte par le Nord Việt Nam et ne manifesta pas d'intérêt pour l'idée d'un traité bilatéral.

Kennedy avait d'autre part invité Diệm à lui soumettre une liste des besoins militaires du Sud Việt Nam pour examen et étude par son gouvernement. Diệm envoya Nguyễn Đình Thuần à Washington pour remettre sa réponse à Kennedy; celle-ci lui fut remise le 14 juin et contenait principalement la demande de Diệm d'augmenter l'effectif de son armée à 270000 hommes soit 100000 de

---

[8] Doc 52. National Security Action Memorandum No. 52. *Washington,* May 11, 1961.

plus par rapport au niveau déjà accepté par le CIP et aussi l'envoi 'd'éléments présélectionnés' de forces américaines pour l'établissement de centres de formation et d'entraînement des troupes vietnamiennes et pour symboliser l'engagement des États-Unis. Selon Diệm sa demande avait été établie avec les conseils du chef du MAAG, le chef d'état-major et quelques autres officiels civils qui étaient très favorables à l'entrée de troupes américaines au Việt Nam.

Des efforts dans d'autres directions

Centre d'essai et de développement de nouvelles techniques de combat

Entre le 8 et le 25 juin 1961 William H. Godel, Directeur Adjoint de l'Agence pour les Projets de Recherche de Pointe du Département de la Défense fut envoyé avec un groupe d'experts au Việt Nam pour l'établissement d'un Centre d'essai et de développement de nouvelles techniques de combat.

A cette occasion était envisagée l'idée d'utiliser des chiens dressés pour accompagner les patrouilles de nuit et augmenter leur mobilité, un défoliant pour dégarnir les zones d'infiltration près de la frontière ou une hormone destinée à détruire le manioc planté par les Viêtcong pour leur subsistance.

Diệm s'était dit très intéressé par un défoliant qui permettrait ultérieurement l'exploitation agricole des zones traitées.

''Début octobre Nolting signale que les tests concernant l'emploi de chiens sont très concluants et réclame un nombre total de 60 chiens et maîtres-chiens pour une expérimentation à grande échelle sur le terrain. De même les premiers tests sur les défoliants sont fructueux et des plans pour leur utilisation dans la zone D, le long des frontières avec le Cambodge et le Laos et autour des avant-postes fixes dans la jungle sont en cours d'élaboration.'' [9]

De fait Dean Rusk ne proposa à Kennedy d'approuver l'utilisation de défoliants que le 24 novembre 1961 et les instructions envoyées à l'ambassade américaine précisèrent que ''les premières opérations seront limitées aux abords des lignes de communication utilisées par les forces armées vietnamiennes et éviteront les surfaces cultivées. Elles seront accompagnées d'explications visant à contrer la propagande communiste qui ne manquerait pas de se produire : « les guérilleros Viêtcong utilisent les sous-bois le long des routes pour monter des embuscades visant camions, cars, bus, pour créer une situation d'insécurité pour les déplacements dans le pays aussi le gouvernement vietnamien a demandé assistance au gouvernement américain pour un programme visant à ôter la végétation en bordure des axes de circulation. Ces

---

[9] Doc 143. Telegram From the Embassy in Vietnamto the Department of State. *Saigon, October 2, 1961*

opérations impliquent l'utilisation de matériels similaires à ceux utilisés pour le désherbage de tous les jours aux États-Unis. Il est connu par expérience que les défoliants de la variété 2-4D ne sont pas nuisibles à l'homme, aux animaux comme aux sols. »'' [10]

Adaptation des moyens économiques et financiers

Avec la perspective d'un gonflement significatif de l'armée sud vietnamienne se posaient les questions économiques et financières qui évidemment en découlaient car le budget vietnamien était déjà en situation de déficit et son armée était pratiquement supportée par les États-Unis qui demandaient une participation vietnamienne plus importante. Kennedy proposa à Diệm la formation d'une commission pour étudier et régler en commun les problèmes économiques notamment le risque d'inflation et le taux de change dollar-piastre.

Eugene Staley président de l'Institut de Recherche de Stanford, dirigea un groupe d'experts qui partit mi-juin pour travailler avec du côté vietnamien le professeur Vũ Quốc Thúc.

Comme les objectifs économiques ne pouvaient être poursuivis sans une situation stable de la société, le rapport devait fixer en accord avec les autorités militaires des deux pays l'effectif de l'armée sud-vietnamienne, jugé suffisant pour assurer le contrôle de la situation militaire.

La première option avec une armée de 200000 hommes était considérée comme adaptée à l'hypothèse d'une menace Việt Cộng qui resterait à son niveau du moment et d'un Laos, à côté, suffisamment indépendant du bloc communiste. La deuxième option prévoyait une armée forte de 270000 hommes dans le cas où la campagne insurrectionnelle des Việt Cộng augmenterait notablement en intensité et un Laos pleinement sous contrôle des Communistes.

Conclusions et recommandations du groupe Staley

Dans la lettre datée du 14 juillet 1961 signée conjointement par Vũ Quốc Thúc et Staley et accompagnant leur rapport adressé aux présidents Kennedy et Diệm on pouvait lire : ''Le Việt Nam est présentement soumis à une guerre intense et totale mettant en jeu sa survie comme une nation libre. Son ennemi le Viêtcong est impitoyable, plein de ressources et fuyant. Cet ennemi est ravitaillé, soutenu et dirigé par l'appareil du communisme international par l'intermédiaire de Hanoi. Pour le battre cela demande une mobilisation totale

---

[10] Doc 321. *Telegram From the Department of State to the Embassy in Vietnam. Washington, December 14, 1961*

des ressources économique, militaire, psychologique et sociale du pays et une aide vigoureuse de la part des États-Unis…

Cependant pour le moment le problème principal est la restauration de la sécurité intérieure face à la subversion farouche et généralisée menée par la guérilla communiste aidée de l'extérieur. Le règlement du problème demande l'intensification des opérations militaire et de police. Mais le problème est plus qu'un problème militaire. Sa solution passe aussi par l'intensification des actions dans le domaine économique et social, tout particulièrement dans les zones rurales ; ces actions seront associées étroitement aux actions militaires…''[11]

De fait le rapport détailla les principales mesures du programme d'actions qui serait à entreprendre, comprenant une dévaluation de facto, un taux de change unique pour l'importation de l'aide américaine, des critères précis gouvernant les importations commerciales financées par les États-Unis, l'accord de Diệm pour des programmes économiques à impact à court terme ; le programme établit une base pour des consultations entre les deux comités parallèles sur des sujets d'ordre économique et souligna la nécessité d'une planification économique à long terme pour le Việt Nam. [12]

Kennedy dans sa lettre à Diệm du 5 août 1961 se prononça comme d'accord de tout cœur avec les 3 principes de base sur lesquelles les recommandations s'appuient :

1. La première priorité est donnée aux exigences de sécurité
2. Les opérations militaires ne donneront pas de résultats durables sans la continuation et l'accélération des programmes économique et social.
3. Notre intérêt commun est d'accélérer les mesures visant à obtenir une économie qui s'auto-maintient dans une société vietnamienne libre et paisible.

Kennedy prit la décision d'annoncer à Diệm une mesure qui n'était pas explicitement dans le rapport : « les États-Unis vont fournir les équipements et l'assistance nécessaire à l'augmentation de l'effectif des forces armées du Việt Nam de 170000 à 200000 hommes soit 30000 en supplément des 20000 décidés il y a 5 mois en début d'année. »

Automne 1961 : Aggravation de la situation militaire

---

[11] Doc 93. Letter From the Vietnam and United States Special Financial Groups to Presidents Diem and Kennedy. Saigon, July 14, 1961.
[12] Doc 112. Memorandum From the President's Deputy Special Assistant for National Security Affairs (Rostow) to the President. Washington, August 4, 1961.

Le mois de septembre présenta une recrudescence des activités Việt Cộng avec un triplement du nombre d'actions passant à 450 contre 150 pendant les mois précédents. Malgré une augmentation des capacités de l'armée sud-vietnamienne les capacités des Việt Cộng avaient augmenté à un rythme plus rapide. Il était estimé que les forces régulières du Việt Cộng étaient passées d'environ 7000 au début de l'année à 15000 et leurs attaques étaient menées avec des unités plus importantes en taille. Trois attaques avec un engagement de plus de 1000 hommes avaient été organisées en septembre. La majorité des troupes Việt Cộng était toujours d'origine locale mais l'infiltration de cadres venant du Nord au travers de la frontière avec le Laos, de la zone démilitarisée et par voie maritime était nettement plus importante. Pour la première fois les troupes Việt Cộng étaient dotées d'armement moderne et portaient des uniformes kaki dans l'attaque et la prise des deux postes situés au nord de Kontum.

Plus symbolique et inquiétante était la prise par le Việt Cộng et le contrôle pendant plusieurs heures de Phước Vinh, capitale de l'ancienne province de Phước Thành située à quelques 80 km de Saigon. Ils avaient décapité sur la place du marché le chef de province et son adjoint à la suite d'un semblant de 'tribunal populaire'.

Le 15 septembre 1961 Rostow fit observer à Kennedy que selon Diệm, Hanoi était passé de la fin du stade 2 de la théorie de lutte de Mao à savoir la fin de la guérilla au commencement de la guerre ouverte classique.

Le 17 septembre le British Foreign Office fit l'annonce de l'établissement à Saigon d'une Mission de Conseil dirigée par Robert Thompson pour aider le gouvernement vietnamien dans les sujets d'ordre administratif et de police. Thompson demanda de rencontrer Taylor à Washington avant de venir à Saigon et l'informa qu'un plan d'amnistie très prometteur pour favoriser la défection des Việt Cộng allait être mis en œuvre. Les Américains notèrent avec satisfaction que Diệm paraissait plus intéressé par l'expérience malaysienne. [13]

Le problème de l'infiltration des forces nord-vietnamiennes apparaissait plus aigu pour qu'il soit abordé dans un mémorandum de Taylor à Kennedy du 18 septembre 1961; il y était estimé que les forces armées Việt Cộng étaient passées de 2500 en septembre 59, à 5000 en janvier 60 et à 15000 à présent. Le nombre d'infiltrés par le Laos était impossible à déterminer mais il était certain qu'un nombre substantiel d'entre eux étaient passés par le Laos depuis la fin de 1958. [14]

---

[13] Doc 132 Editorial Note

[14] Doc 134 - Memorandum From the President's Military Representative (Taylor) to the President *Washington, September 18, 1961*

Kennedy dans son allocution à l'Assemblée Générale des Nations Unis alerta l'opinion mondiale sur les menaces sérieuses posées aux pays comme le Laos, le Sud Việt Nam et aussi ailleurs, par l'agression communiste et demanda aux nations du monde de s'unir pour préserver la paix et « sauver la planète sans quoi ce serait l'anéantissement ensemble dans les flammes ».

Fin 61 situation encore plus critique et engagement accru

L'aggravation de la situation militaire au Sud Việt Nam était encore plus manifeste vers la fin septembre et la baisse de morale de Saigon sensible, due aux inquiétudes de Diệm alimentées par la tournure défavorable des évènements au Laos. On s'orientait vers sa neutralisation qui plus tard fut reconnue comme un échec par Harriman lui-même. Pour la première fois Diệm parla de la signature d'un traité bilatéral avec les États-Unis. Nolting estima que cette question était sérieuse et fondée sur les doutes que Diệm avait à propos du fonctionnement du SEATO en cas de menace grave, comme le cas du Laos le lui avait montré. [15]

Tout ceci conduisit Nolting à réclamer une mission de visite et d'inspection par le général Taylor pour un regard nouveau et indépendant et stimuler des idées nouvelles et fraîches. Nolting était de plus en plus convaincu que la première des choses à faire était d'assurer le retour d'esprits amicaux au Laos, animés de volonté et de capacité de coopérer avec le gouvernement vietnamien pour empêcher les infiltrations à grande échelle au travers de la frontière. ''*Le seul moyen d'y parvenir serait un partage du Laos...Les infiltrations récentes ont stimulé le recrutement interne et l'agressivité des Việt Cộng; les forces de sécurité sud-vietnamiennes sont actuellement en état de suractivité. Ceci amplifie les hésitations du gouvernement vietnamien à développer et à appliquer des programmes systématiques de lutte antiguérilla et les indispensables entraînements par rotation des troupes. Ceci favorise aussi le penchant de Diệm à prendre les décisions de manière ponctuelle. La situation paraît instable et fragile. Alors qu'il n'y a pas eu récemment de rumeurs, un coup militaire peut bien survenir si les infiltrations continuaient sans contrôle, augmentant l'inquiétude des dirigeants militaires et celle du gouvernement.*

Deux de mes proches collaborateurs pensent que le pays, avec Diệm à la barre, ne pourrait pas arriver à trouver l'unité, le sentiment de dévouement à la nation et l'efficacité dans l'organisation nécessaires à la victoire. Ceci peut bien être vrai. Diệm n'est pas bon organisateur, ne délègue pas assez de responsabilité à ses subordonnées et paraît ne pas savoir comment créer un

---

[15] Doc 142. Telegram From the Embassy in Vietnam to the Department of State *Saigon, October 1, 1961*

soutien politique à grande assise. Mon jugement est qu'il est droit, poursuit des objectifs valables et est complètement franc avec nous. Je pense que ce serait une erreur de chercher une alternative à Diệm maintenant ou dans un avenir prévisible. Notre politique actuelle d'un soutien total au gouvernement présent ici, est de mon avis, notre seul choix possible.'' [16]

Mission de Taylor et Rostow

Le 11 octobre Kennedy répondit par l'envoi d'une mission d'évaluation par Taylor et Rostow en demandant particulièrement à Taylor d'évaluer ce qu'apporterait l'introduction des forces du SEATO ou des États-Unis en s'attachant à déterminer le rôle, la composition et la disponibilité probable de ces forces. Simultanément Taylor examinerait les possibilités d'amélioration de l'efficacité des forces sud-vietnamiennes par un supplément d'équipements et d'entraînement tout comme par une augmentation en taille de cette armée. Ce fut finalement cette dernière option qui serait retenue et mise en œuvre.

Curieusement dès le 14 octobre parut dans le New York Time un article insinuant que les dirigeants américains étaient réticents pour envoyer des troupes en Asie du Sud-Est. C'était la première fois que cette vraie fausse information sur l'envoi de troupes américaines était mise sur la place publique, au moment même où cette idée était sérieusement envisagée dans le milieu gouvernemental. Certains avaient suspecté que Kennedy lui-même fut à l'origine de l'intox afin de stopper les spéculations sur le déploiement de troupes et préserver sa liberté de décision.

La mission Taylor-Rostow reçut au quartier général du CINCPAC (Commandement en Chef, Pacifique) à Honolulu le 16 octobre une présentation complète de la situation par l'amiral Felt. '' La situation au Việt Nam était critique et demandait une prompte assistance des États-Unis. En même temps il soulignait l'importance d'obtenir de Diệm qu'il interdise à ses chefs de province d'intervenir dans les affaires militaires et qu'il mît fin à la tendance de ses généraux à rester sur des positions de défense statiques. Felt était favorable à l'introduction d'unités de soutien logistique incluant des ingénieurs et des unités d'hélicoptères pour une assistance aux Vietnamiens, mais ne prévoyait pas la nécessité d'unités de combat pour le moment. À long terme il ne voyait pas de solution pour arrêter les infiltrations sans le stationnement de troupes terrestres conséquentes, de préférence des troupes du SEATO, au Laos au travers des pistes Hồ Chí Minh.

---

[16] Doc 147. Telegram From the Embassy in Vietnam to the Department of State *Saigon, October 6, 1961*

Le 18 octobre lors de sa réunion avec Taylor Diệm dit que la population sud-vietnamienne était inquiète de ne pas voir d'engagement formel des États-Unis pour le Việt Nam. Si des troupes américaines étaient introduites sans engagement formel elles pouvaient être retirées à tout moment, aussi un engagement formel était plus important. Taylor comprit, sans que cela apparaisse nettement, que Diệm réclame un traité de défense bilatéral ou la préparation de plans en vue de l'introduction de troupes américaines si cela devenait nécessaire. [17]

Diệm demanda encore plus d'aide militaire notamment en aviation tactique, en hélicoptères, en patrouilles côtières et en moyens de transport terrestre.

Le 20 octobre de sévères inondations affectèrent le delta du Mekong. Taylor proposa au Département d'État de saisir cette occasion pour montrer à l'opinion publique mondiale l'unité d'objectifs et d'actions entre les gouvernements des États-Unis et du Việt Nam. Il suggéra l'introduction de matériels et de personnels militaires pour les opérations humanitaires de sauvetage des zones sinistrées.

Dans sa dernière réunion avec Taylor le 25 octobre, Diệm souligna l'importance de l'aviation et en particulier celle des hélicoptères. Taylor précisa à Diệm que la solution immédiate à ce problème serait des hélicoptères pilotés par des Américains, sous commandement américain. Diệm réclama aussi l'envoi de Lansdale pour un service au Việt Nam.

Conclusions de la mission Taylor-Rostow

Les premières et principales conclusions de Taylor furent adressées dans le câble du 25 octobre :

1. ''- il existe une crise de confiance profonde et une perte sérieuse de morale de la nation occasionnées par les succès du Viêtcong, la politique occidentale au Laos, aggravées par de sévères inondations récentes

2. sur le terrain les opérations militaires contre le Viêtcong sont inefficaces à cause de l'absence de renseignements sur l'ennemi, d'une chaîne de commandement et de responsabilité pas bien définie et de l'immobilité tactique des forces armées. Cette immobilité conduit à un système de défense passif et fragmenté laissant à l'ennemi l'initiative du choix des cibles de ses attaques

3. la situation à Saigon est volatile et malgré un moral bas et des griefs qui vont bon train il n'y a pas d'indications précises sur les possibilités de

---

[17] Doc 174. Telegram From the Embassy in Vietnam to the Department of State *Saigon, October 18, 1961*

coup contre Diệm. Diệm continue à ne pas avoir de rival et de remplaçant visible.

Les mesures proposées à Diệm pour renverser la tendance sont :

- une amélioration du système de recueil de renseignement.

- un suivi de la situation du point de vue de la sécurité au niveau des provinces.

- une augmentation de la mobilité des forces armées par la dispense de missions de défense statique et un renforcement des moyens de transport par hélicoptères et avions légers.

- un blocage de l'infiltration des forces ennemies par les Hauts Plateaux avec l'organisation d'une force implantée à la frontière avec le Laos pour des opérations contre les lignes de communications du Viêtcong.

- une introduction de troupes américaines sous forme d'une 'task force' pour aider à la réhabilitation des zones de l'ouest gravement inondées.''

Envoi des troupes de combat?

La réaction de Diệm aux propositions de Taylor fut favorable sur tous les points. Diệm fut satisfait de l'idée d'envoi de troupes sous couvert des activités de sauvetage des sinistrés des inondations. Il signala que même l'opposition dans le congrès vietnamien s'était jointe à la majorité pour juger nécessaire la présence de troupes américaines.[18]

Concernant ce sujet sensible d'introduction des forces armées américaines au Viêt Nam, Nolting, suite à ses diverses conversations pendant une dizaine de jours, rapporta que le milieu officiel vietnamien et l'intelligentsia de Saigon (Diệm, les membres du gouvernement, l'Assemblée Nationale, les professeurs d'université, les étudiants, les opposants à Diệm…) étaient quasi-unanimes dans leur souhait de voir les États-Unis introduire des troupes. Le MAAG pensait aussi que l'attitude générale des forces armées était de la même façon favorable à cette idée.[19]

Recommandation explicite d'envoyer des troupes de combat

Le rapport Taylor-Rostow disponible le 3 novembre recommanda donc d'une part la réaffirmation de l'engagement américain et d'autre part l'introduction à grande échelle du personnel américain à tous les niveaux de l'armée et du gouvernement sud-vietnamien. Des mesures concrètes visant à

---

[18] Doc 190. Telegram From the President's Military Representative (Taylor) to the Department of State *Saigon, October 25, 1961*

[19] Doc 201. Telegram From the Embassy in Vietnam to the Department of State- 31 oct 1961

améliorer le recueil des renseignements sur le Việt Cộng, à augmenter la mobilité des forces sud-vietnamiennes, à bloquer l'infiltration nord-vietnamienne au travers des hauts-plateaux furent proposées.

La recommandation d'envoyer de 8 à 10 mille troupes de combat était explicite. Tout ceci devrait permettre alors au régime de Diệm, quoique impopulaire et peu performant, de vaincre le Việt Cộng.

Réaction de Kennedy et de McNamara

Sur ce point particulier Kennedy eut une réaction instinctivement négative selon Taylor.

Celle de McNamara fut notée comme suit : ''Les recommandations en elles-mêmes incluant la force de 8000 hommes' ne sauveraient pas le Việt Nam du communisme. Elles le pourraient si c'est un engagement américain sur le terrain qui ne serait pas un engagement temporaire avec d'autres forces qui seraient préparées pour être prêtes.

De petites actions non accompagnées de paroles ne sont pas utiles. Il faudrait un engagement avec l'introduction d'une force américaine et un objectif clair pour planifier les choses proprement. Il faut dire au monde et au peuple américain ce qu'est exactement notre engagement ; 'la force de 8000 hommes' ne convainc personne sur notre détermination. Au Laos, notre objectif n'a jamais été compris. Ici l'objectif doit être placé dans un large contexte - assurer l'indépendance du Việt Nam- et nos ressources devraient être utilisées contre le Nord Việt Nam.'' [20]

Des voix dissidentes mais pas forcément impertinentes

La voix du sénateur Mansfield

Le rapport Taylor-Rostow alimenta des débats animés au sein de l'administration américaine et le sénateur Mansfield réagit vivement dans son mémorandum à Kennedy daté du 2 novembre 61 contre l'introduction des forces armées américaines :

''Bien que le Việt Nam soit très important, nous ne devrions pas espérer trouver une meilleure résistance au communisme en substituant la puissance des armes à une politique de changements sociaux et économiques. Si les réformes nécessaires n'avaient pas été faites pendant ces 7 dernières années pour stopper la subversion communiste je ne vois pas comment les troupes de combat américaines pourraient le faire maintenant. Je soutiendrais de tout cœur, si cela était nécessaire et faisable, une augmentation substantielle de l'aide militaire et

---

[20] Doc 211. Memorandum for the Record. Meeting to discuss the recommendations of the Taylor Mission to South VietNam. Washington, November 6, 1961.

économique au Việt Nam mais je laisserais la responsabilité de porter le fardeau physique d'affronter l'infiltration, la subversion et l'attaque communiste sur les épaules des Sud Vietnamiens ; le Việt Nam est leur pays et leur futur est leur principale responsabilité.''[21]

Galbraith suggère à Kennedy un plan pour le règlement du problème vietnamien

Kennedy sollicita l'avis de son ami Galbraith, l'ambassadeur des États-Unis en Inde, qui était présent à Washington pour la visite officielle du premier ministre Nehrou. Le 3 novembre 1961 Galbraith proposa à Kennedy un plan global pour régler le problème vietnamien en lui suggérant de demander à l'Inde qui était présidente de la CIC et pouvait contacter facilement Hanoi, d'endosser le plan et de le proposer à l'assemblée de l'ONU.

Les éléments essentiels du plan étaient:

1. ''Le remplacement de Nolting par un ambassadeur de caractère et de l'importance du gouverneur Harriman. « Nous avons besoin de quelqu'un qui ne se laisse pas remonter à la fois par Diệm et les militaires américains, qui va insister une fois pour toutes sur les réformes à faire par le gouvernement vietnamien et qui comprendrait les implications politiques aux États-Unis que les développements au Việt Nam pourraient créer. »

2. Une résolution des Nations-Unis confirmant l'indépendance de la République du Việt Nam et une demande d'envoi d'observateurs de l'ONU au Việt Nam.

3. Un accord rapide à Genève sur un Laos neutre, comportant une reconnaissance que le Laos ne serait pas utilisé comme corridor ou relai à des opérations au Sud Việt Nam. Si possible l'ambassadeur Harriman ferait une démarche auprès des Russes au sujet de l'intérêt commun des États-Unis et de l'URSS à un arrêt des combats au Sud Việt Nam comme au Laos.

En tout cas Diệm devrait être sondé sur un rapprochement avec Hồ Chí Minh sur les points suivants :

a. Établissement d'un cessez le feu au Sud Việt Nam.

b. Indication que l'objectif à long terme des États-Unis serait un Sud Việt Nam indépendant, pas nécessairement allié des États-Unis.

---

[21] Doc 207. Memorandum From Senator Mansfield to the President. *Washington, November 2, 1961.*

c. Amélioration des conditions économiques du pays avec augmentation des échanges commerciaux entre le Nord et le Sud à l'exemple des Allemagnes, quand les conditions de paix le permettraient.

d. Reconnaissance réciproque par les pays occidentaux et l'URSS des deux Viêt Nam et admission des deux pays à l'ONU.''

Un plan pertinent, malheureusement prématuré

Le programme d'actions recommandé par Galbraight éviterait le risque élevé d'interventions armées et permettrait d'espérer que le Sud Viêt Nam devienne un état indépendant et viable, que le Nord Viêt Nam soit moins dépendant de la Chine, que la vie de tous les jours dans les deux pays soit plus prospère et sûre et que la lutte d'influence entre la Chine et l'URSS s'apaise.

Malheureusement ce plan arrivait trop prématurément et prendrait la signification d'un retrait militaire américain. Kennedy pensa qu'il affecterait encore plus la crédibilité des États-Unis après l'approche qui avait conduit à la neutralisation du Laos. Les arguments de Galbraith étaient alléchants en théorie mais impossibles à réaliser en pratique. Kennedy avoua à Galbraith : « Il y a une limite au nombre de défaites au cours d'une période de 12 mois. J'ai eu celle de la Baie des Cochons et celle du retrait du Laos ; je ne peux pas en accepter une troisième. »

Le NSAM[22] 111, nouveau programme vietnamien de Kennedy

Kennedy s'opposa donc publiquement à l'envoi des troupes de combat mais ratifia la nouvelle intensification de l'effort américain pour sauver le sud Viêt Nam.

L'idée de base de la démarche était que les États-Unis et le gouvernement sud-vietnamien s'entendraient sur les différentes mesures à entreprendre pour faire cesser l'insurrection. La première chose à faire était d'augmenter la capacité de l'ARVN et de fournir des **conseillers** américains dans toute la structure de cette armée en descendant même au niveau du bataillon et dans toutes les capitales provinciales. Il était implicitement admis que par l'introduction massive de conseillers américains à tous les échelons de l'armée sud-vietnamienne les Américains pourraient influencer les orientations stratégiques du combat. Il était attendu de la part du gouvernement sud-vietnamien une rationalisation de ses chaînes de commandement et des réformes tendant à le rapprocher de sa population.

Rusk fit l'annonce de ces mesures lors d'une conférence de presse le 17 novembre en déclarant que la campagne accélérée de Hanoi pour renverser le

---

[22] National Security Action Memorandum

gouvernement sud-vietnamien était une menace pour la paix et constituait un souci sérieux et majeur non seulement pour la population du Sud Việt Nam et de ses voisins mais aussi pour toutes les autres nations libres. Il signala ainsi la livraison accélérée de matériel au Sud Việt Nam dans le cadre du programme d'assistance mutuelle de défense, quelques changements dans la nature du programme de formation des forces armées vietnamiennes et l'augmentation du nombre des conseillers militaires.

Cette nouvelle orientation de l'effort américain fut concrétisée dans le NSAM 111 *'Première phase du Programme pour le Việt Nam'*.

Déception de Diệm, sentiment d'une immixtion trop profonde des Américains

Nolting vint voir Diệm le 18 novembre pour lui présenter la proposition des États-Unis en insistant sur le fait que les États-Unis étaient prêts à aller de l'avant mais que c'était un effort conjoint qui devait être fait des deux côtés ; tout particulièrement les actions demandées au gouvernement sud-vietnamien dans le domaine social, politique et administratif étaient considérées comme importantes et Diệm était prié de faire part de ses idées là-dessus dès que possible.

Diệm paraissait déçu des offres et des demandes américaines ; il voulait plutôt l'envoi d'une task force dans le delta comme déjà discuté précédemment avec Taylor et laissa paraître son inquiétude à Nolting en pensant que les États-Unis allaient encore reculer ici au Sud Việt Nam comme précédemment au Laos.

Thuần confirma à Nolting deux jours après que Diệm avait le sentiment que les États-Unis demandaient beaucoup de concessions aux Vietnamiens, portant atteinte au principe de la souveraineté nationale en échange de peu d'aide supplémentaire. Diệm ne voulait pas laisser les Américains participer à l'élaboration de ses plans.

Diệm était pris dans un dilemme. D'un côté il avait absolument besoin d'une augmentation de l'aide américaine mais de l'autre cela signifiait en même temps qu'il devait accepter un renforcement de l'influence et de la présence américaine.

Ce nouveau partenariat entre les gouvernements vietnamien et américain fit l'objet d'un 'Memorandum of Understanding' signé par Diệm et Nolting, rappelant les points essentiels ayant fait l'objet de leurs discussions et obtenu leur consentement.

On pouvait y noter l'intensification de l'effort conjoint se traduisant d'un côté par l'augmentation des aides déjà fournies par les États-Unis et les avancées dans la nouvelle collaboration comme (a) la participation du personnel américain en uniforme dans les missions opérationnelles avec les forces vietnamiennes et (b) des consultations étroites avec les conseillers américains dans la planification de la conduite de l'effort sécuritaire. De l'autre le gouvernement vietnamien donna les assurances qu'il prendrait les mesures pour développer son efficacité et renforcer le soutien qu'il recevait du public à l'intérieur comme à l'extérieur du pays.[23]

Finalement le mois de décembre vit l'engagement renforcé des États-Unis au Việt Nam se concrétiser par l'arrivée des premiers hélicoptères H21C appelés 'bananes volantes' compte tenu de leur forme, visible de la terrasse de l'hôtel Majestic, par l'échange de lettres entre Kennedy et Diệm officialisant l'accord sur l'augmentation de l'aide américaine et la décision de nommer le général Harkins, pour diriger le MAAG.[24]

McNamara prend les commandes et s'implique fortement

La volonté du gouvernement Kennedy de prendre les taureaux par les cornes et de régler le problème se traduisit aussi par la décision de McNamara d'instaurer des conférences fréquentes et régulières à Honolulu réunissant les principaux responsables de la politique vietnamienne.[25] Le ton de ce nouveau départ était donné dans les minutes de la première réunion organisée le 16 décembre :

''McNamara et Lemnitzer soulignent l'urgence du problème en affirmant qu'ils veulent des actions concrètes qui donneraient des résultats à un horizon

---

[23] Doc 307. Letter From the Ambassador in VietNam (Nolting) to President Diem. Saigon, December 5, 1961.

[24] Le 7 décembre 1961 Taylor fit un rapport sur la mise en œuvre du programme à Kennedy en soulignant les points suivants :
- 44 hélicoptères seront livrés avant le 15 décembre à la vue du public ; ceci montrera clairement le renforcement de notre engagement au Sud Việt Nam.
- 100 000 tonnes de riz sont envoyés d'urgence au Việt Nam
- le personnel militaire américain présent ou autorisé au Sud Việt Namse chiffre à 3679 personnes dont 1905 pour le MAAG et 1774 dans les unités militaires à venir.
- les programmes d'ordre économique sont revus pour assurer une première priorité à ceux reliés directement à la campagne contre-insurrectionnelle.
- sont à l'étude : l'envoi du personnel de la Force Spéciale de la Chine Nationaliste pour l'entraînement de la force de Défense Civile [Garde Civile], le changement du Commandant militaire à Saigon et une meilleure organisation à Washington au niveau central pour la prise en compte des divers rapports en provenance des Départements d'État et de la Défense et de la CIA. [Doc 314. Telegram From the President's Military Representative (Taylor) to the President, at Palm Beach. *Washington, December 7, 1961*]

[25] WP. Bundy, Deputy Assistant Secretary of State, Lemnitzer Chief Joint Chief of Staff, Felt Commander in Chief Pacific, Nolting Ambassador, McGarr Chief MAAG.

de 30 jours. Ils ne sont pas intéressés par des projets qui se termineraient dans deux ans. McNamara rappelle que le principal effort de l'institution militaire américaine est mis derrière le Sud Việt Nam avec la mise à disposition de tout ce qui est nécessaire à l'exception de troupes de combat. Il termine la conférence en disant que le ' boulot ' est de gagner au Sud Việt Nam et qu'il faut lui faire savoir ce qui est nécessaire pour gagner.''

''Sur le thème 'comment faire pour que Diệm suive les conseils américains' Nolting fit observer qu'il était peu probable que Diệm allait réaliser ses derniers engagements aussi complètement et rapidement comme pourraient le prévoir ou vouloir les Américains. Il n'y aurait pas de concrétisation automatique de ces accords du côté vietnamien et il faudrait vivre avec cela.

McNamara ajouta le commentaire que « Diệm est le seul homme que nous ayons ; il a de bonnes raisons pour se montrer méfiant avec tous les rumeurs de coup et si nous nous concentrons sur les solutions militaires fondamentales nous pourrions l'amener à coopérer. Nous avons à travailler avec lui et ne pouvons pas espérer changer les gens. Les réformes sont nécessaires mais elles demandent du temps et nous avons besoin d'actions précises pour les 30 jours qui viennent » Nolting se dit d'accord avec cette approche en concluant que les Américains ne pouvaient pas remodeler l'entière structure du gouvernement sud-vietnamien ni changer les caractères des gens.''

**

Grande convergence d'intérêts entre Diệm et les Américains

Kennedy avait pris les premières décisions urgentes et importantes sur le Việt Nam de manière expéditive ; il avait fait partie du nombre de personnalités américaines favorables à Diệm avant même que tous les deux n'aient en main les rênes du pouvoir exécutif, chacun dans son propre pays.

A cette période précise, manifestement, il existait une convergence d'intérêt entre les conseillers et ceux qu'on conseillait. Kennedy était déterminé à sauver le Việt Nam du Communisme en aidant les Vietnamiens à se sauver eux-mêmes. Aussi avait-il fermé les yeux sur les insuffisances de Diệm et ne s'était pas montré curieux pour essayer de savoir pourquoi 7 années après, la lutte de Diệm contre l'insurrection n'avait pas donné les résultats espérés pour ne pas dire qu'elle avait constitué un échec patent.

Confiants dans la puissance de l'Amérique les Américains avaient cru pouvoir régler le problème en donnant plus de moyens militaires à Diệm sans remettre en question la stratégie de lutte de ce dernier, sans voir que Diệm faisait fausse route alors que la participation directe du Nord n'en était qu'à ses débuts et restait limitée. A l'inverse l'implication et la détermination du Nord en vue d'une victoire étaient sous-estimées.

Selon Newman : ''La simple vérité est que Kennedy, comme ses principaux conseillers, n'avaient pas une claire compréhension de la nature de la société vietnamienne, de la nature de l'insurrection et des raisons pour lesquelles ces questions fondamentales si elles restaient sans réponses, allaient engloutir tous les conseillers et tous les équipements qu'il pouvait mobiliser et engager dans ce conflit.

Invariablement Kennedy approfondit considérablement durant 1961 l'engagement américain sans aucune discussion appropriée du problème. Les nouvelles idées et l'aide qui venaient de façon intermittente, étaient incohérentes, appliquées sans coordination et eurent peu d'influence sur la situation sur le champ de bataille. Le chef de station de la CIA à ce moment, William Colby, avait donné un jugement poignant et sagace de cet échec :

« Le résultat était plus une liste interminable de souhaits de la part des agences impliquées à la place d'une revue fondamentale de notre situation au Viêt Nam et de la direction stratégique que nous avions à suivre dans le futur. »

Il dit de Kennedy « Il n'avait pas clairement exprimé avec force ses propres idées ou une quelconque stratégie. En conséquence nous avions produit un amalgame des préférences de toutes les agences concernées, dépourvu de tout concept stratégique et sans inspiration. »

La conséquence de cette politique américaine désordonnée et à courte vue était le 'business as usual' à Saigon et la croissance incontrôlée de l'insurrection dans les campagnes.'' [26]

---

[26] John M. Newman, *JFK and Vietnam*, p.139

CHAPITRE 2

1962, l'Année des 'Hameaux Stratégiques'

Préambule

La manifestation d'un intérêt plus marqué de Kennedy pour la lutte anti-insurrection coincida avec la venue à Sài Gòn en septembre 1961 de Sir Robert Thompson comme chef de la BRIAM (British Advisory Mission) pour conseiller le gouvernement sud-vietnamien. Il était considéré comme l'expert en contre-insurrection après ses succès en Malaisie.

Le 'Plan pour la Pacification du Delta' ou 'Delta Plan'

Le 11 novembre 1961 Thompson présenta un 'Plan pour la Pacification du Delta' ou 'Delta Plan' à Diêm sans consultation préalable avec les Américains. En substance le plan donna les grandes lignes pour pacifier le Delta[27] en priorité alors que pour le MAAG la région située au Nord de Saigon devrait recevoir la première priorité. Ceci provoqua le mécontentement de la Mission américaine mais l'affaire sera rapidement réglée de bonne grâce entre alliés fidèles et le plan reçut l'appui et le soutien des autorités américaines.

C'était probablement pour cette raison que les 10 provinces entourant Saigon furent choisies comme zone prioritaire pour la réalisation du plan, ce qui correspondait à la IIIème région militaire et non plus les seules provinces du Delta proprement dites. Les documents américains avaient cependant continué à garder le nom de Delta Plan pour le programme.

Le plan présentait un ensemble complet de mesures à prendre et tenait compte de tous les aspects militaires de la lutte antiguérilla. Il était fondé sur le **déplacement** et le **regroupement** de population et la **construction** de 'hameaux stratégiques' ou de 'hameaux de combat' [termes utilisés par Thompson]. Les 'hameaux stratégiques' seront construits en priorité aux endroits où la sécurité publique était bonne et demandaient peu de forces pour leur défense. Viendra seulement ensuite la construction des 'hameaux de combat' dans les zones subissant la pression et le contrôle du Viêtcong ou dans

---

[27] La région administrative du Delta [du Mekong] comprend les 11 provinces : An Giang, Bac Lieu, Ben Tre, Ca Mau, Dong Thap, Kien Giang, Long an, Soc Trang, Tiên Giang, Tra Vinh,Vinh Long. Au nord du Delta se trouve la région du Sud-Est composée des provinces : Binh Duong, Binh Phuoc, Binh Thuan, Dong Nai, Ninh Thuan, Tay Ninh, Ba Ria-Vung Tau.

les zones menacées en permanence par d'importantes troupes Viêtcong ; il faudra alors déployer, en plus des Dân Vệ du corps d'auto-défense, des unités de la Garde Civile pour leur défense.

Le plan fut accepté en principe par Diệm qui nommera seulement en mars 62 le colonel Hoàng Văn Lạc comme responsable de sa mise en œuvre.

Le Programme des Hameaux Stratégiques [PHS]

Le 3 février 1962 parut le décret 11-TTP proclamant le Programme des Hameaux Stratégiques comme programme d'intérêt national et annonçant l'établissement d'un 'Comité Interministériel pour la coordination du Programme des Hameaux Stratégiques' composé de représentants des ministères de l'Intérieur, de la Défense, de l'Action Civique et des Affaires Rurales et du chef d'état-major des forces armées. En même temps le décret établit les comités provinciaux et régionaux comme responsables de la réalisation du programme. L'objectif était de réaliser 6066 'hameaux stratégiques' pour l'année 1962 sur le total de 16000 hameaux au Sud Việt Nam.

En fait quelques mois avant cette annonce officielle la réalisation du 'Programme des Hameaux Stratégiques' ou PHS était déjà effective car il existait déjà à cette date 784 hameaux dotés de leur système de fortification défensive et 453 étaient en train de devenir 'stratégiques'. [28]

Annonce officielle du Delta Plan

L'annonce du Delta Plan, avec un retard d'un mois, fit l'objet du décret du 16 mars de Diệm donnant 'Les Instructions Spéciales du Plan Visant à Restaurer la Sécurité dans la Troisième Zone Tactique'.

Hilsman le décrivit comme « une stratégie de lutte anti insurrectionnelle systématique, militaire et civile, visant à éliminer le Viêtcong du Delta et rétablir le contrôle du gouvernement, zone par zone en donnant une protection aux villageois et en coupant les accès pour le Viêtcong aux villages. »

''La première partie du plan est lancée avec l'Opération Sunrise [Binh Minh] dans la province de Binh Duong et consiste dans le déplacement de 15 hameaux en 5 'hameaux de combat' [ce qui en fait plutôt un 'village stratégique' !]. Une fois ses objectifs atteints une opération similaire serait

---

[28] Doc98. Paper Prepared for the Special Group (Counterinsurgency). *Washington, March 7, 1962.*

lancée (modifiée selon les expériences acquises) et appliquée aux autres provinces du delta puis au stade ultime à l'ensemble du territoire. [29]

L'Opération Sunrise comporte trois phases. La première commencée il y a deux à trois mois est essentiellement la nécessaire phase de planification. La seconde comprend les opérations militaires, **la relocalisation des hameaux en village compact et fortifié** et les diverses activités selon le programme d'Action Civique dans le village. [En fait elle débutera le 17 avril] La troisième phase est la période de consolidation avec une intensification des actions civiques dans le but de renforcer la sécurité, bâtir une base politico-sociale au niveau du village et replacer le village au sein du tissu national sous l'autorité gouvernementale.'' [30]

L'existence simultanée du 'Delta Plan' de Thompson et du 'Programme des hameaux stratégiques' revendiqué par Nhu, utilisant les mêmes mots 'hameaux stratégiques' avaient suscité pas mal de confusion et d'incompréhension dans l'esprit des observateurs. Cette confusion se retrouva dans leurs commentaires qui formulèrent parfois des conclusions inexactes car ils ne pouvaient avoir à l'esprit que le Delta Plan.

Les deux plans avaient en commun la réalisation de hameaux munis de moyens défensifs, une idée existant déjà de longue date du temps de la guerre des Français. Mais la différence fondamentale résidait dans le fait que les 'hameaux stratégiques ou hameaux de combat' de Thompson étaient créés pour regrouper la population et mieux les défendre alors que les 'hameaux stratégiques' de Nhu n'étaient pas de nouveaux hameaux à créer **pour justement éviter l'erreur des Khu trù mật** qui imposaient le déplacement et le relogement de ses habitants. Maintenant, pour Nhu, il s'agissait simplement de **fortifier les hameaux existants** par des ouvrages de défense, ce qui nécessitait **beaucoup moins d'argent et de temps pour la réalisation de ses hameaux stratégiques.**[31]

---

[29] Binh Duong ne fait pas partie de la région du Delta mais fait partie de la IIIème région militaire. Sa limite sud est située à 18 km au Nord de Saigon ; elle est encadrée d'un côté par la Zone D et de l'autre par Tay Ninh, deux zones infestées par les unités régulières du Viêtcong mais a été choisie pour une première opération du Delta Plan l'opération Sunrise qui devrait être principalement composée de 'hameaux de combat' nouvellement construits. Pour ajouter à la confusion du moment elle sera plus tard identifiée et classée comme une opération du type 'clear and hold' (Nettoyage et Mainmise) prônée et soutenue par le MAAG.

[30] Doc 139. Memorandum From the Director of the Bureau of Intelligence and Research (Hilsman) to the Assistant Secretary of State for Far Eastern Affairs (Harriman). Washington, April 3, 1962.

[31] Il apparaît clairement que Diệm et Nhu n'ont pas jugé utile d'informer les officiels américains du contenu détaillé du PHS. Pour quelqu'un qui ignore la particularité du hameau stratégique de Nhu les chiffres annoncés comme objectif de réalisation peuvent paraître trop optimistes.

De plus il existait une deuxième différence encore plus importante. Elle résidait dans la volonté de Nhu de faire avancer la réalisation de la révolution personnaliste au niveau de ces hameaux. Nhu prônait l'harmonisation des exigences spirituelles et matérielles de la personne avec les exigences sociales de la communauté et les exigences politiques de la nation. Cela passait par l'éducation de l'individu selon le Principe des Trois Éveils [Tam Giác] : Éveil de l'Intelligence, Éveil aux préceptes de la Morale et Éveil aux exigences de la Santé Physique pour atteindre les Trois Indépendances [Tam Túc] : Indépendance de l'Esprit, Indépendance Matérielle et Indépendance dans l'Action.[32] Plus prosaïquement parlant Nhu voulait introduire la Démocratie en partant du niveau des hameaux et en comptant exagérément sur les forces et ressources propres à la nation. [Ce fut là une répétition de l'erreur commise dans le programme des Agrovilles]

Delta Plan et Programme des Hameaux Stratégiques, un vrai micmac

Thompson lui-même s'y perd car ne connaît rien des idées de Nhu

Lors de sa visite à Washington entre le 2 et 7 avril 1962 Thompson avait fait savoir que « Nhu a manifesté un vif intérêt aux hameaux stratégiques et pour la première fois a assumé un rôle de directeur exécutif du programme. La plupart de ses idées sur la question est bonne, toutefois le programme a démarré avec un objectif exagérément ambitieux. Il a fixé au début un nombre de 12000 hameaux à réaliser en 18 mois ce qui a lancé une course effrénée entre les chefs de province pour construire ces installations avec le fardeau qui en découle pour les villageois. Une douzaine de ces nouveaux hameaux ont subi de sérieux dégâts car les infrastructures pour la sécurité n'ont pas pu être réalisées. Maintenant Nhu a baissé ses visées et ralenti le rythme. »

Thompson parla avec insistance de la question d'intégrer avec soin le PHS dans le Delta Plan avec les nécessaires mesures de sécurité réalisées en rythme avec la construction des hameaux. « L'expérience de la Malaisie montre que le gouvernement doit être ferme dans la relocalisation des villageois et qu'au début on doit s'attendre à un certain niveau de ressentiment. Plus tard cependant quand les avantages sur le plan social et sécuritaire deviennent visibles les villageois en viennent à aimer le système. »[33]

---

[32] Nguyễn Đức Cung *Từ Ấp Chiến Lược đến Biến Cố Tết Mậu Thân*
[33] Doc 149. Memorandum From the Director of the Vietnam Task Force (Cottrell) to the Assistant Secretary of State for Far Eastern Affairs (Harriman). *Washington, April 6, 1962.*

Le Delta Plan mis de côté ?

"Le 21 mai les Américains apprirent par le conseiller de l'ambassadeur de Grande Bretagne, Ledward, que le Delta Plan était mis en sommeil pour être incorporé dans le PHS qui reçevait ainsi la première priorité sous la direction de Nhu.

Rusk réclama donc à son ambassadeur un rapport au plus tôt sur les statuts du Delta Plan et du PHS; il s'inquiéta de la relation entre les deux programmes et demanda d'être informé sur le nombre de hameaux stratégiques en programmation et son adéquation avec les ressources prévues pour leur réalisation. Il apprit que Thuần avait évoqué la question dans une réunion du Comité pour la Sécurité Nationale et la décision avait été prise d'incorporer le Delta Plan au sein du PHS.

Rusk donna alors instruction à son ambassadeur d'encourager vivement le gouvernement vietnamien à ne pas abandonner le Delta Plan car vu de Washington le concept des hameaux stratégiques aurait une part essentielle dans la victoire contre le Viêtcong mais sa valeur serait incertaine s'il était extrait de la globalité du Delta Plan. Rusk était particulièrement inquiet du fait que Nhu puisse essayer de réaliser trop de hameaux et trop rapidement. La possibilité que le Viêtcong puisse démanteler un grand nombre de hameaux mal équipés et mal défendus constituerait un grave danger. Avec comme résultat le discrédit sur un bon concept aux yeux de la population vietnamienne, son gouvernement et l'opinion publique américaine." [34]

Le responsable du Delta Plan plongé dans des contradictions

"Le 23 mai un officiel de l'ambassade américaine rencontra Hoàng Văn Lạc, qui venait d'être nommé responsable du Delta Plan pour apprendre que ce dernier avait soumis un projet pour l'organisation des opérations du Delta Plan à l'approbation de Diệm. Lac signala qu'il fait aussi partie du Comité Interministériel pour les Hameaux Stratégiques et qu'une réunion était prévue ce 24 mai pour traiter des provinces du Delta.

Il ajouta qu'il allait y proposer la construction d'une série de 'hameaux de combat' le long de la limite avec la Plaine des Joncs pour reloger les habitants de cette zone largement soumis à la pression ou au contrôle du Viêtcong. Or ceci allait clairement à l'encontre d'un des concepts de base du Delta Plan qui visait à restaurer graduellement la sécurité en commençant par des zones en sécurité vers des zones ayant moins de sécurité.[!]

---

[34] Doc 200. Telegram From the Department of State to the Embassy in Vietnam. Washington , May 22, 1962.

Pour ajouter à la confusion, le PHS était arrivé avec une mise en application à l'échelon national, sans qu'un concept de priorités soit clairement défini : les chefs de province s'étaient mis à construire simultanément des hameaux stratégiques de façon totalement désordonnée. On pouvait reconnaître ici la marque du manque de talent d'organisateur du conseiller Nhu.

Néanmoins Lạc reconnaissait lui-même que l'effectif des forces de sécurité ne pouvait pas répondre à un effort de pacification simultané dans toutes les provinces et couvrant l'ensemble du pays.'' [35]

Les idées de Nhu sur les hameaux stratégiques

Nhu eut l'occasion de s'exprimer sur les hameaux stratégiques avec un Américain que vers le milieu de l'année lors de sa conversation avec Rufus Phillips, à ce moment-là consultant spécial pour l'USOM en contre-insurrection. [36]

''Nhu raconte que depuis quatre mois il a constamment effectué des visites des hameaux dans les provinces du Sud. Il a passé son temps à faire des réunions avec les équipes chargées de la réalisation des hameaux stratégiques, les chefs de hameaux, les chefs de province, de districts et de comités. Il a pu tester ses théories avec cette expérience du réel.

Il voit les hameaux stratégiques comme un moyen pour combattre à la fois le communisme et les problèmes posés par le sous-développement qui sont le clivage entre les différents groupes de la population et l'héritage de systèmes de privilèges préexistants. Pour lui l'imposition de la démocratie par le haut dans un pays sous-développé mène à l'anarchie et conduit à la dictature.

« En temps de guerre les gens pensent qu'il faut supprimer la démocratie pour gagner. Au contraire nous devons utiliser la guerre contre les communistes pour introduire la démocratie et nous devons utiliser la démocratie pour gagner la guerre. C'est cela le concept stratégique.

---

[35] Doc 204. Telegram From the Embassy in Vietnam to the Department of State. Saigon , May 23, 1962

[36] Rufus Phillips est revenu au Sud Việt Nam pour une mission d'inspection et proposer un programme de lutte anti-insurrectionnelle à l'USOM. Phillips raconte qu'il a demandé à avoir des documents en Anglais décrivant le PHS mais ne trouve aucun document officiel. « Je trouve cela curieux. Nous sommes supposés être ici pour soutenir un programme dont nous ne savons rien de son contenu. »

Des élections libres au scrutin secret des comités de hameaux et de leurs chefs sont la clef du succès des hameaux stratégiques. »[37]

Nhu dit qu'il n'est pas satisfait avec le concept des 'hameaux munis de défense' [de Thompson] qui a été appliqué jusqu'ici. Il ne croit pas que déraciner les gens soit la meilleure réponse ; cela crée trop de problèmes et est trop coûteux.

Nhu pense que les deux armes à utiliser pour gagner la guerre sont les hameaux stratégiques et les commandos. Il veut que chaque hameau ou au moins chaque village possède un commando qui opèrerait en guérilleros avec les mêmes tactiques que le Viêtcong. Il a été très impressionné par les groupes de montagnards qu'il a vu opérer récemment dans les hauts plateaux. C'est la bonne façon de porter l'offensive aux communistes. Harassés par les commandos les Viêtcong doivent se regrouper pour se protéger et à ce moment-là l'armée peut les frapper avec leurs forces mobiles amenées par hélicoptères.

Enfin il pense qu'il serait efficace de donner la responsabilité du programme des hameaux stratégiques aux commandants de division dans leurs zones tactiques et l'armée pourrait alors donner un soutien supplémentaire au programme, lui assurant son succès.''

Phillips termina son rapport avec le commentaire suivant : ''L'idée de Nhu de créer les bases pour susciter le soutien politique de la population [au gouvernement] au niveau du hameau est une chance pour combattre le mouvement de guérilla. Le danger est que les élections dans les hameaux peuvent ne pas être libres car beaucoup de vietnamiens manquent d'expérience et de confiance dans les procédures démocratiques. Il est plus facile aux officiels de dire à la population ce qu'elle doit faire. Nous devons les aider à générer et à cultiver l'enthousiasme de la population, sachant que sans un ferme

---

[37] Au retour de sa mission Phillips eut l'occasion de faire, pour la première fois à McNamara au sujet des hameaux stratégiques, la remarque que "les hameaux qui montrent une volonté de résistance aux Viêtcong deviennent des objectifs mais ils ne sont pas équipés d'armes adéquates''. McNamara voulut savoir "quelles armes ils ont'' et Phillips répondit "seulement quelques vieux fusils français, quelques fusils de chasse et des grenades''. McNamara ajouta qu'il ne faut pas laisser une pénurie d'armes empêcher la fourniture d'armes aux villageois.

Phillips ajouta que "les élections dans les hameaux sont un sujet important''. McNamara parut perplexe en montrant son incapacité à imaginer comment des élections pouvaient être reliées à la sécurité.' [Rufus Phillips, *Why Vietnam Matters*, p. 124]

Voilà comment ce qui était considéré par Nhu comme le concept stratégique et la clef du succès fut perçu par le responsable de la politique américaine au Viêt Nam!

soutien populaire cette guerre ne peut être gagnée quelle que soit la quantité en hommes et en matériels engagée.'' [38]

Nhu s'exprime pour la première fois avec de hauts responsables américains

Un changement de concept de lutte

Ce que le conseiller Nhu avait en tête au sujet du programme des hameaux stratégiques il n'aura l'occasion de l'exprimer aux hauts responsables américains qu'à l'occasion de la deuxième visite de Taylor au Viêt Nam en **septembre 1962**. ''Selon lui la première partie du programme s'achèvera fin 1962 avec la réalisation d'environ 6000 hameaux stratégiques pour un total de 16000 et qu'**il faudra 3 années pour terminer le programme**. A ce moment-là le gouvernement pourra basculer du concept d'une lutte anti-guérilla à des tactiques agressives d'une **guérilla contre le Viêtcong**. Ce sera au tour du Viêtcong, alors expulsé des villages qui devra mener une lutte anti-guérilla et qui sera soumis à une chasse par les forces spéciales, à la terreur et aux embuscades.

Toujours selon Nhu avec l'établissement des hameaux stratégiques les gens sont en train de se rallier au soutien au gouvernement car ils n'ont plus de raison de craindre de représailles. Ce qui se passe au Viêt Nam est en fait une véritable révolution politique et sociale visant à installer un esprit de combat agressif orienté vers un système démocratique par étapes pour développer une mentalité propice à la **guérilla contre l'insurrection**. Les chefs de districts et de province comprennent de mieux en mieux les objectifs du gouvernement par un programme spécial de formation et d'endoctrinement.

Nhu soutient que les communistes ne peuvent gagner le combat contre les hameaux stratégiques. Ils peuvent lancer leurs attaques contre des points isolés et gagner ou perdre la bataille, mais pour les occuper ils doivent tuer la population civile. Alors ils seront haïs et seront obligés de réaliser que cela est impolitique.''

Les gens bâtiront la démocratie à l'échelon local

''A la question comment Nhu espère-t-il faire changer l'état d'esprit de ses fonctionnaires d'un concept à l'autre, Nhu répond que le concept des hameaux stratégiques comprend une série de phases. La sécurité du hameau offre la protection à la population avec le chef de province et ses forces chargés de la

---

[38] Doc 227. Memorandum From the Special Consultant for Counterinsurgency, United States Operation Mission (Phillips) to the Acting Director of the Mission (Fippin). *Saigon, June 25, 1962.*

destruction ou le démantèlement des unités ennemies de la taille du bataillon ; le chef de district a la capacité de démolir de petites unités régulières. A chaque niveau la force de l'ennemi est affaiblie pour laisser le niveau du hameau mener le combat sous forme de guérilla. Le Viêtcong est le plus dangereux sous la forme de petits groupes de terroristes et d'assassins venant dans les hameaux pour extorquer, tuer et kidnapper. Les hameaux stratégiques protègent la population de ces actions. Il sera fourni des armes à leurs défenseurs, la milice locale ou les Dân Vệ.

Dans l'étape suivante il ne sera fourni aux guérilleros du côté du gouvernement qu'une méthode et une idéologie. On leur prêtera une arme et l'idéologie sera la liberté contre l'esclavage, leur objectif sera de faire la chasse et d'éliminer leur ennemi. Si nous pouvions réussir à faire cela nous offrirons une stratégie politique par étapes valable pour tous les pays sous-développés qui sans cela sont obligés de chercher dans le neutralisme pour réduire la tension qui est placée sur eux.

Dans les hameaux stratégiques **peu à peu** on installera **le système démocratique**. Les droits des individus comme le droit au travail, le droit de posséder et d'exploiter la terre seront enseignés, tout comme les devoirs des gens en démocratie comme l'obligation de respecter la propriété individuelle et la défense mutuelle de leurs droits. Evidemment il y a pour l'instant hameaux et hameaux. Certains sont devenus comme dans l'ancien temps oligarchiques. Mais la plupart, en fonctionnant avec les principes de liberté et de justice comme base du progrès et en étant administrés par un comité choisi localement, rendront les gens de plus en plus conscients des avantages offerts par la démocratie comme l'accroissement du rendement des récoltes, de meilleures méthodes de culture et des méthodes de distribution plus performantes.

M. Nhu affirme qu'il est persuadé que non seulement les gens comprennent mais commencent même à développer un vrai esprit démocratique.'' [39]

Observations sur la réalisation du PHS tout au long de 1962

Comme les idées de Nhu sur le PHS n'étaient connues des Américains que très tardivement leurs observations étaient souvent formulées par référence au Delta Plan.

---

[39] Doc 279. Memorandum for the Record. *Saigon, September 14, 1962.*
Meeting with Special Advisor to the President of Vietnam, 11 September 1962 (Ngo Dinh Nhu, Frederick E. Nolting, Maxwell D. Taylor, Paul D. Harkins)

Début mars 62. Observations de Hickey et Donnell

"Le 16 mars 1962 dans une séance de briefing au MAAG Hickey et Donnell firent part de leur principale conclusion qui était que « les hameaux stratégiques apportent une meilleure sécurité, que **la relocation des gens est praticable** d'une manière générale mais que le **gouvernement vietnamien continue de répéter les mêmes erreurs qui caractérisent le programme des agrovilles** [!] c'est-à-dire que le plan est réalisé sans aucune considération pour les épreuves imposées à la population locale. »

Ils rapportèrent qu'à Cu Chi dans la province de Binh Duong « ils ont trouvé la population manifester ouvertement leurs ressentiments contre les demandes en travail et en matériel qu'on leur impose. Au lieu de recevoir 10 piastres par jour en réalité les paysans ne reçoivent ni argent ni nourriture. Beaucoup d'entre eux ne vont pas vivre dans le hameau et ne retireront du projet aucun avantage personnel. »

A l'inverse Hickey et Donnell avaient vu plusieurs variantes de hameaux stratégiques, certains plus simples et beaucoup moins coûteux que le modèle de Cu Chi (qui était apparemment à peu près conforme au prototype de Hilsman). « A Vinh Long ils ont trouvé des hameaux stratégiques sans enceinte fortifiée mais muni d'un 'bloc défensif' au centre du hameau. Le bloc est fortifié par des planches garnies de pointes et des mines à base de grenades à main. Ces hameaux peuvent être [attaqués et] pris en pleine journée. A Kien Hoa le fameux colonel Phạm NgọcThảo ne fait pas construire de fortifications qu'il juge généralement non nécessaires. Il équipe le hameau d'un bureau d'accueil, d'un poste d'information, d'un poste de garde et considère le travail terminé. Il concède qu'à certains endroits des ouvrages en terre peuvent être nécessaires. Son approche du problème prend beaucoup plus de temps, plus qu'à Cu Chi. Il ne paie pas non plus les paysans mais ne les soumet pas du reste à une grande pression.

Hickey et Donnell ont aussi trouvé qu'à Vinh Long, en général les gens aiment l'idée des hameaux stratégiques, en particulier ils pensent que la meilleure sécurité va favoriser les visites des parents pendant le Têt. Dans la région Hòa Hảo de Sadec les gens sont enthousiastes. C'est le seul endroit visité où les gens ont exprimé énergiquement l'idée que les hameaux stratégiques sont utiles pour garder le Viêtcong au dehors. »" [40]

---

[40] Doc 116. Letter From the Officer in Charge of Vietnam Affairs (Heavner) to the Deputy Director of the Vietnam Task Force (Wood) (Vietnam, 1962). *Saigon , March 19, 1962.*

Fin mars, informations à destination de McNamara

On pouvait extraire de 'l'analyse des facteurs politique et économique de la guerre du Việt Nam' établie fin mars 1962 par Trueheart pour la 4e réunion à Honolulu du Secrétaire à la Défense les informations suivantes sur le PHS :

''D'une manière générale une planification et une exécution systématique du programme des hameaux stratégiques associées à un développement des forces paramilitaires en nombre suffisant peut restaurer un sentiment de sécurité parmi les villageois. Il n'est pas certain cependant que ces programmes aillent en profondeur car Nhu est en train de pousser pour un achèvement rapide ce qui peut entraîner un développement hâtif et malavisé qui risque d'aliéner la population au lieu de d'aider à gagner son soutien.

De plus il y a le danger que Nhu essaie d'utiliser le programme des hameaux stratégiques pour 'révolutionner la société' dans ces hameaux ce qui peut entraîner plus de division parmi la population alors que l'unité serait à rechercher. D'autre part le programme d'équipement et d'entraînement des Dân Vệ Đoàn prévu actuellement est largement insuffisant pour fournir en temps voulu la force de défense nécessaire à chaque hameau stratégique pour contrer les petits groupes de Viêtcong et tenir jusqu'à l'arrivée de la Garde Civile et de l'ARVN.

En conclusion :

- Les programmes du gouvernement sud vietnamien dans les zones rurales - programme des hameaux stratégiques, programme de développement économique et social au niveau des villages - sont bien dans la bonne direction mais dépendent d'une mise en œuvre effective pour réussir à restaurer la sécurité dans les villages et gagner le soutien des villageois.

- Le présent leitmotiv du gouvernement dans les zones rurales '**sacrifice et discipline**' n'emporte pas l'adhésion de la population et devrait être changé en 'amélioration de la sécurité et des conditions de vie avec l'aide du gouvernement.'

- Le gouvernement manque de personnel formé pour implanter et appliquer ses programmes politique, économique et psychologique dans les campagnes.''[41]

Début avril 'Implantation d'un concept stratégique efficace au Sud Việt Nam'

''Hilsman considère qu'avec le Delta Plan et le Programme des Hameaux Stratégiques **un** concept stratégique efficace s'est bien implanté au sein du

---

[41] Doc 127. Airgram From the Embassy in Vietnam to the Department of State. *Saigon, March 23, 1962.*

gouvernement vietnamien comme dans la Mission américaine. C'est un sujet de politique nationale de haute priorité pour le gouvernement vietnamien. Il inclut en même temps le programme d'Action Civique qui a été réorienté, réanimé, étendu et intégré dans les premiers. L'importance attachée au rôle anti-insurrectionnel des services de sécurité en zone rurale est bien prise en compte et reflétée dans la recommandation de la Mission américaine visant à porter l'effectif du Corps d'Auto-Défense à 80000 en 1963 et la Garde Civile à 90000 en 1964.

Mais les informations de Hilsman concernent surtout le Delta Plan et il ne sait encore rien du programme de Nhu et ne fait pas de différence entre les deux programmes: « les **informations précises concernant les hameaux ou villages stratégiques [!] ne sont pas encore disponibles** mais il est estimé que 150 à 200 hameaux ou villages stratégiques ont été réalisés dans plus de la moitié des 39 provinces. Le chef de la province de Vinh Long en particulier revendique l'achèvement de 60 hameaux stratégiques à la fin de janvier 1962. »

Dans la province de Bien Hoa le village de Tam An et le hameau de Tan Phu sont connus comme des exemples d'efficacité dans le rétablissement du contrôle gouvernemental dans les campagnes et de la confiance en soi de la paysannerie.

L'unité administrative de Tam An, pratiquement éliminée par le Viêtcong, fut reconstituée en octobre 1961 après un nettoyage de la zone par l'armée. Un poste de défense fut construit à un endroit stratégique, équipé de système de liaison par radio et défendu par un petit groupe d'auto-défense recruté localement et des unités de la Garde Civile. Un nouveau conseil de village fut créé et le chef de province envoya des dons en médicaments, vêtements et riz à l'occasion du nouveau départ du village. Les villageois à un moment suspectés de coopérer avec le Viêtcong ne subirent aucune forme de représailles. Le village est depuis resté à l'abri de l'influence du Viêtcong.

Tan Phu avant juillet 1961 était quasiment sous le total contrôle du Viêtcong. A la suite d'une opération de ratissage en novembre 1961 le chef de province commença à transformer Tan Phu en un typique hameau stratégique (ceinture de tranchée, remblais avec fils de fer barbelés, poste de défense, tour de guet, etc…) défendu par une unité d'auto-défense. Tan Phu est de ce jour resté délivré des Viêtcong.''[42]

---

[42] Doc 139. Memorandum From the Director of the Bureau of Intelligence and Research (Hilsman) to the Assistant Secretary of State for Far Eastern Affairs (Harriman). Washington, April 3, 1962.

Avril 62. Tour d'inspection de Heavner

Du rapport de Heavner établi pour Nolting suite à son tour inspection effectué dans le mois d'avril et dans les 5 provinces de Dinh Tuong, Kien Tuong, Long An, Kien Hoa et Binh Duong on pouvait lire :

"Mon estimation est que l'effort de guerre est souvent confus mais l'énergie déployée par nous-mêmes et le gouvernement vietnamien peut apporter une amélioration sensible de la sécurité dans un horizon d'un à deux ans…

Le Corps d'auto-défense destiné à défendre les hameaux stratégiques et les postes de garde a été dans le passé mal équipé, mal entraîné et mal payé. Le MAAG a dans chaque province, pris des mesures contre les deux premiers maux et on doit s'attendre à un bon retour de cet investissement.

Concernant le troisième mal nous ne pouvons pas faire grand-chose mais ce point constitue un souci majeur pour les chefs de province.

Sur le programme des hameaux stratégiques il y a en ce moment beaucoup de problèmes et de confusion et la situation à court terme n'est pas très rose mais nous nous dirigeons dans la bonne direction.

Le programme souffre de toutes sortes de pénuries chroniques. Il n'y a pas assez de Dân Vệ du Corps d'auto-défense, pas assez de fil de fer barbelé, pas assez de ciment, pas assez d'armes, pas assez d'administrateurs, pas assez de cadres, pas assez de piastres. Nous pouvons et devrions remédier à certaines de ces insuffisances. Je ne vois pas pourquoi nous ne pouvons pas fournir les fils de fer barbelés, le ciment, les pompes à eau, les médicaments, les générateurs, les bulldozers en quantité adéquate si nous décidions que ce programme doit réellement avoir la première priorité de notre plan d'aide.

Le hameau stratégique de Ben Tuong de la province Binh Duong est le seul visité ayant reçu des moyens matériels abondants. Il est destiné à être un modèle du genre. Son enceinte est construite avec des bulldozers et dotée d'une double clôture de fils barbelés. Deux compagnies de Garde Civile sont postées à l'intérieur de son périmètre, deux compagnies de l'armée régulière et une compagnie de guerre psychologique à l'extérieur. Le gouvernement vietnamien a fourni 18 tonnes de riz, 33 cadres, une équipe médicale incluant un médecin, des vêtements et une réserve vestimentaire et du matériel de propagande. [Ben Tuong fait probablement partie du Delta Plan et reçoit l'aide américaine.]

Plus typique est Binh Hoa un village d'une soixantaine de familles, en aval de la capitale provinciale de Dinh Tuong sur la rivière Vaico [Vam Co?]. A la différence avec Ben Tuong où la population a été déplacée, les villageois de Binh Hoa sont restés dans leurs anciennes demeures et une ligne de protection établie à la force des bras du côté opposé à la rivière. Manifestement le Viêtcong n'est pas attendu venant du côté de la rivière.

Ils sont à court de fils barbelés et n'ont que 6 Dân Vệ. Tout le travail fourni et les moyens utilisés proviennent du village lui-même. Binh Hoa ne sera pas un modèle de hameau stratégique ...

Le fardeau mis sur la population locale est lourd. A chaque famille d'un endroit de Dinh Tuong il est demandé de fabriquer 200 pièges à pointes pour garnir le périmètre fortifié. Ceci inclut l'achat de la quantité correspondante de clous.

Dans tous les villages visités les officiels locaux sont rémunérés par des taxes locales et les nouveaux administrateurs des hameaux sont payés par des taxes au niveau des hameaux.

Un des problèmes les plus épineux qui se pose est la rémunération des officiels du hameau et de ses jeunes défenseurs locaux [certains enrôlés sous l'étiquette Jeunesse Républicaine].

Le Viêtcong est en train de réagir avec vigueur au programme. Le chef de province de Long An m'a dit avoir perdu 3 hameaux, Ben Tuong est continuellement harassé et à Dinh Tuong le Viêtcong a creusé un tunnel long de 3 km pour tenter de pénétrer au travers du périmètre de défense d'un hameau. Un réel danger réside dans la destruction de hameaux à cause du retard dans la fourniture du matériel voulu.

Le concept du hameau stratégique de Thompson n'est pas souvent bien compris dans les provinces et l'accent n'est pas assez mis dans les patrouilles à effectuer à l'extérieur du périmètre de défense et les liaisons avec les forces de réserve.''[43]

Août 62. Heavner laisse entendre que les États-Unis soutiennent le PHS

Pour la première fois de manière succincte l'aspect politique que Nhu envisageait pour le programme fut abordé par Heavner : ''Nhu et compagnie sont en train d'avancer dans ce qu'ils veulent décrire comme un prodigieux bond politique. Il veut bâtir la démocratie au niveau du hameau, donner aux gens un intérêt dans leur situation et vie dans le hameau et réarranger la structure de pouvoir dans le hameau pour mettre le pouvoir au service de la lutte commune au lieu de privilèges et de richesses pour un groupe.

Dans quelle mesure les idées de Nhu seront traduites dans la réalité cela reste à voir. Sans compter les Viêtcong il existe de redoutables obstacles. Mais

---

[43] Doc 173. Memorandum From the Officer in Charge of Vietnam Affairs (Heavner) to the Ambassador in Vietnam (Nolting). *Saigon , April 27, 1962*

le plus simple et le plus prometteur pour nous est de rejoindre Nhu dans cette démarche. Je ne pense pas que ce sera un bond prodigieux mais un progrès constant avec une défaite possible du Viêtcong. Nous avons de fait une alliance informelle avec Nhu et notre soutien au programme des hameaux stratégiques a bien débuté et il sera intensifié.'' [44]

Octobre 62. A l'occasion de la visite du général Taylor

Ce fut seulement en octobre 1962 dans le document préparé à l'occasion de l'anniversaire de la visite de Taylor au Sud Việt Nam qu'on trouva une description du PHS plus conforme aux idées de Nhu :

''Le Viêtcong vise à isoler le gouvernement de la population. Nous visons à unir le gouvernement et la population et à isoler le Viêtcong de la population. Le Programme des hameaux stratégiques a été conçu en appliquant les leçons apprises avec le programme des Agrovilles et en Malaisie. Il cherche à donner à la population à la fois des moyens et une volonté de se défendre.

Des moyens avec l'équipement en armes et l'entraînement des habitants du lieu, un périmètre de défense autour du hameau et des facilités de communication avec les forces de réserve. Si nécessaire - et **généralement cela ne l'est pas** - les maisons disséminées sont regroupées pour une défense plus aisée.

La volonté est inspirée par l'intérêt dans la vie au hameau que peut trouver la population avec les services offert par le gouvernement comme école, maternité ou crédit agricole bon marché... Elément fondamental elle peut élire au bulletin secret ses représentants au comité d'administration du hameau.

Plus de 3000 hameaux stratégiques ont été créés en 1962 et 2600 autres en cours de réalisation. Certains sont bien défendus et leur population bien motivée. Certains mal réalisés et défendus sans conviction.

Nous avons conçu un 'kit pour hameau' comprenant du fil barbelé, des armes et des médicaments et nous prévoyons de fournir 4000 kits jusqu'à la fin de 1963. Mais la majorité des hameaux stratégiques utilisent leurs propres ressources.

Comme dans tout pays sous-développé une pénurie aiguë de personnes qualifiées fait que la mise en œuvre du programme est de qualité inégale. Le gouvernement en a conscience et encourage publiquement leurs concitoyens à porter plainte pour dénoncer les cas de corruption ou de comportement abusif de la part des officiels chargés du programme.

---

[44] Doc 257. Memorandum From the Deputy Director of the Vietnam Working Group (Heavner) to the Director (Wood) (Vietnam, 1962). *Washington, August 3, 1962.*

D'autre part des informations relativement précises sont trouvées au sujet d'opérations 'clear and hold' [nouvelle appellation pour les opérations du type Sunrise ?] : Ce sont des efforts coordonnés sur les plans militaire, économique et social visant à pacifier de manière permanente des zones précises en éliminant la force et l'influence du Viêtcong.

Ces opérations sont soutenues en profondeur par l'aide et les conseils américains. Leurs plans sont approuvés par notre Comité pour la Réhabilitation des Provinces. L'argent est déboursé au travers d'accords de projet avec les chefs de province et les comités locaux dans lesquels les officiers américains sont présents.'' [45]

Enfin le concept de Nhu est mieux compris

Mi-octobre une description sommaire du programme bien plus proche de la réalité fut donnée par Nolting : ''La plupart des hameaux stratégiques établis à ce jour l'ont été **sans aide directe américaine et avec des moyens limités**. Le travail de construction est une contribution volontaire qui doit apporter une protection améliorée aux occupants et les bienfaits qui en découlent pour ceux ayant travaillé sur le projet.

La plupart des hameaux stratégiques n'impliquent pas une relocation. La pratique usuelle consiste à entourer simplement le hameau existant par une clôture défensive. Dans très peu de cas ceux se trouvant à l'extérieur du périmètre sont déplacés vers l'intérieur mais continuent de ce fait à travailler leur terre de toujours située à une distance commode de marche.

Dans certains cas l'équipement en armes de la milice est retardé pour le motif que les autorités locales sont encore dans le processus de détermination de la crédibilité des personnes qu'on va armer. Ce qui est difficilement contestable. La pratique usuelle adoptée pour les hameaux ayant été munis de leur système matériel de défense semble être de fournir à la milice un arsenal simple composé de fusils de chasse, de vieux fusils français...en attente de la disponibilité de meilleures armes et du développement de l'organisation du hameau. Ceci explique qu'il arrive que des hameaux stratégiques soient soumis à des attaques alors qu'ils ne possèdent encore que des armes inadéquates pour se défendre.

Les élections n'ont pas pu être organisées pour l'ensemble des hameaux stratégiques et beaucoup ne sont pas encore prêts pour cela. Sont-elles vraiment 'libres', je peux seulement dire qu'elles sont à bulletin secret et qu'un choix est

---

[45] Doc 297. Paper Prepared in the Department of State. *Washington, undated.*

offert parmi une candidature plurielle. Il est cependant connu que si le cadre avait bien fait son travail le 'bon candidat' serait élu.'' [46]

Qu'entend-on par hameau stratégique terminé ?

''Maintenant [novembre 1962], parmi les 10971 hameaux destinés pour le moment à devenir des hameaux stratégiques, 3353 d'entre eux sont considérés par le gouvernement comme terminés. Parmi eux il existe une grande variabilité dans la qualité de leur système de défense, la composition de leurs forces de sécurité et dans l'efficacité, la compétence et la fiabilité de leur personnel administratif. De ce nombre il est probable que tout au plus 600 peuvent être considérés comme possédant les attributs requis du point de vue des équipements, des travaux de défense, des forces de sécurité et peut-être le plus important de l'entité apte à conduire les affaires publiques.

Le nombre de hameaux 'proprement' conçus augmentent à un rythme de 300 par mois. 1897 kits ont été distribués dans les programmes MAP et AID en cours. 1200 radios de village ont été installées et l'installation de radios de hameau commence à la cadence de 1000 par mois.

En même temps la sécurité dans les hameaux progresse avec la qualité du Corps d'auto-défense, de la Garde Civile et des Irréguliers des Groupes de Défense Civile.

Aussi il faut voir que **la vraie puissance du programme n'est pas dans le présent et ne se révèlera véritablement que dans le futur**. Les vertus du programme se découvrent sur le long terme. Il ne fait que commencer sa maturation et les réactions vigoureuses du Viêtcong contre le programme sont la preuve que son potentiel a été bien perçu par lui. D'un autre côté les attaques dirigées contre les hameaux deviennent maintenant des attaques directes contre la population. Elles contredisent le principe proclamé par le Viêtcong qui est de rechercher l'affection et la confiance de la population pour réaliser ses objectifs.'' [47]

Décembre 1962. Heavner reconnaît que le PHS offre la meilleure chance pour battre le Viêtcong

Les conclusions de Heavner après un séjour de 40 jours au Viêt Nam entre le 18 octobre et le 26 novembre pour visiter 17 provinces furent

---

[46] Doc 302. Letter From the Ambassador in Vietnam (Nolting) to the Deputy Assistant Secretary of State for Far Eastern Affairs (Cottrell). *Saigon, October 15, 1962.*

[47] Doc 319. Memorandum From the Chairman of the Joint Chiefs of Staff (Taylor) to the Secretary of Defense (McNamara). *Washington, November 17, 1962.*

particulièrement intéressantes, notamment celles sur le programme des hameaux stratégiques.

''Ce programme est **maintenant au cœur de notre effort** et **mérite la première priorité**. Alors qu'il n'a pas apporté la démocratie et probablement ne l'apportera pas, il a mis en place une vraie administration locale. Par l'introduction de mesures visant à augmenter la production de riz et le revenu des paysans ces administrations locales peuvent amener une révolution dans la campagne vietnamienne. Mais cela ne sera ni rapide, ni assuré. Il est maintenant bien lancé.

A l'exception du Centre Việt Nam où le programme manque de vigueur car n'a pas eu le soutien nécessaire de Cẩn, les autorités locales et provinciales ont une bien meilleure compréhension du concept qu'il y a six mois. La qualité des hameaux est très variable et le programme souffre d'un déficit chronique en organisation et en leadership. Mais cet effort qui est constitué d'un mélange de mesures politique, économique et militaire offre la meilleure chance pour combattre le Viêtcong. Comme tel il doit être au centre de notre planification et nous devons résister à tout penchant de déclasser sa haute priorité.

Notre expérience des hameaux stratégiques reste toutefois limitée et nous devons mettre en place un système d'évaluation pour identifier les meilleurs moyens de réaliser des hameaux efficaces.'' [48]

Et pour le reste ?

Sur la situation générale

A la réunion de McNamara du 8 octobre on apprit que les attaques Viêtcong de la taille du bataillon s'étaient raréfiées passant de 8 en mai à 1 en juin et juillet et aucune en août et septembre. [Doc298]

Après sa visite du Việt Nam le sénateur Mansfield avait livré ses impressions qui furent notées et résumées comme suit :

''Son impression générale est de revoir les mêmes problèmes qu'en 54-55 et il pense qu'on est revenu au point de départ. Il s'est montré extrêmement critique du programme passé de l'AID et concentre son attaque sur l'ancien directeur de l'USOM qu'il considère comme un '*désastre*'. Il pense qu'une bonne occasion est perdue pendant les années 55 à 59 en partie à cause du programme de l'AID et de la mauvaise orientation de notre effort d'entraînement militaire (mal dirigé vers une menace d'invasion ouverte par le Nord et non vers la menace de la guérilla).

---

[48] Doc 328. Report by the Deputy Director of the Vietnam Working Group (Heavner). Washington, December 11, 1962.

Diệm n'a pas réussi à obtenir le soutien des paysans. Or la clef pour gagner la lutte actuelle ne consiste pas uniquement à étendre l'autorité du gouvernement mais aussi à amplifier le soutien et l'adhésion populaire. Diệm doit se montrer plus proche du peuple. Cependant Mansfield continue de penser que Diệm est incorruptible, ne voit pas d'alternative à ce dernier et a le sentiment qu'il faut continuer la politique présente. Il a eu l'impression que Nhu a beaucoup plus de pouvoir réel qu'auparavant et trouve cela regrettable.

Néanmoins il pense que l'élan donné à notre effort militaire et à l'AID actuel est adapté qu'il faut le poursuivre et que le programme des hameaux stratégiques peut bien réussir.''[49]

Du côté américain

Du côté américain l'année débuta avec la réorganisation de la structure du commandement militaire, se matérialisant par la création du MACV (Military Advisory Command, Vietnam) destiné à chapeauter le MAAG.

L'année 1962 ne fut que la poursuite du programme décidé l'année d'avant sans changement majeur. Les réunions de McNamara destinées au contrôle et au suivi de son état d'avancement se poursuivirent de façon régulière. Et à la fin de l'année l'ensemble des officiels américains faisaient montre d'un optimisme mesuré à l'exception de Harkins qui seul voyait la fin de la guerre dans un an.

Du côté vietnamien

Du côté du gouvernement vietnamien, à côté de la grande mobilisation nationale pour les hameaux stratégiques, la grande chose à signaler n'était pas facilement visible et c'est le changement total dans l'esprit de Nhu. Il apparut comme ayant adopté complètement l'idée que pour vaincre les Việt Cộng il était indispensable de gagner la loyauté volontaire des paysans. Son entourage l'entendit dire qu'il ne servait à rien de mettre les Viêtcong en prison. Il donna même des instructions pour arrêter l'équipement des forces d'auto-défense en armes modernes.

Au matin du 27 février subitement le palais présidentiel se vit attaqué par deux avions AD-6 de la VNAF [Việt Nam Air Force]. Ils n'infligèrent que d'importants dégâts matériels ; une servante fut la seule victime humaine et madame Nhu ne fut que légèrement blessée en tombant dans sa marche parmi les gravats. Le pilote de l'avion descendu par la défense anti-aérienne fut capturé ; le deuxième avion prit la fuite et atterrit en catastrophe à Phnom Penh.

---

[49] Doc334. Memorandum for the Files by the Deputy Director of the Vietnam Working Group (Heavner). *Washington, December 27, 1962.*

L'incident remet en lumière le mécontentement profond qui existait au sein de l'armée et rappela le fait que d'une manière générale le régime n'avait pas la faveur de son peuple.

**

Conclusion sur le PHS à fin de l'année 1962

Le gouvernement avait donné une haute priorité au programme des hameaux stratégiques. Cependant des preuves montraient que le programme souffrait sérieusement d'une direction, d'une coordination et d'une assistance matérielle inadéquates de la part du gouvernement central et de malentendus parmi les officiels dans les provinces et au niveau local. Les chefs de provinces avaient tendance à fixer des quotas élevés et irréalistes ; le manque de ressources suffisantes allouées par le gouvernement entraîna des hameaux mal construits et mal protégés et des prélèvements financiers sur les paysans. De plus la construction de ces hameaux n'avait pas obéi à un schéma particulier ou plan basé sur des priorités.

Il apparut clairement que le gouvernement avait lancé son programme de manière indépendante sans concertation avec les autorités américaines qui de leur côté ne connaissaient bien que le plan de pacification du Delta de Thompson auquel elles avaient souscrit et donné leur appui et leur aide.

Le programme des hameaux stratégiques [de Nhu], comme il se devait, était bien conforme à ses idées, sur fond d'un anti-américanisme de bon teint, pas forcément intelligente d'ailleurs avec l'illusion idéaliste à la limite de l'utopie en croyant pouvoir compter sur ses propres forces. Illusion à la mesure de son orgueil démesuré qui imposait aux paysans des sacrifices souvent difficilement supportables. Ce fut d'ailleurs la seule même erreur du passé qui était répétée. Elle n'était pas relevée par la plupart des observateurs qui affirmaient plutôt que le gouvernement avait répété les mêmes erreurs des programmes du passé en montrant surtout du doigt le relogement des paysans.

Comme conséquence le soutien matériel et financier de la part des Américains était non seulement insuffisant mais encore en décalage complet par rapport au lancement du programme ce qui entraîna bien évidemment un début de programme encore plus entaché d'insuffisances et de défauts qui pouvaient être en partie évitables avec plus de moyens.

Concernant cette aide américaine, à la fin juillet en réponse à une question de McNamara le colonel Buchanan du COMUSMACV indiqua que sous le

MAP [Military Assistance Program] pour les années fiscales 62 et 63 « il est prévu d'équiper 397 villages [en moyenne quatre hameaux forment un village, soit tout au plus environ 1600 hameaux] en fusils, carabines, pistolets, fusées d'éclairage et ainsi de suite. L'AID quant à lui fournit des articles de construction comme du fil de fer barbelé, des profilés métalliques pour l'assemblage en poste de guet etc. Une demande est en préparation pour un supplément de 4 Millions de $ us dans le budget 1963 du MAP pour 1500 autres villages. »

Tout ceci montrait à l'évidence que le programme était encore loin d'atteindre sa phase d'achèvement. Numériquement parlant il n'en était qu'au tiers du nombre projeté. Et si on considérait les quatre conditions requises pour un bon hameau stratégique [selon la bonne définition de Heavner] on pouvait légitimement se demander combien parmi ceux déjà réalisés pouvaient atteindre le cap de la troisième condition ou répondre de manière satisfaisante à la quatrième.

Ces conditions étaient:

a) un périmètre de défense et une force de Dân Vệ suffisante pour faire face à la menace courante du Viêtcong dans le secteur ;

b) un système de communications avec les forces de réserve de l'armée stationnées dans la province ;

c) des patrouilles constantes par la Garde Civile ou l'armée, surtout de nuit à l'extérieur du périmètre ;

d) un environnement social et économique adéquat pour le village formé de zones de culture du riz en toute sécurité, d'établissements pour services sociaux de base comme école et dispensaire et une meilleure administration.

Aussi était-il tout à fait prématuré de donner une opinion valable sur le bon fonctionnement ou pas du programme dans son ensemble en cette fin d'année 1962. En tout des résultats très prometteurs pouvaient déjà être enregistrés.

CHAPITRE 3

Le programme des hameaux stratégiques (Suite).

L'actualité tumultueuse de toute l'année 1963 avait fait passer le programme des hameaux stratégiques [PHS] en second plan. En fait il avait continué dans sa lancée du moins pendant la première moitié de l'année.

Rufus Phillips à fin de septembre 1962 était revenu au Viêt Nam pour cette fois-ci travailler pour l'USOM en prenant la responsabilité des Affaires Rurales ce qui le mettait directement en charge de l'aide de l'USOM au PHS.

D'après Phillips ''au début de 1963 le PHS avait mis le Viêtcong en difficulté car ils n'avaient pas encore pu développer de réponse efficace. En revanche les résultats en termes de pacification étaient très inégaux d'une province à l'autre. Ils étaient meilleurs dans le Centre que dans le Delta où les hameaux étaient bien plus disséminés et donc plus exposés.

Pressés d'avoir à réaliser rapidement le programme la plupart des chefs de province furent réticents pour donner un honnête état d'avancement. Beaucoup de hameaux étaient déclarés achevés alors qu'ils n'étaient pas encore sécurisés et de nombreux chefs de province jouaient le 'jeu du nombre' en déclarant des progrès là où ils n'existaient pas. Dans certaines provinces où des réinstallations étaient pratiquées les travaux n'étaient pas suffisamment dédommagés et certaines familles étaient relogées trop loin de leurs rizières.

Tout compte fait il y avait de nombreuses brèches dans le programme mais l'idée de base d'un village qui s'auto-défend restait valable. Ceux qui étaient près du programme étaient convaincus que ses défauts seront corrigés dans le temps et il y avait des raisons pour être optimiste pour l'année qui allait venir.''[50]

Un progrès significatif en chiffre

Au 1er mai de l'année un état d'avancement fut effectué par Phillips qui ''constate d'une manière générale un progrès très significatif du programme dans de nombreuses provinces. Ce progrès est mesuré en termes de réalisations, en augmentation constante, de hameaux viables dans lesquels vivent des habitants ayant la volonté et les moyens de résister aux Viêtcong. Une différence notable existe entre le nombre de ces hameaux et le nombre total des

---

[50] Rufus Phillips, *Why Vietnam Matters*, p. 140-141

hameaux stratégiques répertoriés par le gouvernement. Que cette distinction soit à la fois nécessaire et réaliste nous a été confirmée par le colonel Lac et son équipe.[51]

Après 6 mois passés sur le terrain avec le programme il apparaît clairement que le concept du programme est excellent mais son exécution sérieusement handicapée par un manque de compréhension du concept lui-même et un manque de volonté de le mettre en application. Ceci est particulièrement vrai pour les officiels de province et autres officiels locaux. Il y a une grande difficulté à saisir l'idée que 'le hameau stratégique est un état d'esprit'.

Conditionnés par des années d'expérience avec les Français et n'ayant pas d'expérience préalable dans la pratique de méthodes démocratiques de direction, nombreux sont ceux qui se sentent incapables d'exécuter le programme sans utiliser des méthodes conduisant à aliéner la population dont le soutien est l'objectif attendu. Un progrès significatif a été obtenu en améliorant l'attitude de base de l'administration ; il est obtenu non pas suite aux consignes gouvernementales mais par notre insistance à rappeler sur place que le bien-être de la population doive être considéré.

Un chef de province qui a reçu récemment la recommandation de ne pas collecter d'argent pour la construction de hameau se plaint amèrement que cela va le conduire à arrêter entièrement son programme.

Quand il arrive à M. Nhu d'aborder cet aspect vital de la question comme dans son discours à Lồ Ô c'est par des allusions indirectes difficilement traduisibles en actions pratiques.

Cette situation est en train de changer pour le mieux mais trop lentement pour produire le type et le nombre de bons hameaux nécessaire pour gagner la guerre. Heureusement, encouragés par nos conseils et un soutien rapidement disponible au niveau de la province, de plus en plus de chefs de province apprennent par eux-mêmes que le programme doit s'appliquer en ne prenant pas la voie de la facilité, c'est-à-dire en persuadant et en gagnant le soutien de la population.''[52]

''Sur l'aspect politique du programme le gouvernement a établi une 'charte communautaire', légalisé et développé une structure administrative qui n'existait pas jusqu'ici ou était à l'état d'ébauche. Il a accéléré le programme de

---

[51] Les chiffres officiels sont : A la date du 14 février il y a 6 988 826 personnes soit 58% de la population rurale vivant dans 5049 hameaux stratégiques. Et le problème majeur qui se pose au gouvernement c'est l'entraînement à mettre en place pour former la milice locale et les officiels pour garnir les hameaux. Le gouvernement indiquera au 2 septembre un nombre de 8227 hameaux dans lesquels vivent 9 563 370 personnes soit 76% de la population rurale.

[52] Doc102. Memorandum From the Assistant Director for Rural Affairs, United States Operations Mission in Vietnam (Phillips), to the Director of the Mission (Brent). *Saigon, May 1, 1963*

formation des officiels des hameaux. L'élection de ces officiels au bulletin secret, prévue par une loi, a débuté dans de nombreuses provinces et sera étendue à tous les hameaux. Ces officiels voteront à leur tour pour les officiels des villages ; les élections dans les villages ont aussi commencé et auront lieu dans plus de la moitié des 2500 villages dans les quelques mois à venir.'' [53]

La réaction des communistes

Les rapports des renseignements indiquèrent clairement que les agents communistes considéraient le programme comme la menace la plus sérieuse pour la poursuite de leurs opérations et étaient en train de développer leur propre stratégie pour contrer le PHS sur le terrain.

De plus la réaction des communistes avait immédiatement été intense sur le plan politique. Le Nord Viêt Nam et son FNL comme Moscou et Pékin avaient appelé les hameaux stratégiques des 'camps de concentration' dans lesquels 'la population était rassemblée de force en troupeaux'. La propagande nord-vietnamienne accusa le gouvernement du Sud Viêt Nam de rassembler 14 millions de personnes dans les hameaux stratégiques pour 'bafouer la vie, les habitudes, les traditions, les libertés démocratiques, et les sentiments et intérêts les plus ordinaires des êtres humains' et en définitive pour 'annihiler' le peuple vietnamien. Elle appela ouvertement le peuple vietnamien non seulement à s'opposer au programme mais aussi à détruire les hameaux stratégiques où qu'ils existent.

Sur le terrain les attaques armées des agents communistes contre les hameaux stratégiques s'étaient multipliées mais le pourcentage de leur succès était resté faible. Les tentatives pour démolir ou mettre le feu aux clôtures étaient fréquentes. Les agents communistes faisaient usage de menaces, d'intimidation et de corruption pour pénétrer dans les hameaux, pour empêcher la participation des paysans ou pour les inciter à partir. Plusieurs officiels locaux qui avaient ignoré les menaces communistes furent assassinés ou kidnappés.

Un rapport direct à Kennedy

Début septembre Phillips reçut des nouvelles alarmantes concernant l'état de santé de son père et réserva un vol pour revenir aux États-Unis. Au même moment il fut prévenu de la possibilité d'avoir à faire un bilan sur le PHS au Groupe Spécial pour la Contre-insurrection dont faisait partie Robert Kennedy.

---

[53] Doc 197. Research Memorandum From the Deputy Director of the Bureau of Intelligence and Research (Denney) to the Acting Secretary of State (Vietnam, January–August 1963). *Washington, July 1, 1963*

Il prépara un rapport d'ensemble, le deuxième à cette date, dont l'essentiel dit : "Le Programme des hameaux stratégiques a continué à faire un progrès constant et raisonnablement sûr dans les Régions militaires **à l'exception du Delta**. Là le programme a subi de sérieux revers dans plusieurs provinces, est arrivé au point mort dans d'autres et avance mais lentement dans le peu qui reste…

Dans la région du Centre malgré les avancées du programme la gestion désastreuse de la crise bouddhique par le gouvernement a amené la population à se tourner contre lui.

Finalement le rapport reconnaissait que le programme avance à un rythme plus lent que pendant les 6 mois précédents par suite de planification et exécution contestables et d'un trop large déploiement. Ses maux pouvaient cependant être guéris par un effort intelligent et soutenu."[54]

Phillips invité à la Maison Blanche le 10 septembre

Le jour où il fut invité à s'exprimer devant Kennedy deux idées tournèrent dans sa tête "Je lui dois la vérité telle que je la vois." et "Comment lui dire ce que je sais du Vietnam en quelques minutes."

Finalement Phillips s'était essentiellement concentré sur le principal problème du moment qui était Nhu, s'appuyant sur ses conversations avec les leaders politique et militaire du Việt Nam comme Thuận, Hải, Lạc et le général Kim. Il cita Thuận le 3eme personnage du régime qui avait dit que « Nhu doit quitter le pays…La sécurité est en train de décliner et le gouvernement perd en ce moment sa guerre dans le Delta. » Et ajouta « Ce qu'il faudrait est une campagne pour isoler Nhu et le faire partir du pays. Cette campagne a besoin d'un manager et le général Lansdale est cet homme. L'ambassadeur est d'accord pour faire revenir Lansdale et je vous recommande de l'envoyer là-bas aussitôt que possible. »

"Phillips nota qu'au long de son exposé McNamara ne cessa de tourner de droite à gauche sa tête en signe de dénégation.

« Que pensez-vous de la situation militaire ? » demanda Kennedy.

« Je suis désolé d'avoir à vous le dire, M. le président, nous ne sommes pas en train de gagner la guerre, tout particulièrement dans le Delta. Les première, deuxième et troisième régions militaires sont Ok mais l'effort de guerre dans la quatrième, la zone du Delta au sud de Saigon, tombe en pièces.

J'étais juste dans la province de Long An où pendant ces dernières semaines le Viêtcong a détruit 60 hameaux stratégiques obligeant leurs habitants à couper les clôtures de fil de fer barbelé. Les troupes de l'ARVN,

---

[54] Rufus Phillips, *Why Vietnam Matters*, p. 176

censées défendre les hameaux, étaient consignées dans leur quartier par crainte de leur participation à un coup.

Les hameaux stratégiques ne sont pas correctement protégés. Ils se font investir par le Viêtcong.

De plus cette guerre n'est pas militaire mais politique. Ce n'est pas une guerre contre le Viêtcong mais une guerre pour gagner les esprits et elle est en train d'être perdue. »''[55]

La fin d'une priorité nationale

Pour la première fois Phillips avait fait clairement ressortir une liaison entre les effets de la crise bouddhique sur l'état d'esprit des chefs de province et la situation des hameaux stratégiques. Préoccupé par les mesures à adopter pour mater les fauteurs de trouble en robe couleur safran, pour faire face à la venue du nouvel ambassadeur américain et aussi pour éliminer les risques d'un coup d'état Nhu avait laissé de côté le PHS qui, comme toujours de son point de vue subjectif, ne pouvait que bien se dérouler d'une façon idéale.

La situation présentée par Phillips correspondait au début du déclin du Programme des Hameaux stratégiques qui marquait un arrêt à la suite de la crise bouddhique.

Survint le coup d'état avec le meurtre de Diêm et Nhu. Le **décès de Nhu sonna alors aussi le décès du PHS** car Nhu était détesté, voire haï, par la grande majorité des généraux.

Opinion de deux généraux auteurs du coup d'état réussi

Le sentiment sur le programme recueilli à la va-vite auprès de deux généraux au cours d'une réception fêtant le succès du coup traduisit un jugement plutôt critique que favorable ; il n'était plus considéré comme la grande priorité nationale que Diêm et Nhu avaient voulue lui donner.

''Le général Đôn estime que l'idée des hameaux stratégiques est excellente en soi mais que le régime de Diêm l'a appliquée d'une mauvaise manière, notamment en exigeant une contribution trop importante en travail des gens ce qui équivaut à des travaux forcés.''[56]

''Le général Minh souligne lui que les gens ont quitté les ''mauvais'' hameaux stratégiques pour revenir dans leurs anciennes demeures près de leurs anciens champs. Ceux vivant dans des bons hameaux stratégiques sont restés là où ils sont. Pour l'avenir le gouvernement entend se concentrer sur la réalisation de 'bons hameaux stratégiques'. Les efforts produits jusqu'ici ont

---

[55] Rufus Phillips, *Why Vietnam Matters*, p. 184-186

[56] Doc 309. Telegram From the Embassy in Vietnam to the Department of State. *Saigon , November 11, 1963*

été trop dispersés ; au lieu des 20000 piastres pour chaque hameau il entend mettre une plus grosse somme pour réaliser de bons hameaux en quantité plus faible.''[57]

"Lạc fut convoqué devant le CMR en présence du premier ministre Thơ pour expliquer et défendre le PHS. Il entendit le général Kim demander d'une voix sarcastique : « C'est quoi cette connerie ? »

Minh et Thơ eurent un ton plus amical : « Par quoi pourrait-on le remplacer ? » Lạc n'a pu que répondre : « S'il faut changer ou remplacer le programme il faudrait avoir une discussion très poussée sur l'idée à adopter. D'ici là la chose importante est de ne pas laisser le Viêtcong profiter de la situation pour mobiliser la population dans une entreprise de démolition des hameaux.»

A la fin de son exposé Lạc demanda l'autorisation d'aller aux États-Unis pour compléter sa formation et suivre des cours d'Anglais.''[58]

Le coup de grâce au programme

Le changement de gouvernement eut un impact certain au niveau des provinces là où tout était rassemblé dans les mains des 42 individus qui avaient la charge d'appliquer le programme et de gagner le soutien des paysans. De ce point de vue le rôle des 253 chefs de district mieux disséminés sur l'ensemble du territoire était peut-être même plus important encore. Comme les uns et les autres étaient clairement liés avec l'ancien régime le nouveau gouvernement avait cherché à les remplacer pour montrer une rupture avec la politique passée.

Selon McCone le directeur de la CIA, c'était même pire car ''il n'y a pas de gouvernement organisé en ce moment au Sud-Vietnam. Le Comité Militaire Révolutionnaire est au contrôle mais sans forte direction et système de procédures administratives. Il a remplacé 70% environ des chefs de province et un nombre important des 253 chefs de districts et ces changements continuent car le CMR estime qu'il faut tous les remplacer.

Pendant ce temps les chefs de province et de districts restent inactifs en l'absence d'orientations et d'instructions.''[59]

Pour McNamara après une visite de deux jours fin décembre : « Il n'existe pas de concept clair pour comment reformuler et conduire le PHS ; la plupart des chefs de province sont nouveaux, inexpérimentés et ne reçoivent que peu ou

---

[57] Doc 334. Telegram From the Embassy in Vietnam to the Department of State. Saigon , November 30, 1963

[58] Rufus Phillips, *Why Vietnam Matters*, p. 210

[59] Doc 375. Letter From the Director of Central Intelligence (McCone) to President Johnson. *Washington, December 23, 1963.*

pas de directives. Les opérations militaires ne sont pas orchestrées car les généraux sont préoccupés essentiellement par les affaires politiques.

Dans les provinces situées au Sud et à l'Ouest de Saigon où les hameaux stratégiques sont excessivement dispersés le Viêtcong a pu en détruire beaucoup, d'autres sont abandonnés ou même dans certains cas pillés par la Garde Civile. »''[60]

Le cas de la province de Long An, un exemple révélateur

Le rapport du 6 décembre de Young représentant de l'USOM pour la province de Long An est très décourageant.

''A la fin de septembre les officiels provinciaux ont déclaré la réalisation de 219 hameaux. Au 30 novembre sur les 219 hameaux il ne reste plus que 50 avec leur milice armée ; les milices des autres hameaux n'ont jamais existé, ont rendu leurs armes ou ont déserté. Le chiffre de hameaux viables a été ramené à 45 selon les meilleures estimations du MAAG, de l'USOM et du nouveau chef de province. 27 hameaux ont été soumis à des attaques en novembre, chiffre à comparer à celui de 77 pour juin. L'explication est simple : le Viêtcong a rendu de nombreux hameaux inefficaces et ils ne méritent plus d'être attaqués.

Les 30 derniers jours ont produit une élimination au quotidien des hameaux stratégiques, vu une nette augmentation de l'influence du Viêtcong, de leur présence physique dans la campagne et des hameaux de combat sous contrôle communiste.

La raison de cette situation désolante est principalement l'échec du gouvernement à soutenir et protéger les hameaux. Le concept des hameaux stratégiques prévoit une milice locale capable de résister à l'attaque ennemie pour une courte période jusqu'à l'arrivée en secours des forces régulières (ARVN, Garde Civile ou Corps d'autodéfense). Mais hameau après hameau cette assistance ne vient pas ou dans la plupart des cas, arrive le matin suivant avec la lumière du jour.''[61]

Le cas de Long An sembla étayer une conclusion plus générale de McCone sur l'ensemble du Delta: ''Il apparaît clairement que les statistiques fournies par le gouvernement vietnamien depuis un an ou plus sont grossièrement dans l'erreur. La situation dans le Delta et la zone au nord de Saigon est beaucoup plus sérieuse que prévue et n'a jamais été bonne comme annoncée. Le Viêtcong contrôle un pourcentage plus élevé de la population, un

---

[60] Doc 374. Memorandum From the Secretary of Defense (McNamara) to President Johnson. Washington, December 21, 1963.
[61] Doc 352. Telegram From the Embassy in Vietnam to the Department of State. Saigon , December 7, 1963

territoire plus important et a détruit ou occupé plus de hameaux stratégiques qu'escomptés.

Le programme des hameaux stratégiques avait rencontré une grande résistance dans le delta avec comme cause la relocation des familles déplacées de leurs rizières et de leur habitations ancestrales [!]. Les défections de village entier sont de ce fait signalées."[62]

Dans cette région pourtant jugée critique c'est le 'Delta Plan' de Thompson qui fut appliqué avec déplacement et regroupement de la population. Le fâcheux résultat, prévisible à l'avance, fut bien là mais on n'est même pas certain que Nhu soit au courant tant il vivait en dehors du monde réel.

***

De surcroît le Viêtcong avait rapidement comblé le vide d'autorité et d'initiative créé par le coup et profité de la mise en place de la nouvelle haute administration. Les opinions variaient sur l'ampleur des gains communistes depuis le coup mais la plupart des observateurs étaient d'accord pour dire que le Viêtcong avait fait des progrès certains et dans certaines zones la situation s'était détériorée de façon inquiétante.

Globalement le PHS fut durement touché dans de nombreuses provinces. Il était difficile à ce moment de juger si le glissement du programme vers l'échec devait être attribué à ses défauts propres qui étaient nombreuses [63] et qui ne faisaient jour que maintenant sous le nouveau pouvoir ou s'il était le résultat du

---

[62] Doc 375. Letter From the Director of Central Intelligence (McCone) to President Johnson. *Washington, December 23, 1963*

[63] Albert Thao fut chargé par Nhu de l'inspection du programme des hameaux stratégiques. Voici ce que dit de lui Trương Như Tảng dans les *Mémoires d'un Vietcong* : ''Il [Thao] me fixa de son bon œil : « Ba, me dit-il d'une voie décidée, en utilisant le surnom que me donnait ma famille, cela fait un bon moment que je te flaire. Tu es du maquis, n'est-ce pas ? »
- « Albert, répondis-je, c'est ce que j'ai compris en ce qui te concerne. »
Nous étions tous les deux sûrs, depuis quelque temps, que l'autre appartenait au Front. Mais nous avions jusqu'ici évité toute allusion sur le sujet…Albert avait, lui, mené une double vie encore plus périlleuse depuis 1954. Nous n'étions pas, loin de là, les seuls membres du FNL à travailler pour le régime de Saigon, mais c'était bien agréable de savoir que nous partagions tous deux les mêmes convictions et les mêmes risques.'' [p. 72-73]
''Le programme est aussi miné de l'intérieur si l'on en croît Trương Như Tảng, ministre de la Justice du GRP : « Nhu était pressé d'isoler la campagne des combattants et voulait que les choses aillent vite. Albert [Thao] exauça à merveille les souhaits de son patron à cet égard. La construction se mit à battre son plein. Mon ami en me racontant cela, ne me révéla pas ce qu'étaient ses intentions profondes à l'époque. Il est indéniable que les hameaux stratégiques construits sous son égide suscitèrent encore plus d'hostilité chez les paysans que ne l'avaient fait, auparavant les agrovilles. Ce programme fit, lui aussi, long feu en peu de temps, s'ajoutant aux échecs du gouvernement.'' [Trương Như Tảng, *Mémoires d'un Vietcong*, p. 64]

manque ou même d'absence de volonté des nouveaux dirigeants au niveau local et national [dans la poursuite du programme]. Les deux facteurs étaient sans aucun doute tous deux en cause sans qu'il soit aisé d'évaluer leur importance relative.

De plus la grande valeur ajoutée par Nhu aux idées de Thompson qui consistait à construire la démocratie à la base par des élections locales n'avait pu être réalisée que très partiellement. Ceci fut le dernier des soucis du nouveau gouvernement qui avait à peine deux mois d'existence au 31 décembre 1963. Le programme était alors condamné à péricliter car dès fin janvier 1964 le général Khánh conduisit un putsch avec Khiêm et Viên et prit le pouvoir.

Le PHS perdit quelques mois après jusqu'à son nom pour qu'il soit mieux oublié, remplacé par ce qui sera appelé 'Programme des hameaux pour une nouvelle vie rurale' [Áp Tân Sinh].

CHAPITRE 4

1963, Année de la fin : La crise bouddhique, piège mortel

Préambule

Une vision optimiste au début de l'année

Après une année 1962 marquée par le lancement en fanfare du programme des hameaux stratégiques qui se termina sur une note d'espoir avec un nombre d'attaques du Viêtcong en nette baisse sur l'ensemble du pays une analyse de la situation d'ensemble, qui fut présentée à Kennedy dans le rapport du 25 janvier de Hilsman[64] et Forrestal[65] commença par ces lignes : ''Le cours de la guerre au Sud Viêt Nam est clairement meilleur qu'il y a un an. Concernant le Viêt Cộng en somme on leur fait mal ; ils ont moins de liberté de mouvement qu'il y a un an, apparemment ils souffrent beaucoup d'un manque de médicaments et dans certains endroits isolés il semble qu'ils aient des difficultés à se nourrir. Mais ils continuent à être agressifs et sont très efficaces. Dans les dernières semaines par exemple ils ont combattu avec obstination à Ấp Bắc avec des résultats éloquents. Ils ont échappé à un piège élaboré dans la province de Tây Ninh. Ils se sont rendus maître d'un hameau stratégique de la province de Phu Yên.

Ceci étant, la conclusion est que « nous sommes **probablement en train de gagner la guerre,** mais la guerre va durer plus longtemps que ce que nous avons espéré et va coûter plus en termes de vies et d'argent que ce que nous avons prévu. »''

La bataille d'Ấp Bắc

L'année avait commencé par un évènement qui en soi n'était qu'un évènement sans importance majeure parmi tant d'autres dans la guerre que menait le régime de Diệm contre la guérilla communiste. C'était une bataille mineure impliquant des unités de combat de l'importance de bataillons et se produisant le 2 janvier 1963 au lieu du nom d'Ấp Bắc.

Du côté américain était impliqué le conseiller militaire de Cao le lieutenant-colonel John Paul Vann devenu plus tard célèbre grâce à l'ouvrage du

---

[64] Hilsman, Chef du Secteur Extrême-Orient du Département d'Etat
[65] Forrestal, Conseiller du Président en Matière de Sécurité

journaliste Neil Sheehan du New York Times, '*A Bright Shining Lie*' lauréat du prix Pulitzer en 1988.

Environ 1200 soldats de la 7eme Division et des forces Bảo An [Garde Civile] étaient engagés dans une tentative de nettoyage d'une concentration de 300 Viêtcong. Les Viêtcong combattaient et résistaient bien jusqu'à l'arrivée tardive de renfort de parachutistes peu avant la tombée de la nuit, causant la mort de 3 conseillers américains, 63 morts et plus de cent blessés de l'ARVN. Les pertes du Viêtcong étaient estimées être du même ordre.

Mais 5 hélicoptères furent descendus alors que la nouvelle méthode de combat utilisant les déploiements héliportés ouvrait des perspectives radieuses.

De plus "les 13 véhicules blindés d'infanterie M113 appelés en renfort dans la bataille et destinés à transpercer la position de l'ennemi furent bloqués dès les premières minutes de l'engagement à distance de tirs. Selon le commandant de l'unité, le capitaine Lý Tòng Bá, 8 des 13 servants des mitrailleuses lourdes 50 furent tués très rapidement par un feu nourri et concentré de l'ennemi. L'utilisation des M113 était assez récente et jusqu'ici l'ennemi s'enfuyait devant la progression des blindés. Mais cette fois-ci il avait détecté le point faible des M113 : Le servant de la mitrailleuse lourde ne disposait d'aucun bouclier de protection.

Bá avait conscience de ce défaut et l'avait pourtant déjà signalé à sa hiérarchie. Mais la contre mesure tardait à venir et il dut payer ce jour-là et pour la première fois un lourd prix en vies de ses soldats. Il perdit ensuite de longues heures pour remettre l'unité en ordre de bataille et l'offensive ne put reprendre qu'à 16h30 ; elle cessa une heure et demi après avec la tombée de la nuit."[66]

Le lendemain matin les forces sud-vietnamiennes trouvèrent des tranchées vides : les Viêtcong à la faveur de l'obscurité s'étaient éclipsés en emmenant leurs morts et leurs blessés.

Le rapport du conseiller Vann conclut à un échec de l'opération. Il l'attribua à un mauvais état d'entraînement des unités sud-vietnamiennes, un système de commandement qui ne mettait pas un officier de grade supérieur à celui de capitaine sur le champ de bataille, une répugnance à subir des pertes, une incapacité à exploiter les avantages de la supériorité aérienne et un manque de discipline dans le combat.

---

[66] Lý Tòng Bá, *Hồi Ký. 25 Năm Khói Lửa*, p.73-76

La presse américaine se saisit de l'occasion

La presse aux États-Unis firent leurs gros titres avec 'Une défaite majeure' et 'Des guérilleros communistes descendent une flotte d'hélicoptères américains transportant les troupes sud-vietnamiennes au combat'.

Neil Sheehan écrivit dans le *Washington Post* : « Les conseillers américains en colère chargent les troupes sud-vietnamiennes d'avoir refusé d'obéir aux ordres d'avancer pendant la bataille d'Ấp Bắc et un capitaine américain a été tué alors qu'il est devant en les implorant d'attaquer. »

Un mémorandum en provenance du JCOS à l'attention de Kennedy replaça les faits dans la vraie échelle d'importance : « Les premiers rapports de la presse ont déformé à la fois l'importance de l'action et les pertes subies par les forces US/GVN.

Quoiqu'ayant rencontré une forte résistance imprévue, le contact a été maintenu et l'opération poursuivie. »

Kennedy exprima sa préoccupation à propos de l'article de Sheehan qui avait indiqué que les troupes sud-vietnamiennes **avaient manqué de courage dans la bataille**. En réponse à Kennedy, le général Harkins commandant le MACV nota que les forces sud-vietnamiennes avaient commis des erreurs à Ấp Bắc mais il les caractérisa comme des erreurs venant du courage au lieu de la lâcheté. « Il faut un sacré cran de la part de ces pilotes et équipages pour revenir dans la zone et essayer de sauver leurs camarades. »

L'amiral Felt commandant en chef des forces du Pacifique nota qu'il était « important de réaliser que les mauvaises nouvelles sur les pertes américaines sont transmises presque immédiatement par les jeunes reporters sans une vérification poussée des faits. » Il concéda que les forces sud-vietnamiennes avaient commis des erreurs à Ấp Bắc à cause de mauvais renseignements et de l'inexpérience mais ajouta « qu'avec les mauvaises nouvelles des hélicoptères abattus et les morts des 3 Américains il y a de bonnes nouvelles que vous ne pourriez pas lire dans le Washington Post. » Il souligna que bien d'autres opérations militaires étaient menées avec succès par les forces sud-vietnamiennes et conclut « Cela fait mal de voir des journalistes irresponsables diffuser au sein du public américain l'idée que les forces gouvernementales vietnamiennes ne vont pas au combat et passer sous silence leurs victoires qui se produisent plus souvent. »

Le soutien au Sud Việt Nam mis en cause

Ce gros revers de l'ARVN et c'en fut un car l'équilibre des forces était largement en sa faveur, fut malheureusement exploité par les jeunes correspondants américains pour faire de Ấp Bắc soit le symbole de la *'lâcheté'* de ses soldats soit la preuve d'une politique délibérée de ses commandants pour éviter d'essuyer des pertes au risque de déplaire à Diệm. Conclusions tirées hâtivement et incorrectement après avoir probablement entendu dire que le commandant Bá avait mis beaucoup de temps pour lancer son attaque.

Ce fait ne fut que le premier d'une longue liste d'évènements pouvant faire sensation et qui étaient habilement bien utilisés par les journalistes américains pour **dénigrer systématiquement** les actions du gouvernement du pays que leur gouvernement était censé venir aider à se défendre contre son ennemi communiste.

Et malgré les propos rassurants de ses chefs militaires l'affaire et le déchaînement de la presse avaient sans aucun doute semé dans l'esprit de Kennedy l'idée que la guerre pourrait ne pas être gagnée avec Diệm et Nhu.

Rapport Mansfield : peu de progrès et pas de perspective

Le début de Février de l'année fut aussi marqué par la publication d'un rapport du sénateur Mansfield personnage ayant une grande autorité et fort estimé par ses pairs au Sénat. Il avait été surtout un partisan constant d'une politique de soutien à Diệm pendant ces dernières années.

'Le problème reste le même…'

''…La situation du Việt Nam m'est décrite dans les mêmes termes déjà entendus lors de ma précédente visite alors que sept années se sont écoulées et des milliards de dollars engloutis. Le Việt Namà l'extérieur des villes est toujours un endroit sans sécurité et contrôlé au moins largement la nuit par le Viêtcong. Le gouvernement de Saigon continue de chercher son acceptation par les gens ordinaires dans de vastes zones de la campagne. Par peur ou indifférence ou hostilité les paysans continuent de ne pas accorder leur consentement et encore moins leur adhésion à ce gouvernement. En bref il faut bien reconnaître que nous sommes au début du commencement.

Pour simplifier, nos politiques et nos activités sont conçues pour répondre à un ensemble de problèmes intérieurs du Việt Nam. Le Nord Việt Nam introduit des approvisionnements et cadres dans le Sud ; avec les Sud-Vietnamiens nous essayons de colmater ce flot. Le Viêtcong entreprend une guérilla offensive dans la campagne ; nous essayons d'aider les militaires vietnamiens à les mettre sur la défensive avec l'espoir de les réduire à l'inefficacité. Enfin les paysans vietnamiens soutiennent les guérillas Viêtcong à cause de la peur, l'indifférence ou la flatterie et nous aidons les Vietnamiens dans l'effort de détourner les paysans des Viêtcong en leur offrant la sécurité et d'autres bénéfices qui pourraient leur être données au sein des hameaux stratégiques.''

L'ennemi a l'initiative des règles du jeu

"Mon point de vue personnel est que ces problèmes peuvent être réglés par les présents remèdes pourvu que ces problèmes et leur intensité ne changent pas de façon significative et pourvu que les remèdes soient appliqués par les Vietnamiens et les Américains (surtout les premiers) avec vigueur et dévouement.

Certainement si ces remèdes ne marchaient pas il est difficile de concevoir des alternatives, à part un réel engagement massif du personnel militaire américain et d'autres ressources - en bref faire la guerre nous-mêmes contre la guérila - et l'établissement d'une certaine forme d'ordre néocolonial au sud Việt Nam. C'est catégoriquement l'alternative que je ne recommande pas.

Nos plans sont basés sur l'hypothèse que les problèmes internes du sud Việt Nam restent les mêmes et peuvent être surmontés par un effort plus grand et de meilleures techniques. Mais que se passe-t-il si les problèmes ne restaient pas les mêmes ?

Selon toute apparence peu de considération a été donnée aux possibilités de changement dans la nature des problèmes eux-mêmes. Cependant ces possibilités sont réelles et l'initiative de provoquer des changements demeure largement entre les mains de l'ennemi en raison de la faiblesse du gouvernement de Saigon.

L'éventail de changement possible comprend l'intensification de l'infiltration des cadres et des approvisionnements par terre et par mer. Cela inclut l'utilisation partielle ou totale des forces armées régulières du Nord Việt Nam fortes de 300000 hommes. Cela inclut en dernière analyse la possibilité d'une forte augmentation d'une ou de plusieurs des nombreuses formes de l'aide Chinoise au Viêtcong." [67]

On ne peut pas ne pas reconnaître la lucidité de cette analyse remarquable de réalisme.

Mais Mansfield pour influent qu'il soit n'induisit pas de changement dans la politique des États-Unis. Le président Kennedy fit part de sa réaction à ce rapport dans sa conférence de presse du 6 mars : « Je ne vois pas comment, à moins de nous retirer de l'Asie du Sud-Est et de la livrer aux Communistes, nous allons pouvoir réduire de manière sensible nos programmes économiques et militaires au Sud Việt Nam, au Cambodge et en Thaïlande. Je pense qu'à moins de vouloir se retirer de cette région et décider que c'est dans l'intérêt national de laisser cette zone s'effondrer, je pense qu'il serait impossible de la changer alors que nous sommes dans une lutte intense dans ces régions. »

---

[67] Doc330. Report by the Senate Majority Leader (Mansfield). *Washington, December 18, 1962.*

La publication du rapport Mansfield en février 1963 déclencha de nouveau une campagne de presse américaine très défavorable au Sud Việt Nam et engendré beaucoup de doutes et d'inquiétudes chez Diệm et Nhu. Pour Nhu ce furent des indications signalant l'incertitude d'un soutien indéfini et le prélude à un retrait des États-Unis.

Mai 63, la crise bouddhique

Un terrain au Việt Nam, propice à l'explosion du mécontentement populaire et donc propice à un coup d'état, était la situation résultant de la politique délibérément et ostentatoirement favorable aux Catholiques de l'archevêque Thục, un des frères de Diệm et discriminatoire envers les Bouddhistes.

La crise bouddhique eut pour début un câble considéré par les autorités locales comme envoyé du palais avec comme ordre l'interdiction d'arborer uniquement des drapeaux d'origine religieuse sans utilisation conjointe du drapeau national dans les espaces publics, deux jours avant la fête de l'anniversaire de la naissance de Bouddha.

Le frère de Diệm vivant à Huế, Ngô Đình Cẩn tenant le câble en main et devant des responsables de la sécurité n'avait pu se retenir pour laisser échapper « Voici une bien étrange décision ! » (Quyết định cái chi mà lại lạ lùng như vậy !).

Nhu sans cacher son agacement dit à Cao Xuân Vỹ « C'est vraiment impolitique de décider une chose pareille sans prendre l'avis de quelqu'un. » (Quyết định một việc vô chính trị như vậy mà không hỏi ý kiến ai ! » [68]

Ce message télégraphique daté du 6-5-1963 et portant le n* 9159 n'avait donné lieu qu'à des incidents mineurs et n'avait suscité qu'un vague mécontentement des fidèles bouddhistes. Car à Huế Cẩn était intervenu immédiatement pour empêcher l'application de l'instruction donnée dans le câble. Dans la soirée du 7-5 l'affaire fut réglée sur la base d'un déroulement des cérémonies comme initialement prévu avec les responsables bouddhistes.

Cependant le lendemain les officiels venus assister à la cérémonie furent surpris de voir déployées un certain nombre de banderoles aux contenus anti-gouvernementaux qui furent lus et commentés par Thích Trí Quang et enregistrés avec l'ensemble de la cérémonie comme à l'accoutumé pour être retransmis à la radio de Huế dans l'après-midi.

---

[68] Tôn Thất Đính, *20 Năm Binh Nghiệp*, p. 301-303

Morts et blessés devant la station de radio de Hué.

Le bonze Thích Trí Quang prononça un '*sermon*' à la pagode de Hué le matin du 8.05. Bien évidemment il fut question de l'interdiction d'arborer le drapeau bouddhique et des critiques du gouvernement furent proférées. Le sermon fut enregistré et les responsables de la pagode étaient venus à la station radio pour réclamer la diffusion de l'enregistrement. Le chef de la station radio ne pouvait que transmettre une demande d'instruction auprès de Saigon. En attendant, la nouvelle de la non-diffusion se répandit et la foule s'amassa progressivement devant la station.

Puis on vit un convoi de véhicules blindés pénétrer dans l'allée conduisant à l'entrée de la station. Et la foule se fendit pour permettre aux véhicules de s'approcher.

On entendit une grande explosion suivis peu après de trois coups de feu. La panique s'empara de la foule qui se dispersa en courant. Les divers témoignages étaient contradictoires non seulement sur le nombre des grandes explosions (1 ou 2) mais aussi sur leur antériorité [ou pas] par rapport aux trois coups de feu tirés en l'air par Dang Sy, le commandant des forces de sécurité, comme signal pour disperser la foule.

Le premier rapport envoyé par le consulat américain dit « A 22 h.45 une foule estimée à 3000 personnes est rassemblée sous la garde de 8 véhicules blindés, une compagnie de la Garde Civile, une compagnie réduite de l'ARVN et des cars de police. Des carabines effectuent des tirs en l'air pour disperser la foule qui ne paraît pas indisciplinée mais peut être supposée menaçante par les autorités. L'explosion d'une grenade près du porche de la station de radio entraîne la mort de 4 enfants et une femme. D'autres incidents, dont certains résultants probablement de la panique, ont fait comme victimes deux enfants et une personne d'âge inconnue. Le total [de victimes] de la soirée s'élève à 8 morts et 4 blessés. »[69]

Dans une note de ce document on pouvait lire : « A 19h00 l'ambassade à Saigon a envoyé un second rapport de l'incident à Washington, citant 7 morts et 7 blessés. L'ambassade note que les troupes du gouvernement vietnamien ont pu tirer sur la foule mais la plupart des victimes sont le fait **d'une bombe, d'une grenade ou d'une '*mêlée générale*'.** »[70]

---

[69] Doc 112. Telegram From the Consulate at Hue to the Department of State. *Hue, May 9, 1963, 3 p.m.*

[70] Dans un compte-rendu plus détaillé en date du 3 juin « le consul américain à Hué, Helble, note que 7 personnes sont mortes le soir du 8 mai et une autre, plus tard, en ne survivant pas à ses blessures ; le nombre exact des blessés est difficile à établir et il est estimé approximativement à 15. Parmi les morts deux enfants le sont écrasés par les blindés. »

Une ou des explosions mortelles

Selon le général Tôn Thất Đính « les grenades généralement utilisées dans le traitement des émeutes sont des MK3 ; elles n'ont pas la puissance nécessaire pour provoquer les blessures mortelles constatées sur les victimes. En revanche les grenades d'assauts qui sont conçus pour tuer sont du type à fragmentation mais on n'a pas constaté d'éclats sur les corps des victimes. L'explosif ne correspond pas aux explosifs connus et utilisés dans l'ARVN ni même à une charge de plastic du Viêtcong. »

Un groupe d'experts, formé du général Trần Văn Đôn, du Médecin en Chef du Service de Chirurgie de l'ARVN et d'un officier de liaison, fut nommé par Diệm pour effectuer une enquête. L'enquête conclut à l'explosion de charges de plastic sans plus de précisions et laissa demeurer un certain mystère.

Pour Tôn Thất Đính l'incident du 8-5 restera un secret de l'histoire.[71]

Ce qu'on pouvait quand même affirmer suite au témoignage de Đính et du résultat de l'enquête c'était que la ou les explosions n'étaient pas le fait des forces gouvernementales et la conclusion rapide que sembla avoir prise le consul américain à Huế était infirmée.

Pour Diệm le coupable c'est le Viêtcong

La réaction du gouvernement de Diệm fut de déclarer que c'était un Viêtcong qui avait lancé la grenade et que le dramatique incident faisait partie de la campagne de déstabilisation du Viêtcong contre le régime. Elle refléta une attitude plutôt ferme du gouvernement ce qui continua à alimenter le mécontentement des Bouddhistes qui commencèrent à réclamer une égalité de traitement pour toutes les religions et se préparèrent à entreprendre des grèves de la faim et des manifestations en guise de protestation.

Les Américains prônent l'apaisement

''Les États-Unis s'efforcèrent alors de conseiller à Diệm de montrer plus de bonne volonté en faisant une déclaration publique et/ou en nommant une commission pour éviter que l'affaire ne devienne trop sérieuse.

Mais les explications de Diệm à Nolting montrèrent qu'il était convaincu que :

a) l'incident de Huế fut provoqué par les dirigeants bouddhistes.

b) les morts eurent pour cause l'explosion de grenade, grenade lancée par le Viêtcong ou d'autres opposants et non pas par les forces de l'ordre gouvernementales.

---

[71] Tôn Thất Đính, *20 Năm Binh Nghiệp*, p.303

c) certains dirigeants bouddhistes avaient cherché à utiliser l'affaire de Hué comme moyen pour conforter leur position à l'intérieur du mouvement bouddhique.

Diệm apparut aussi à Nolting comme ayant le sentiment que l'entière affaire était beaucoup moins sérieuse que ne le pensaient les Américains. Nolting fit savoir à Diệm qu'il espère que ce dernier ne sous-estimât pas la gravité de la situation car ses informations propres sur les faits et attitudes des gens étaient considérablement différentes des siennes.''[72]

Eclatement de la crise

La crise n'éclata vraiment qu'après l'attitude inappropriée de Diệm qui avait mal évaluée la gravité de l'incident devant la station de radio de Hué avec l'explosion provoquant des morts ; sans le faire exprès il mit de l'huile sur le feu. Ceci déchaina les passions et la violence se répandit attisée par les mesures répressives sévères. Manifestations, grèves de la faim se déclenchèrent dans presque toutes les grandes villes en soutien aux demandes des autorités bouddhiques qui :

1. Demandèrent au Gouvernement de la République du Việt Nam de retirer définitivement le câble prohibant le drapeau bouddhique.
2. Demandèrent qu'il soit reconnu aux Bouddhistes le bénéfice du régime spécial accordé aux Catholiques selon le Décret n°10.
3. Demandèrent au gouvernement de cesser les arrestations et les mesures visant à terroriser les croyants.
4. Demandèrent qu'il soit permis aux bonzes et aux croyants de prêcher et de pratiquer librement leur religion.
5. Demandèrent que le gouvernement indemnise les familles des innocents tués et punisse les auteurs de ces meurtres.

A y regarder de près les demandes étaient non seulement légitimes, raisonnables mais encore pas si difficiles à satisfaire.

Mme Nhu aggrave le problème en se mêlant au jeu

Le 'Mouvement de Solidarité des Femmes' de Mme Nhu remit à la presse une motion adoptée par son Comité Central le 7 juin. Dans cette motion « le blâme est jeté sur les bouddhistes ayant manifestés contre le gouvernement ; ils sont traités comme des traîtres exploités et contrôlés par les communistes et guidés pour semer le désordre et le neutralisme. Un appel est lancé au gouvernement pour qu'il expulse immédiatement tous les agitateurs étrangers

---

[72] Doc 131. Telegram From the Embassy in Vietnam to the Department of State. May 22, 1963

qu'ils portent ou pas la tunique de bonze…et qu'il traite comme ils doivent le mériter tous ceux qui cherchent à troubler l'ordre public. »[73]

Le monde entier sous le choc

Le pic de la crise survint le 11 juin avec l'auto-immolation par le feu du bonze Thích Quảng Đức en présence du journaliste Malcolm Brown prévenu par avance de l'action. Ses photos firent le tour du monde suscitant une vague de désapprobations indignées.

En l'absence de Nolting Trueheart pressa Diệm d'effectuer une prompte démarche conciliante s'il ne souhaitait pas se retrouver devant une prise de position américaine se dissociant de l'affaire et peut-être même désavouant le gouvernement vietnamien pour sa manière de traiter le problème bouddhique depuis le 8 mai. On entendit Diệm dans la soirée venir à la radio nationale pour appeler au calme et rappeler que des discussions étaient toujours en cours avec les dirigeants bouddhistes. Il voulait rassurer les croyants en leur disant « A tous les Bouddhistes, vous pouvez compter sur la Constitution, en d'autres termes sur moi, votre président. »

Une trêve fut établie avec un accord signé entre le gouvernement et des représentants des bouddhistes le 16 juin leur donnant satisfaction sur les 5 points de revendication, mais sans Thích Trí Quang le représentant de la faction la plus activiste.

Changement d'Ambassadeur pour changer de politique

À ce moment-là le point de vue véhiculé par la presse américaine et largement accepté par le public était que le gouvernement Kennedy était en train de maintenir au pouvoir des dictateurs opprimant des bouddhistes pacifiques. Aussi si rien ne changeait comment Kennedy pouvait-il continuer à donner argent et armes du peuple américain ? La promesse ténue d'une victoire entrevue en début d'année était passée en second plan puis éclipsée. Comment Diệm pourrait-il gagner contre le Viêtcong maintenant qu'il avait visiblement tout son peuple contre lui ? Il était donc essentiel que le régime de Diệm changeât si Kennedy voulait garder une chance pour se faire réélire.

Kennedy prit alors la décision de remplacer Nolting et dès le 12 juin un jour après l'immolation de Quảng Đức Kennedy proposa à son vieux rival Cabot Lodge du parti Républicain le poste d'ambassadeur que ce dernier accepta. Les deux hommes bien qu'étant adversaires politiques avaient une grande estime l'un pour l'autre.

---

[73] Doc 157- Telegram From the Embassy in Vietnam to the Department of State – June 8, 1963

Kennedy avait donc pris la grave décision de tout faire pour séparer Nhu de Diệm. Même au prix d'un coup d'état qui, s'il réussissait, écarterait Diệm et Nhu du pouvoir mais aussi avec le risque d'entraîner leur élimination physique.

Réaction de Diệm

La décision ne sera annoncée que le 27 juin pour être effectif en septembre. Diệm lui-même ne s'y trompa pas comme le passé le lui avait déjà appris. Dans la situation critique du moment il le ressentit encore plus comme une menace très précise. Les personnes de son entourage proche rapportaient qu'il arrivait souvent à Diệm, dans ses moments de colère, de hurler à son interlocuteur *"Va le dire aux Américains"* en signe de défi.

Dans ce cas précis Thuần avait rapporté à Trueheart la réaction suivante de Diệm[74]: "Thuần dit qu'il était très inquiet de l'attitude de Diệm face aux pressions qui s'exerçaient sur lui et à la nomination d'un nouvel ambassadeur. Diệm pensait qu'une nouvelle politique des Américains s'annonçait avec un effort nouveau pour le forcer à répondre à leurs demandes ou même pour le déloger. Diệm s'exclama : « *Ils peuvent envoyer dix Lodge, mais je ne permettrai pas à moi-même ou à mon pays d'être humilié, même s'ils braquaient leur artillerie sur ce palace* »"[75].

Attisée par les Nhus, la crise continue de plus belle

Début juillet à l'expiration de la trêve et ne voyant pas le gouvernement avancer dans la mise à exécution des points de l'accord du 16 juin les Bouddhistes reprirent les grèves de la faim et les manifestations.

La crise fut considérée comme très sérieuse parmi l'entourage de Kennedy et une évolution assez nette de son opinion se dessina : L'inquiétude et la crainte de voir la crise continuer et se transformer en menace pour le régime se renforcèrent et le gouvernement des États-Unis décida de faire pression sur Diệm pour l'amener vers une attitude plus conciliante envers les bouddhistes.

Cette action fut contrariée par Nhu qui dans l'ombre poussait son frère à se montrer ferme et intransigeant ; Nhu n'avait d'ailleurs pas beaucoup de difficultés pour réussir à ce jeu étant donné le penchant naturel de Diệm. Il clama à qui veut l'entendre « Je me fiche bien de ce qui peut advenir à mon frère…un gouvernement qui n'est pas capable de faire appliquer la loi doit tomber. »

De son côté Mme Nhu en rajouta à souhait et continue d'attirer l'attention sur elle en disant qu'elle avait le droit de se faire entendre, que son opinion

---

[74] Doc 186 FRUS Câble de Trueheart Chargé d'Affaires à Rusk le 25/6
[75] Doc 186 Trueheart à Rusk. 25/6

n'était pas celle du gouvernement ; elle suggéra que « les correspondants qui l'accusent de manipuler le gouvernement et la presse vietnamienne se font l'écho des perfidies des ennemis du Việt Nam, parmi lesquels les plus virulents sont les communistes et leur laquais ».[76]

On commence à discuter de coup d'état à la Maison Blanche

Dans une réunion à la Maison Blanche le 4 juillet Hilsman reconnut que ''« parmi les bouddhistes figurent des activistes qui sans aucun doute sont favorables à de plus en plus d'exigences tout en chargeant le gouvernement de traîner des pieds dans la résolution du problème. Quand Diệm dit que certains bouddhistes veulent pousser loin en avant leurs demandes pour rendre la chute du gouvernement inévitable il avance des éléments de vérité. »

''Quoi que fasse Diệm, notre estimation est qu'il y aura des tentatives de coup dans les quatre prochains mois. Il est impossible de dire si un de ces coups peut réussir ou pas. Par contre les risques d'une situation de chaos venant à la suite d'un coup sont nettement moins élevés qu'il y a un an. Le signe encourageant sur ce point est donné par le fait que la guerre entre les forces sud-vietnamiennes et les Viêtcong s'est poursuivie tout au long de la crise sans amplification notable.

Nhu est derrière sa femme et n'hésite pas à mentir à Nolting

Vers le début du mois d'août Nhu menaça d'écraser l'état-major des Bouddhistes en place à la pagode Xá Lợi dans une interview diffusée par Reuters. Mme Nhu dans un discours à la Jeunesse Féminine dénonça « les Bouddhistes comme des éléments séditieux qui utilisent les tactiques communistes les plus odieuses pour renverser le gouvernement ».

Ces nouvelles déclarations furent considérées par Washington comme un retour à une politique de répression dure et Washington menaça que si Xá Lợi était 'écrasé' le gouvernement américain dénoncerait cette action de manière prompte et publique.[77]

''Nhu assure de manière catégorique à Nolting le 7 août « qu'il supporte totalement et 'des deux mains' la politique de conciliation envers les Bouddhistes annoncée par Diệm. » A la question directe d'un écrasement de Xá Lợi et de ses pensionnaires il déclare ne pas être favorable à une telle mesure. Il dit au contraire que « le gouvernement doit continuer à chercher l'apaisement avec les Bouddhistes, à faire des concessions et à démontrer au peuple

---

[76] *Times of Vietnam* Edition du 4 juillet. Article 'Qui parle pour qui'
[77] Doc 245. Telegram From the Department of State to the Embassy in Vietnam. *Washington, August 5, 1963*

vietnamien et au monde la totale sincérité de la déclaration du 18 juillet du président Diệm. »

Nhu ne défend pas le contenu du discours de sa femme mais défend longuement son droit de s'exprimer comme « un citoyen privé qui ne parle pas au nom du gouvernement ». Il ajoute que personne ne réalise qu'elle n'a pas vu le Président depuis deux mois.''[78]

Grande irritation au Département d'État au sujet de Mme Nhu

''Le rapport de votre interview avec Nhu vient à peine de nous rassurer quelque peu que Halberstam fait déjà état des derniers emportements vocaux de Mme Nhu dans le *New York Times* de ce matin 8 août. [79]

Vous êtes priés de chercher à voir Diệm pour lui faire savoir que nous ne pouvons pas ignorer les propos insultants et destructifs venant de la part de Mme Nhu qui est identifiée comme un proche du président. Diệm ne doit pas oublier que cela a pour effet de saper son autorité et crée à l'étranger l'image d'un Président accroché aux jupes d'une femme.

Il nous paraît essentiel que le gouvernement vietnamien réaffirme maintenant, publiquement et sans aucune équivoque une position conciliante sur le problème bouddhique. Celle-ci doit exprimer implicitement la répudiation des remarques de Mme Nhu.

Vous direz à Diệm que comme il nous a assuré qu'il poursuive une politique de conciliation et que comme Nhu lui a répété son soutien à cette politique, le gouvernement des États-Unis considère qu'il est absolument nécessaire que Nhu fasse une déclaration publique à ce sujet.

Une déclaration publique de Nhu suivie de propos conciliants de Diệm apaiserait quelque peu les doutes du gouvernement des États-Unis. Néanmoins, vous direz franchement à Diệm, qu'en ce moment crucial l'action la plus convaincante aux yeux de l'opinion publique vietnamienne et américaine serait d'écarter Mme Nhu de la scène. Nous avons à l'esprit une action similaire prise dans les premières années du régime quand elle fut envoyée dans un couvent de Hong Kong.

---

[78] Doc247. Telegram From the Embassy in Vietnam to the Department of State. Saigon, August 7, 1963

[79] Le Département d'État a envoyé à l'ambassadeur le 8 août les résumés de deux articles de première page du *New York Times*. Le premier de David Halberstam à Saigon titrant "Mme Nhu dénonce le chantage des États-Unis au Vietnam"; le second de Tad Szulc à Washington rapportant la préoccupation croissante de l'administration de Kennedy sur la survie du gouvernement de Diệm s'il ne faisait pas plus de concessions aux demandes des Bouddhistes.
Le 9 l'ambassadeur est informé que les deux journaux le *New York Times* et le *Washington Post* ont des éditoriaux faisant la critique de Mme Nhu.

Dans l'histoire de Halberstam Mme Nhu va jusqu'à dire que Diệm n'a pas de partisans par lui-même et qu'il doit dépendre d'elle et de ses frères pour le soutien populaire. En couverture de *Time magazine* Mme Nhu est citée comme disant d'un ton méprisant à propos de la politique de conciliation de Diệm : « Le Président veut trop souvent ce que les Français appellent la '*quadrature du cercle*'. Pas de heurts, pas de sang, chacun serrant la main des autres ; c'est cela qu'il veut montrer aux Américains en conformité à leurs souhaits. » ''[80]

Nolting multiplie ses interventions

''Le 12 août Nolting dut se rendre au palais pour rencontrer Diệm et protester contre les déclarations intempestives de Mme Nhu qui faisaient encore empirer la situation. Il fit savoir que lui-même et son gouvernement avaient l'impression que Mme Nhu, avec le soutien de son frère Trần Văn Khiêm, était en train d'usurper les prérogatives de Diệm et lui faisait perdre son contrôle sur cette affaire (Diệm démentit cela avec véhémence) ; cette impression ne pourrait disparaître qu'avec une action publique vigoureuse et positive de la part de Diệm, rejetant Mme Nhu et démontrant son contrôle sur son gouvernement.

Nolting questionna aussi Diệm sur le point que Thuần s'était montré convaincu que Mme Nhu avait organisé une escouade de police secrète à elle, avec son frère Khiêm à la tête du groupe et que des arrestations illégales avaient été perpétrées par ce groupe. Thuần avait estimé qu'il était impensable que Nhu ne soit pas au courant. Diệm dénia tout fondement à ces histoires, précisa qu'il détestait et ne faisait pas confiance à Khiêm et que sa famille ne ferait jamais une telle chose.

''Le 14 août avant son retour aux États-Unis Nolting doit avouer qu'il n'a pas réussi, malgré déjà beaucoup de négociations, à décider Diệm à faire une déclaration réaffirmant sa volonté de résoudre la crise et de répudier les propos de Mme Nhu avant son départ. Diệm demeure dans l'irrésolution et reporte à chaque fois sa décision en prenant prétexte des attaques des bouddhistes (banderolles, manifestations, etc.) contre lui et son gouvernement et des attaques de la presse américaine tout particulièrement l'article de Szulc du *New York Times* qui remet en question l'effort de guerre affecté par la crise bouddhique.''[81]

---

[80] Doc 248. Telegram From the Department of State (Ball) to the Embassy in Vietnam. Washington, August 8, 1963

[81] Doc253. Telegram From the Embassy in Vietnam to the Department of State. Saigon August 14, 1963.

"Finalement Diệm n'a fait sa déclaration que sous la forme d'un entretien avec Marguerite Higgins publié dans le *Herald Tribune* du 15 août : « La politique de totale réconciliation est irréversible et aucun individu quelconque ni le gouvernement ne peut la changer. » Diệm est cité pour avoir dit en référence voilée à Mme Nhu : « C'est uniquement à cause de quelques-uns qui ont contribué de manière consciente ou pas, à soulever des doutes au sujet de la politique du gouvernement que la solution de l'affaire bouddhique est retardée. »" [82]

Kennedy avait pris sa décision. Il fallait absolument se débarrasser du couple des Nhus quoi qu'il en coûte et il donna à son envoyé à Saigon une entière latitude d'action. C'était pour lui l'assurance que Lodge, la star des Républicains, serait d'une totale complicité quelle que soit la tournure des évènements futurs.

Le coup de force de Nhu : la goutte qui fait déborder le vase.

A Saigon la loi martiale fut déclarée le 20 août et une attaque à grande échelle des principales pagodes fut menée par les forces de l'armée et de la police dans la nuit du même jour, conduisant à des arrestations massives de bouddhistes. La pagode Xá Lợi fut nettoyée et mise sous cordon de sécurité, les réseaux de communication placés sous le contrôle de l'armée. La situation à Huế était très tendue mais relativement calme malgré un grand '*nettoyage*' dans la journée des principales pagodes par la police de combat envoyée de Saigon.

Cette action se produisit en l'absence à la fois de Nolting l'ancien ambassadeur des États-Unis déjà parti pour rentrer aux USA, et du nouvel ambassadeur Cabot Lodge qui était tranquillement en route, un peu en voyage d'agrément avant de prendre son poste. Prévenu par la Maison Blanche Lodge avait dû précipiter sa venue à Saigon par avion militaire spécial.

En réponse Lodge fit savoir qu'il était raisonnablement sûr qu'il n'y avait pas eu de coup militaire et que le Palais gardait toujours le contrôle. L'armée n'était pas une force monolithique et il existait 3 centres de pouvoir dans l'armée représentes par Đôn, Đính et Tung. Đính et Tung ne prenaient pas leurs instructions de Đôn ; chacun des trois recevait les instructions du palais. Les deux Đính et Tung (connus pour se détester réciproquement) avaient des forces militaires dans Saigon. Si l'armée régulière décidait d'entrer en action pour déposer Diệm le risque de violents combats était considérable car on devait

---

[82] Doc. 253. Telegram From the Embassy in Vietnam to the Department of State. Saigon, August 14, 1963, 8 p.m.

s'attendre à voir Tung défendre Diệm. L'armée se méfiait et détestait complètement Tung qui retirait son autorité directement du Palais.[83]

***

L'épisode de la crise bouddhique atteignit un point de rupture vers la mi-août en créant en même temps une crise dans le milieu politique américain. Le soutien américain à la lutte du Sud Việt Nam contre l'insurrection Việt Cộng soutenue par Hà-Nội, était fondé sur un soutien à Diệm. Voilà que ce soutien apparut au grand jour comme un soutien à un régime dictatorial, oppressif, bafouant même la liberté de culte de son peuple. Devant la désaffection publique généralisée qui touchait Diệm, le Congrès américain menaça de couper l'aide des États-Unis.

En même temps la crise bouddhique révéla surtout avec force le rôle néfaste joué par Nhu. Le gouvernement américain devint totalement persuadé qu'il ne pouvait plus être question de gagner la guerre avec Diệm et Nhu et il devint aux yeux de l'exécutif américain **impératif et urgent** d'écarter les Nhus. Kennedy entérina ce changement de politique en nommant un nouvel ambassadeur à Saigon. Conscient du caractère délicat de sa nouvelle mission il choisit son représentant dans le camp adverse, lui donna une grande latitude d'actions et lui assura de son entière confiance.

---

[83] Doc 269 Lodge à Hilsman-23/8

CHAPITRE 5

Comment Nhu devint le problème à éliminer à tout prix

Préambule

Diệm et Nhu montrèrent l'ineptie de leur gestion de la crise bouddhique car ils étaient profondément persuadés que c'étaient les communistes qui tiraient par derrière les ficelles de ce qu'ils considéraient comme un mouvement de sédition pour faire tomber le gouvernement. Ils ne voulaient pas faire de concessions pour trouver un accord satisfaisant avec les responsables bouddhistes et avaient laissé au mouvement prendre une ampleur inattendue. Une situation d'agitations et de troubles s'installa dans l'ensemble du pays et ils réagirent par le maintien de l'ordre en utilisant des mesures policières brutales et donnèrent une image dévastatrice pour le régime parmi le public américain mais aussi dans le monde entier.

Les Américains s'aperçurent que Nhu était derrière la politique intransigeante du gouvernement envers le mouvement de contestation des bouddhistes à l'origine de toutes les difficultés qui commençaient à menacer sérieusement l'issue de la lutte anticommuniste. Alors qu'ils s'efforçaient de faire pression sur Diệm pour une politique de conciliation ils découvrirent aussi que Nhu avait envoyé ses Forces Spéciales à l'assaut des principales pagodes des grandes villes pour écraser le mouvement des bouddhistes en arrêtant massivement leurs occupants et leurs leaders. Nhu avait pris les devants avant la venue de Lodge.

L'irritation qu'éprouvèrent de nombreux officiels américains à propos du couple Nhu était déjà grande ; elle s'était muée probablement en exaspération après l'attaque. Pour Cabot Lodge l'action de Nhu pourrait même être considérée comme de la provocation lui qui avait reçu précisément comme mission de le séparer de Diệm. Elle était la preuve que Nhu avait tendance à déborder des limites de son pouvoir et ne tenait aucunement compte des conseils que le gouvernement américain essayait de donner à Diệm.

En fait cette attitude anti-américaine affichée de Nhu avait commencé dès le début de l'année.

Premiers signes d'un anti-américanisme un peu inquiétant de Nhu.

Nhu avait commencé à manifester publiquement son irritation et son hostilité à la politique américaine au début du mois d'avril en retirant l'accord qu'il avait donné à Thuần pour la signature du document définissant les conditions d'attribution des fonds du CIP, estimant que le document rendait le gouvernement vietnamien trop dépendant de la collaboration avec les États-Unis alors qu'il y avait des signes d'un changement possible de leur politique. [Il visait certainement la publication du rapport Mansfield.]

Autour de la mi-avril Nhu se plaignit à Nolting de la présence excessive des Américains au Việt Nam. Nhu pensait qu'il était utile de réduire entre 500 à 3000 ou 4000 le nombre des Américains. Il dit que quand ils étaient arrivés au début, les Vietnamiens avaient un respect particulier pour eux car les Américains étaient grands travailleurs, disciplinés et '*sans rancœur*' entre eux ou envers les Vietnamiens. Mais avec le temps et l'augmentation de leur nombre Nhu pensait que le processus disciplinaire s'était détérioré. Son analyse était que l'afflux d'Américains et leur stationnement dans les provinces étaient une bonne chose avec l'idée que les Américains présents dans les provinces viendraient à mieux comprendre les difficultés des Vietnamiens, que les problèmes seraient traités avec plus de bienveillance et une meilleure connaissance de la situation. Mais cela ne s'était pas révélé ainsi. [84]

Curieusement peu après Mme Nhu se mit à jouer sa propre partie. Nolting dut présenter une doléance officielle à Diệm au sujet d'un communiqué envoyé par le '*Mouvement de Solidarité des Femmes*' qui contenait des propos désobligeants à l'égard des Américains et largement rapportés par le Time. ''Mme Nhu y critiquait « ces donneurs d'aide qui profitent de leur position pour détruire nos mœurs et coutumes et nos saines lois et pour utiliser des Vietnamiens comme des laquais et entraîner les Vietnamiennes vers des chemins décadents. »''[85]

''Nolting dit à Diệm qu'aucun de ses officiers ne pourrait être d'accord et tolérer ces propos. Pour cette raison, le général Harkins et son épouse, Mr Brent et la famille Nolting ont décidé, à contrecœur, d'annuler leur voyage à Dalat à l'invitation de Mme Nhu. Diệm paraît comprendre cette position et promet d'éviter que cela ne se produise à nouveau.''[86]

---

[84] Doc 88. Telegram From the Embassy in Vietnam to the Department of State. April 12, 1963
[85] Doc 89 Telegram From the Embassy in Vietnam to the Department of State. April 13, 1963
[86] Doc 91 Telegram From the Embassy in Vietnam to the Department of State. April 17, 1963

Nhu veut une réduction de la présence des Américains

Très certainement Nhu avait lui-aussi tiré ses propres conclusions de la bonne situation militaire. Il s'était senti suffisamment fort pour soulever, au début et en coulisse, la question d'une réduction de la présence américaine. Voilà que plus grave, Nhu clama, haut et fort à la première page du *Washington Post* le 12 mai, dans son interview par Warren Unna : *" Le Sud Việt Nam voudrait voir la moitié des 12,000 à 13,000 militaires américains stationnés ici, partir du pays"*, mettant ainsi en péril des succès encore fragiles.

Ce différend américano-vietnamien ne s'apaisa que le 17 mai avec un communiqué conjoint annonçant un accord sur le financement de la lutte anti-insurrectionnelle. Il y était reconnu que le niveau de présence américaine était directement relié aux exigences de sécurité ; il pourrait être baissé en fonction de l'amélioration de la situation et de la progression du Programme des hameaux stratégiques. Ce communiqué passa totalement inaperçu de l'opinion publique américaine, déjà absorbée entièrement par les développements de la crise bouddhique.

Cependant le mal fut fait. Les Américains savaient qu'ils pouvaient recevoir du jour au lendemain de la part de Nhu, qui visiblement détenait de plus en plus de pouvoir, une invitation polie pour plier bagages. On ne pourrait pas imaginer de pire catastrophe pour la politique des États-Unis en Asie du Sud-Est, avec des répercussions incommensurables au niveau mondial.[87]

C'était certainement à cette période que les considérations concernant l'éviction de Nhu s'étaient définitivement cristallisées dans les esprits de l'équipe de la Maison Blanche quand Nhu avait manifesté sa claire opposition à la politique américaine.

Pour écarter Nhu il n'y avait que deux possibilités :
1. Faire pression sur Diệm pour obtenir un départ volontaire de Nhu
2. Stimuler un coup d'état pour éliminer Nhu (en sachant que dans ce cas il y avait peu de chance de pouvoir garder Diệm)

Comme l'usage de pressions s'était déjà révélé peu efficace avec Diệm il n'y avait pas d'autre choix aux Américains que de se préparer à un moment propice pour la deuxième option.

Nhu est-il le vrai détenteur du pouvoir ?

C'était ce que Thuần avait affirmé aux Américains au début du mois de septembre : « Nhu est maintenant pratiquement au contrôle du pays. C'est la

---

[87] Vers fin août les Américains eurent vent des tentatives de rapprochement de Nhu avec Hanoi, ce qui renforça leur détermination de voir Nhu disparaître de la scène politique vietnamienne.

seule personne à qui Diệm fait confiance et Diệm a mentalement abdiqué en sa faveur. Dans les réunions Nhu parle à la place du Président et le Président acquiesce ; en d'autres occasions Diệm répète simplement ce que Nhu lui a dit de dire. »[88]

Ceci n'était finalement que la confirmation de tout ce qu'on savait. C'était Nhu qui prenait toutes les initiatives qu'il croyait essentielles pour la survie du régime, la dure politique de répression des Bouddhistes, l'affichage d'une position anti-américaine, la prise en main des généraux et surtout ce qui était absolument nouveau le début d'une ouverture vers l'ennemi à Hanoi.

Rapprochement de Nhu avec Hà Nội ?

Les premiers signes visibles furent les contacts entre Nhu et Maneli[89]. Ellen Hammer, auteur de 'A Death In November' (Une Mort en Novembre) raconta que Nhu et Maneli s'étaient vus seulement pour la première fois à la réception donnée par Trương Công Cừu[90] le 25 août 1963, alors que Lalouette[91] l'avait pressé de rencontrer Nhu dès son retour de Hà Nội au printemps. La crise bouddhique avait tout retardé. Il apparut plus tard que Nhu avait à cette occasion exprimé sa volonté de rechercher la paix et critiqué l'attitude colonialiste de certains grands pays qui rendait cette recherche difficile.

Maneli reçut ensuite une invitation à venir au Palais Gia-Long le 2 septembre. Cela Nhu le confirma bien volontiers à un officier de la CIA pour se justifier (?), pour désamorcer cette bombe (?) ou par esprit de provocation (?) Peut-être pour un peu de toutes ces raisons ou encore pour une autre raison mystérieuse issue de son esprit machiavélique et que lui seul connaissait.

Nhu le dit très simplement à l'officier de la CIA

Le 6 septembre Nhu raconta que ''l'ambassadeur italien D'Orlandi et le Haut-Commissaire indien Goburdhun avaient demandé qu'il rencontre le commissaire polonais Maneli de la CIC. Il avait reçu Maneli il y a trois [quatre] jours et celui-ci lui avait suggéré de prendre avantage des déclarations de De Gaulle et de Hồ Chí Minh et d'entrer en négociations avec Hanoi. Maneli dit avoir été autorisé par Phạm Văn Đồng pour agir comme intermédiaire. Il suggéra que le sud Việt Nam pourrait vendre du riz et de la bière au Nord Việt Nam et importer en retour du charbon.

---

[88] Doc76. Telegram From the Embassy in Vietnam to the Department of State. *Saigon, September 9, 1963.*
[89] Chef de la Délégation Polonaise a la Commission Internationale de Contrôle
[90] Nouveau Ministre des Affaires Étrangères de la République du Viet Nam
[91] Ambassadeur de France à Saigon

Maneli ajouta que Nhu était le seul homme au sud Việt Nam qui oserait entreprendre de telles négociations. Nhu affirma avoir répondu à Maneli que le propos de De Gaulle était intéressant, mais que seuls les combattants dans cette guerre avaient le droit de parler et d'agir. Le Sud Việt Nam était un allié des États-Unis et ce serait '*immoral*' d'explorer un tel problème unilatéralement derrière le dos des Américains. Les relations commerciales avec le Nord Vietnam auraient d'inévitables répercussions politiques sur la combattivité et la pensée politique de la population du Sud.

Quand Maneli demanda à Nhu quelle serait la prochaine étape Nhu lui répondit « continuer à construire les hameaux stratégiques. »''

Un rôle pas crucial

Margaret K. Gnoinska de l'Université George Washington avait produit une étude en mars 2005, basée sur l'analyse de documents polonais déclassifiés qui donna les principales conclusions suivantes :

''Les câbles de Maneli illustrent parfaitement l'idée que Nhu voulait montrer aux Etats-Unis que le Nord était sérieux dans l'intention de négocier avec le régime de Diệm. Maneli reconnait dans ses mémoires qu'il ne pouvait dire dans quelle mesure les frères Ngô étaient sérieux de leur côté, tellement leur jeu était complexe et à multiples facettes et qu'on ne pouvait être certain de la direction vers laquelle ils se dirigeaient…

On peut alors conclure que Maneli, qui peut être souhaitait jouer un rôle de médiateur, finit par agir simplement comme relayeur d'informations et de messages occasionnels entre Hà-Nội et Saigon ; aucun des deux côtés ne lui faisait suffisamment confiance, ni était suffisamment sérieux pour faire des propositions politiques concrètes pouvant amener à une réconciliation ou des négociations entre les deux parties. Hà-Nội, hormis le souhait d'explorer l'établissement d'échanges économiques et culturels, ne paraît pas sincèrement disposé à se rapprocher de Diệm. Il n'y a pas non plus d'indication que Maneli essayait d'éloigner le Sud des Américains pour le rapprocher du Nord. Au contraire les preuves polonaises montrent que Nhu n'était pas prêt à rompre les liens avec les Etats-Unis et en conséquence il se montrait très prudent et n'avait rien de sérieux à offrir à Maneli à destination de Hà-Nội.

En fin de compte le rôle de Maneli n'était pas aussi crucial et les rumeurs qui entouraient cette affaire étaient grandement exagérées.''

Nhu dit avoir avancé dans ses négociations avec le FNL

''Nhu fit savoir à l'agent qu'il n'avait pas de canal secret avec Hanoi mais pouvait communiquer au travers de Goburdhun ou Maneli s'il le voulait. Ses contacts étaient plutôt avec le Viêtcong au Sud Viêt Nam[92, 93] et son objectif était de les gagner aux dépends du Nord. Nhu pensait que la guérilla tournerait en faveur du Sud Viêt Nam **à la fin de l'année** et que dans le futur le Sud Viêt Nam et les États-Unis pourraient négocier avec Hanoi en position de force.

Il se dit être opposé catégoriquement au neutralisme, car le neutralisme, selon lui, était complètement contraire au point de vue du gouvernement et de sa politique.

Nhu dit que ni le gouvernement vietnamien, ni un autre gouvernement **ne pourrait négocier avec Hanoi de manière secrète ou ouverte, sauf après avoir gagné la guérilla** et non pas en vue d'une neutralisation mais dans le cadre d'un Sud Viêt Nam fort cherchant à incorporer le Nord Vietnam dans l'ordre du monde libre.''[94]

Nhu dit aussi d'autres choses à d'autres, même en se contredisant

Un informateur de la CIA se dit étonné que ces rumeurs soient des nouvelles pour les Américains car ''c'est un secret de polichinelle dans les cercles diplomatiques que Nhu soit en contact avec le Nord. A son avis Nhu poursuit une politique visant ultimement à la neutralisation et l'unification du Viêt Nam. Il est anti-américain. La politique française depuis plus d'un an était d'encourager le rapprochement des deux moitiés avec sans aucun doute l'utilisation de canaux français.

L'informateur signale que dans une récente réunion avec des généraux Nhu les a rassurés en leur disant que dans le cas où l'aide américaine serait coupée d'autres ressources seraient disponibles et au pire il a des contacts avec les frères du Nord pour pouvoir se donner du répit en leur demandant d'ordonner la réduction des opérations au Sud tout en négociant un accord plus permanent.''[95]

---

[92] Visiblement Nhu prend Pham Hung pour un représentant du FNL qu'il a commencé à rencontrer depuis le début de l'année 1963.

[93] ''Nhu avait pris contact avec des représentants du FNL à Hanoi, par l'intermédiaire du délégué polonais à la Commission internationale de contrôle qui avait été mis en place à Genève pour surveiller l'application des accords. Nous conclûmes vite que ces ouvertures n'étaient pas sérieuses et que Nhu se proposait essentiellement de faire chanter les Américains. Mais nous continuâmes bien entendu à encourager ces prétendues discussions, dans l'intention de perturber encore plus les relations de Diêm avec ses alliés américains.'' [Trương Như Tảng, *Mémoires d'un Vietcong*, p. 68]

[94] Doc 69. From the CIA Station in Saigon to the Agency. *Saigon, September 6,1963*

[95] Doc 47. From the CIA Station in Saigon to the Agency. *Saigon, September 2,1963*

Par ailleurs ''les témoignages disant que Nhu était déjà en contact avec Hanoi sont crédibles et répandus au point de risquer à la fin de saper le moral dans l'armée et la bureaucratie, indépendamment de leur exactitude réelle.

Nhu est capable de croire qu'il peut manipuler la situation à son avantage, que ce soit par le combat ou la négociation avec les communistes. Sa mégalomanie est manifeste dans la déclaration qu'il est le seul à pouvoir sauver le Việt Nam. Nguyễn Đình Thuần et Võ Văn Hải tous deux attestent de l'usage d'opium par Nhu durant ces deux dernières années, ce qui explique au moins en partie son excès de confiance et son fantasme de pouvoir.''[96]

Inquiets et hostiles les Américains cherchent à en savoir plus

Lodge fut informé que Lalouette était avec Nhu pendant 4 heures le 20 août quand l'attaque des pagodes eut lieu. Une autre source sûre lui rapporta que « Nhu veut évincer le gouvernement américain du Việt Nam pour que les français puissent jouer le rôle d'intermédiaire entre le Nord et le Sud…Nhu est dans un état d'esprit particulièrement instable aussi un signe de sa part envers le Nord n'est pas impossible. »[97]

L'adjoint au Secrétaire d'État alla s'entretenir longuement avec le chargé d'affaires français, le commissaire canadien de la CIC et le commissaire indien de la CIC. ''Ces trois personnages pensent tous qu'il n'y a pas encore beaucoup de substance dans les rumeurs concernant un arrangement entre Nhu et Hồ mais que ceci n'est pas à exclure dans le futur. Le Nord est très gravement affecté économiquement et est conscient que le Vietcong est en train de perdre la bataille au Sud. Il serait disposé à négocier un accord de cessez-le-feu avec le Sud pour obtenir des échanges commerciaux et le départ des Américains.

Nhu peut être disposé à négocier pour deux raisons. La première est sa confiance suprême dans sa capacité de 'vaincre les communistes à leur propre jeu' et la deuxième est son désir de se débarrasser des Américains.

Le chargé d'affaires français admet que l'ambassadeur Lalouette ait parlé avec Nhu en ces termes. Les deux ont conclu que les progrès réalisés dans la lutte, avant les récents évènements, sont tels qu'un accord peut être négocié en toute sécurité à la fin de l'année. Mais les révélations par Nhu de ces entretiens à Alsop ont mis les Français dans l'embarras et ceux-ci ont maintenant des doutes sur les intentions ultimes de Nhu.''[98]

---

[96] Doc.110 Memorandum From the Director of the BIR (Hughes) to the Secretary of State. *Washington, September 15,1963.*

[97] Doc34. Telegram From the Embassy in Vietnam to the Department of State. *Saigon, August 31, 1963.*

[98] Doc161. Memorandum by the Under Secretary of State for Political Affairs' Special Assistant (Sullivan). *Saigon, September 30, 1963.*

Analyse du problème par la CIA

L'affaire du rapprochement avec Hanoi fut suffisamment prise au sérieux par les autorités américaines pour déclencher de leur part de multiples actions, recherches d'information, contacts, études…

L'analyse suivante de la CIA fut adressée au directeur McCone.

o   ''a. Les Ngos.

o   Ils sont placés entre deux situations extrêmes inacceptables pour eux. La pure capitulation devant toutes les demandes américaines et la perte de leur pouvoir. Les circonstances les incitent à tenter un rapprochement vers Hanoi pour se donner des marges de manœuvres. Pour arriver à un accord même partiel comme un cessez-le-feu ils seront amenés à considérer sérieusement la demande minimale mais certaine du Nord Việt Nam concernant un retrait des forces américaines.

o   b. La DRV.

o   Actuellement il n'y a pas de preuves montrant que la RDV n'ait plus une confiance totale dans sa victoire finale. Aussi Hanoi n'est pas sous pression pour rechercher un quelconque rapprochement avec le SVN hormis sous ses propres conditions. Et ses conditions minimales pour une réunification sont la cessation et le retrait de l'aide militaire américaine et la formation d'un gouvernement de coalition représentant tous les groupes politiques incluant le Viêtcong. Ce gouvernement négocierait ensuite avec Hanoi la réunification du pays. Les conditions de Hanoi sont évidemment inacceptables pour Diệm et Nhu. Cependant les conditions pour un rapprochement plus modeste devraient être considérablement moins draconiennes.

o   c. Les Français.

o   En dépit des tensions actuelles dans les relations Franco-Américaines il est peu probable que la France offre de se substituer aux États-Unis pour l'aide au gouvernement vietnamien. En fait toute aide française ne peut être suffisamment substantielle et concrète pour amener Nhu à écarter l'aide américaine et se tourner vers des négociations avec la RDV sous le parapluie du soutien français.

o   d. En tout cas Nhu aura à faire face à un problème délicat et difficile, quasiment insurmontable qui est de vendre un tel accord avec Hanoi aux éléments clés de la population sud-vietnamienne. Ces dernières semaines des généraux ont indiqué que tout geste envers le Nord de la part de Nhu leur fournirait un bon prétexte pour 'sauver le SVN' par un coup d'état."[99]

Nhu est devenu le problème numéro 1

"Depuis le 8 mai, Nhu est devenu le facteur principal exacerbant la controverse bouddhiste et est la cause d'une crise gouvernementale potentiellement explosive. Il est l'obstacle à toute vraie solution à cette crise.

En parallèle Nhu a entrepris une virulente campagne anti-américaine en public et en privé. Il accuse les États-Unis de comploter avec les *colonialistes* et les *feudistes* pour transformer le Sud Vietnam en satellite. Il a fait répandre des rapports sur des officiels américains repérés pour être assassinés. Il a fréquemment réclamé la réduction de la présence américaine au motif qu'elle menace l'indépendance du Sud-Vietnam. Il a menti de manière répétée à l'ambassadeur et au chef de la Station sur son rôle dans les évènements depuis le 8 mai."

Les Vietnamiens veulent son départ

"Le général Harkins croit que le pays va survivre et se développer sans les Nhus et avec Diệm toujours président. Le général Krulak signale que le départ de Nhu serait salué par les officiers vietnamiens. Le commandant de la brigade parachutiste est très mécontent de Nhu. Le colonel Lac indique que Nhu ne pourrait pas durer 24 heures si les Américains disent clairement ne pas tolérer la situation. Tran Quoc Buu, à la tête du plus large syndicat de travailleurs au Vietnam, déclare que ses partisans pensent que Nhu doit partir. Il craint que Nhu n'émerge victorieux de la présente crise alors de pires erreurs seront faites laissant la voie à une prise du pouvoir par les Communistes. Võ Văn Hải croit que Diệm ne puisse pas regagner la confiance du peuple tant que Nhu reste.

Nhu n'est pas aimé, est haï, craint ou suspecté à tous les niveaux de la bureaucratie, de l'établissement militaire et de l'élite urbaine. Les sentiments anti-Nhu, répandus et de longue date, se sont intensifiés et cristallisés en condamnation des mesures répressives prises par le régime. Beaucoup de hauts officiers semblent convaincus que Nhu peut s'entendre avec Hanoi et la grosse partie des militaires ne peut accepter Nhu comme leader du Sud Vietnam."[100]

---

[99] Doc151. Memorandum prepared for the Director of Central Intelligence (McCone). Washington, *September 26, 1963*.
[100] Doc.110. Memorandum From the Director of the BIR (Hughes) to the Secretary of State. *Washington, September 15,1963*

Et Nhu continue de plus belle

Dans une interview avec le journaliste Gambino pour l'hebdomadaire italien Espresso ''Nhu affirme que de fait il peut et voudrait se débrouiller sans les États-Unis. Il veut seulement recevoir quelques escadrons d'hélicoptères et quelque argent. Mais de façon définitive il ne veut pas du personnel militaire américain qui est absolument incapable de combattre la guérilla. Même les Forces Spéciales créées par Kennedy ne valent rien. Il veut que le Việt Nam soit traité de la même façon que les États-Unis traitent la Yougoslavie en leur donnant de l'argent mais en ne cherchant pas à influencer son système de gouvernement. Il dit que lui et le Président sont contre une intervention massive des Américains même au moment des plus grands dangers, c'est-à-dire à l'hiver 61-62.[101]

Viennent ensuite ces paroles dignes d'un grand visionnaire : « La guerre ne peut être gagnée avec les États-Unis car ils sont un obstacle à la transformation de la société de manière révolutionnaire ce qui est un prérequis à la victoire. Si les États-Unis en venaient à interrompre leur aide ce ne serait pas après tout une mauvaise chose.»''[102, 103]

Conviction développée chez Lodge sur Nhu

Début octobre des rumeurs sur l'organisation de manifestations contre la présence américaine avec assaut de l'ambassade des États-Unis apparurent, constituant une menace pour la sécurité de Lodge qui conclut amèrement et avec courroux : ''Tout ce qui se passe m'amène à la conclusion que nous ne pourrons pas écarter les Nhu contre leur volonté par des moyens non-violents. Nous ne pouvons pas non plus supposer que Diệm et Nhu poursuivent les mêmes buts que nous. Il est clair que Nhu veut notre aide sans notre présence qui à ses yeux est utilisée comme excuse pour interférer dans leur système de gouvernement. Avec nous dehors il sera libre de faire ce qu'il veut comme Tito l'est actuellement. Et Nhu a une forte influence sur Diệm.

Je crois que Diệm et Nhu considèrent qu'ils ne peuvent absolument pas donner ce que nous essayons d'obtenir par nos pressions, comme la mise à

---

[101] En réalité Diệm était alors prêt à accueillir des troupes de combat américaines qui seraient envoyées sous couvert d'une campagne humanitaire pour secourir les sinistrés d'une sévère inondation.

[102] Doc186. Telegram From the Embassy in Vietnam to the Department of State. *Saigon, October 6, 1963.*

[103] C'est dans cette même interview que Nhu a prononcé des paroles odieuses à propos de son beau-père : ''Il le ferait pendre dans un parc et ce serait sa femme qui s'occuperait à faire le nœud coulant.'' Propos qui tendent à prouver qu'il passe par des moments de délire sous l'effet de l'opium.

l'écart des Nhu, la libération des étudiants…Nous devrions envisager une demande de nous retirer comme une possibilité grandissante. Le début d'un retrait pourrait déclencher la venue d'un coup.''[104]

***

Subjectivité extrême et comportement suicidaire

La tentative de rapprochement de Nhu avec Hanoi fut bien réelle mais elle avait plus d'apparence que de fond. C'était ce qu'avaient reconnu les deux intermédiaires polonais et français. En tout cas même le partenaire de la transaction avait récusé tout progrès significatif de l'affaire. Selon Trần Bạch Đằng interviewé en avril 2005 les dirigeants de Hanoi avaient bien accusé réception de la demande de Nhu mais avaient prudemment gardé une certaine distance par rapport à la chose, sachant que le régime de Diệm rencontrait à cette époque des difficultés avec les États-Unis.[105]

De l'autre côté rien ne permettait de penser que les frères Ngos étaient prêts à faire une telle demande. Ce qui rendait les agissements de Nhu encore moins compréhensibles car il était difficile d'imaginer les gains que Nhu pouvait espérer retirer de son bluff envers les Américains. Il soufflait le chaud et le froid, réclamait une réduction de la présence américaine pour ensuite faire amende honorable et se déclarer ne pas être anti-américain ; il affichait ses gestes vers Hanoi à l'intention des États-Unis pour affirmer après qu'il n'était pas favorable à une neutralisation du Việt Nam.

On ne pouvait pas, vraiment, avoir un comportement plus irrationnel et suicidaire qui ne pouvait s'expliquer que d'une part par l'usage de l'opium et d'autre part par la conviction intime que les Américains étaient là en train de pousser la population à la révolte et de fomenter des coups d'état.

---

[104] Doc186. Telegram From the Embassy in Vietnam to the Department of State. *Saigon, October 6, 1963.*

[105] Document '*Phiến Cộng Trong Dinh Gia Long*' de Chính Đạo

CHAPITRE 6

Feu Vert à deux Généraux et ballottements à la Maison Blanche

Préambule

Le début de l'année 1963, avec son contexte d'une situation militaire favorable, avait fait germer l'espoir d'une victoire à moyen terme mais en même temps fait s'engager une réflexion sur les chances de succès de la politique de soutien à Diệm alors qu'apparaissaient les signes d'une attitude anti-américaine de Diệm et de Nhu ; surtout celle de Nhu, plus excessive et plus inquiétante, car révélant son pouvoir occulte mais réel et important.

La crise bouddhique commençant en mai, produisit le couple infernal *'turbulence politique'* et *'répression policière'*. La suite d'évènements tragiques et brutaux caractérisant la gestion catastrophique de cette crise par Diệm et Nhu, scandalisa l'opinion publique américaine et rendit difficile et délicat le soutien du gouvernement américain au régime de Diệm. La réflexion aboutit à la conclusion que la guerre ne pouvait être gagnée avec Nhu et qu'il fallait l'exclure du pouvoir.

Mais comment écarter Nhu du pouvoir ? Les Américains avaient vite constaté qu'en usant de moyens légaux il était impossible d'obtenir de Diệm qu'il se sépare de Nhu car Diệm avait absolument besoin de Nhu pour fonctionner. Le renversement de Diệm par un coup d'état constituait la seule conclusion possible et le seul moyen envisageable d'écarter les Nhu de la scène. D'autant plus que Nhu apparut comme prêt à s'entendre avec Hà Nội avec comme monnaie d'échange le départ des Américains du Việt Nam.

Faute de pouvoir lui-même organiser un coup d'état le gouvernement des États-Unis s'apprêta donc à en appuyer un de manière discrète avec tous les moyens dont il pouvait disposer.

Lodge apprit peu après son arrivée que Nhu avait conçu toute l'opération d'attaque des pagodes : c'était pratiquement un camouflet que Nhu infligea au gouvernement américain. Le fait accompli de Nhu était inacceptable.

Dès le matin suivant Dunn, l'assistant de Lodge, téléphona à Rufus Phillips[106] pour lui demander d'aller voir les personnes de sa connaissance les plus informées et les plus influentes à Sài Gòn. Lodge voulait avoir, venant de Phillips et en parallèle au circuit normal de la CIA, un deuxième point de la situation.[107] Cela donna lieu à deux câbles de Lodge à Rusk dans la journée du 24 août relatant les rencontres de Phillips, l'un avec le ministre Thuẩn et l'autre avec le général Kim.

Les généraux et la CIA

Phillips va voir son ami le général Kim pour des nouvelles

Rufus Phillips alla voir dans la journée du 23 août le général Lê Văn Kim qui était un ami de longue date. Ce dernier commença par lui dire amèrement que l'armée était devenue une marionnette de Nhu qui avait roulé les généraux en les incitant à proposer à Diệm la loi martiale. L'armée, en particulier Đính et Đôn, ne connaissait rien des plans d'attaque des pagodes, Xá Lợi et autres. Ces plans furent mis à exécution par les Forces Spéciales de Tung et la Police de Combat sur ordres secrets de Nhu. Nhu était maintenant aux commandes et le général Đôn devait prendre des ordres directement de Nhu. Selon Kim 1426 personnes avaient été arrêtées et tous les armes et explosifs trouvés dans les pagodes placés là à dessein. Maintenant la population allait croire que c'était l'armée qui était responsable de la répression des bouddhistes et allait se détourner d'elle, rendant son combat contre les communistes plus difficile.

Kim déclara très directement à Phillips que si les Américains prenaient position contre les Nhu et soutenaient une action de l'armée visant à les écarter du gouvernement, alors 'l'armée' [à l'exception du colonel Tung commandant les Forces Spéciales] s'unirait pour agir. Il pensait qu'il était préférable de garder Diệm, bien que personnellement il ne l'apprécie pas, pourvu que l'influence de la famille Ngô fût éliminée de façon effective et permanente. La question n'était pas seulement de se débarrasser des Nhu mais aussi d'écarter ses fidèles de la scène. Kim signala que lui et sept autres généraux avaient été obligés de signer un acte de foi à Diệm et de soutien aux actions du gouvernement contre les bouddhistes. La plupart des généraux avaient signé car sinon ils risquaient de se faire éliminer par Nhu. [108]

---

[106] Rufus Phillips avait travaillé pour la CIA en 54 au VN ; il est revenu en 62 comme Directeur des Affaires Rurales de l'US Operations Mission (USOM) et travaille probablement encore pour la CIA.

[107] Rufus Phillips, *Why Việt Nam Matters* p. 165. Phillips avait été recommandé par Lansdale à Lodge comme l'Américain le plus au fait de la situation politique à Saigon.

[108] Doc 274 Nolting à Rusk. 24/8

Le général Ðôn va voir son ami Conein

Par coïncidence le soir du même jour le général Ðôn avait donné rendez-vous à Conein, un officier de la CIA qu'il connaissait depuis les années 50. Il lui délivra un message intentionnellement vague et brouillé à l'extrême pour dire à Conein que *'des généraux'* étaient prêts à une *'action future'*.

Les extraits des propos de Ðôn, limités aux évènements qui nous intéressent, montrèrent clairement son embarras. Visiblement Ðôn n'osait pas critiquer ouvertement Nhu, ni dévoiler clairement ses intentions, ce qui l'obligea à des contorsions dans ses propos, rendant son discours quelque peu incohérent.

Selon Ðôn 10 généraux étaient à l'origine de l'action des 20-21 août [10 noms cités sauf un effacé?] décidée lors d'une réunion le 18 août. Le plan comprenait l'instauration de la loi martiale et l'arrestation des bonzes qui seraient venus de l'extérieur de Saigon pour les renvoyer dans leurs provinces et pagodes d'origine. Le plan fut présenté à Nhu le 20 et ensuite discuté avec Diệm, qui l'approuva sans la présence de Nhu.

Ðôn fit savoir qu'il avait l'entière responsabilité de l'armée en tant que remplaçant provisoire de Ty[109] et était chargé de l'application de la loi martiale ; Ðính avait été nommé Gouverneur Militaire de Saigon-Cholon, mais ne commandait pas les Forces Spéciales qui restaient sous le contrôle de Tung et de la Présidence.

Ðôn dit ensuite ne pas être au courant que la Police et les Forces Spéciales allaient attaquer les pagodes pour procéder aux arrestations des bonzes. Ðôn laissait entendre mais sans le nommer que les ordres venaient de Nhu [selon Conein].

Pour pouvoir aborder le sujet d'un coup d'état parmi tout un embrouillamini de faits, Ðôn parla du coup d'état du 11 novembre 1960 qui avait été préparé par des colonels et qui avait échoué : « Tout le monde parle toujours des colonels pour effectuer des coups d'état. Ils n'en sont pas capables. Nous, les généraux, avons prouvé le contraire par notre planning et notre technique. » Voilà donc enfin le message envoyé : des généraux étaient actuellement prêts à agir pour une « deuxième phase de l'action, phase qui doit encore rester pour le moment secrète. »

Ce furent les premières occasions de rencontre entre deux des généraux du groupe Ðôn-Kim-Minh, groupe qui plus tard mena à son terme le projet de changer de régime. Ils ne pouvaient pas encore s'identifier comme tels et laissèrent donc les Américains sans information plus précise à ce sujet.

---

[109] Lê Văn Ty, Commandant en Chef des Forces Armées

Le général Khánh va voir 'son' agent de la CIA

L'antenne locale de la CIA signala aussi que le 25 août à 13h30 un autre général, Nguyễn Khánh, demanda à voir immédiatement un officier de renseignement pour faire savoir que des généraux étaient déterminés à ne plus recevoir d'ordre des politiciens [les Ngô] si la politique anti-communiste du Sud Việt Nam était remise en question. Ces généraux craignaient que les politiciens soient en train de penser à un arrangement avec Hà Nội... Khánh voulait une réponse rapide pour savoir si les Américains soutiendraient l'armée au cas où elle prenait en charge le pays... Selon Khánh si les Américains coupaient les aides au Sud Việt Nam pour obliger la famille Ngô à suivre leur ligne alors les Ngos prendraient la décision de rechercher un accord avec Hà Nội ou même la Chine Communiste pour une neutralisation du Việt Nam ; et si cela devait arriver, Khánh et ses amis généraux se révolteraient très certainement. Que feraient alors les militaires américains qui avaient jusque-là combattu aux côtés des soldats vietnamiens?... Khánh ne pouvait se permettre de faire confiance pour le moment à Đôn qui était un bon et respectable ami, mais affirmait par contre que Khiêm était entièrement avec lui. A la question si lui et ses amis avaient un plan politique Khánh répondit qu'ils étaient seulement des militaires essayant d'empêcher le pays d'être livré aux communistes et ce serait aux Américains de prendre en charge la partie politique. [110]

Des civils hauts placés souhaitent aussi le départ de Nhu

Rufus Phillips rapporta aussi que Thuần l'avait invité à prendre le petit déjeuner le matin du 24/8. C'était un ami depuis 1955 mais Phillips dit ne pas accorder entièrement sa confiance aux motivations personnelles de Thuần, sachant que son honnêteté avait été mise en cause à la suite de son association et de sa coopération dans le passé avec Nhu et son protégé Tuyến[111]. Thuần avait dit à l'époque à Phillips que pour rester présent au palais il était obligé de coopérer 'dans tout' avec Tuyến. Cependant ce qu'il avait à dire ce matin avait le halo de la vérité.

Thuần reconnut qu'il serait difficile de séparer les Nhu de Diệm mais pensait avec force que les Américains devraient l'essayer. Il ne voyait pas d'alternative à Diệm pour diriger le pays car personne d'autre n'était aussi largement respecté ou pourrait être généralement acceptable au Viêt-Nam. Thuần pensait que les États-Unis devaient exercer un rôle de meneur de jeu et se montrer fermes sinon le chaos allait probablement s'installer. Il était hors de

---

[110] Doc 284 CIA Saigon à Agence Centrale. 25/8
[111] Trần Kim Tuyến, chef de la Police Secrète de Nhu

question que les Américains puissent accepter ce que les Nhus avaient fait. Ce serait un désastre.

Selon Thuần le danger était que Nhu se trouve dans un état d'esprit triomphal ; il devait penser être en plein contrôle de la situation et avait tendance à mépriser les Américains. Il venait de réussir de tromper l'armée (les généraux n'étaient pas au courant du raid sur Xá Lợi comme Thuần lui-même) et à la diviser sous trois commandements. Thuần ajouta que Nhu avait peu de réel soutien au sein de cette armée qui se retournerait sûrement contre lui si elle savait que les Américains ne soutiendraient pas un gouvernement sous contrôle des Nhu. **Les États-Unis devraient retirer leur soutien au gouvernement qui avait Nhu en son sein et ne pas avoir peur qu'en ce faisant ils ouvriraient la porte aux communistes. Les États-Unis devraient se montrer fermes, répéta Thuần et alors l'armée répondrait.''**[112]

Ainsi le plus important ministre de Diệm invita sans ambiguïté les Américains à encourager un coup par l'armée. Les propos de Thuần furent d'ailleurs cités par Hilsman[113] comme étant le *'jugement le plus convaincant'* illustrant le mécontentement populaire vis-à-vis de la politique de Nhu. Phillips ne savait pas du tout à ce moment-là que cela avait contribué largement à l'analyse de Hilsman[114] et à l'envoi du câble 243.

Lodge conseille une attente prudente

Apparemment Lodge n'avait pas suffisamment confiance dans les signaux envoyés par Đôn et Kim car après avoir fait la synthèse des informations en provenance de Hải[115, 116], Thuần, Kim et Đôn et il écrivit :

1. Nhu, avec probablement l'appui total de Diệm, avait largement joué un rôle dans l'action contre les bouddhistes s'il ne l'avait pas entièrement dirigé. Son influence s'était développée de manière significative.

2. Le plus important était que nous ne pouvions pas conclure que l'un des officiers ayant une force militaire réelle à Saigon (Đôn, Đính, Tung) soit en

---

[112] Doc 273 Lodge à Rusk. 24/8

[113] Hilsman, *To Move a Nation*, p.485

[114] Rufus Phillips, *Why Việt NamMatters* p. 168

[115] Võ Văn Hải Secrétaire particulier de Diệm, avait dénoncé la main de Nhu derrière l'attaque des pagodes aux Américains

[116] Kattenbourg avait rapporté à Hilsman le 24/8 une conversation qu'il a eue avec Hải. Hải craignait pour sa vie et se sentait sous surveillance par des agents de Nhu. Nhu avait dirigé avec soin la répression des bouddhistes, avait utilisé sa femme pour pousser sa propre campagne contre les bonzes…Nhu avait pris la décision d'agir avant l'arrivée de Lodge pour le mettre devant un 'fait accompli'…Les généraux ne se décideraient à agir contre Nhu que s'ils y étaient incités et ce ne serait pas difficile selon Hải.

ce moment mécontent de Diệm ou de Nhu. Nous devions supposer que Nhu avait encore ou pouvait bien avoir encore les ficelles du pouvoir entre ses mains.

3. La situation n'était pas simple de notre point de vue. En particulier nous n'avions pas d'information que les officiers avec des troupes à Saigon seraient disposés à agir pour un départ de Diệm ou de Nhu. De plus il n'y a rien pour montrer que les militaires se seraient entendus pour une tête de file. Dans ces conditions une action de notre part serait un '*tir dans le noir*'. Nous devrions attendre notre heure et continuer à observer la situation de près. [117]

Le feu vert est déclenché par le câble 243

Dès la réception de ces premiers rapports de Lodge la Maison Blanche prit aussitôt la décision de pousser au départ des Nhu en favorisant un éventuel coup d'état par des généraux contre l'avis de Lodge qui prônait encore une attente prudente, [Initiative de Hilsman, Harriman et de Forrestal].

Elle prit la forme du câble n*243 du 24 août adressé à Cabot Lodge qui lui arriva au matin du 25.

Le message à Lodge était clair : ''Le gouvernement des États-Unis ne peut tolérer la situation dans laquelle le pouvoir est dans les mains de Nhu. Il doit être donné à Diệm la possibilité de se débarrasser lui-même de Nhu et de sa coterie et de les remplacer par les meilleures personnalités militaires et politiques disponibles.

Si, malgré tous vos efforts, Diệm restait obstiné dans son refus alors nous devons faire face à la possibilité que Diệm lui-même ne puisse pas être gardé.... »

D'autre part il était suggéré à Lodge, d'un côté de rencontrer les chefs militaires et de l'autre de faire pression sur les niveaux appropriés du gouvernement vietnamien [*bizarrement Diệm n'est même pas cité explicitement*] pour régler la crise bouddhique par des actions spectaculaires et immédiates comme l'abolition du décret numéro 10, le relâchement des bonzes et nonnes en détention, etc...

Quant à la démarche auprès des chefs militaires elle constituait une vraie incitation à une tentative de coup d'état car Lodge était autorisé à dire aux chefs militaires idoines qu'ils seraient assurés d'un soutien direct pendant toute période de panne temporaire de l'appareil du gouvernement central.

---

[117] Doc 276 Lodge à DdE 24/8

En même temps instruction était donnée à Lodge pour considérer d'autres dirigeants possibles et étudier des plans de remplacement de Diệm au cas où cela deviendrait nécessaire. [118]

Câble envoyé un week-end en l'absence d'importants responsables

Le câble 243 considéré comme préparé par Hilsman avec l'aide de Harriman et de Forrestal, devint célèbre car sa transmission à Lodge s'était produite pendant un week-end en l'absence à Washington de McCone, McNamara, Rusk et Kennedy lui-même. Il fut expliqué plus tard que sa validation fut faite par téléphone. En fait, le projet de câble transmis par Forrestal à Kennedy pour approbation était accompagné des précisions suivantes : il avait été rédigé par Hilsman, Harriman et Forrestal ; son contenu avait reçu l'aval de Felt et il avait été approuvé par Ball et le Département de la Défense.

Au moment de signer le câble en l'absence de Rusk, Ball décida d'appeler Kennedy qui commenta ''le successeur de Diệm pourrait ne pas nous plaire plus que Diệm lui-même'' mais dit finalement '' Si Rusk et Gilpatrick[119] étaient d'accord, alors allez-y''.[120]

Le câble reçut surtout des critiques de Taylor exprimées en privé à Krulak[121] ; Taylor estimait que le câble ne donnait pas assez de chance à Diệm pour faire ce qu'il voulait et n'avait pas été élaboré avec le concours de tous services concernés.[122] Mais le câble n'avait pas fait l'objet d'annulation ou de retrait par la suite et constitua la décision officielle de la Maison Blanche communiquée à Lodge.

En fin de compte à son sujet McNamara écrivit 33 années plus tard : ''Cela me choque et me peine maintenant, de penser que cette action qui en fin de compte avait conduit au renversement et au meurtre de Diệm, avait été engagée alors que les officiels américains à Washington comme à Saigon étaient

---

[118] Doc 281. Telegram From the Department of State to the Embassy in Vietnam. *Washington, August 24, 1963, 9:36 p.m.*

[119] Gilpatrick, Sous-secrétaire à la Défense

[120] William Rust, '*Kennedy in VietNam*' p.115. Rust raconte que des discussions houleuses eurent lieu lors de la première réunion le lundi avec Kennedy à propos de la validation du câble ; ceci n'apparait pas dans les minutes officielles de la réunion, p. 119-120. Mais personne n'a suggéré l'idée de le retirer.

[121] Krulak, général Conseiller en lutte anti-insurrectionnelle

[122] [Doc 282 Mémo de Krulak. 24/8]

profondément divisés sur le bien-fondé de son éviction ; nous n'avions pas étudié et évalué de façon minutieuse les solutions alternatives à Diệm…''[123]

Lodge propose de court-circuiter Diệm

Le câble 243 fut envoyé à Lodge alors que le nouvel ambassadeur n'avait même pas eu le temps de présenter ses lettres de créance à Diệm. Il reçut déjà instruction de favoriser son renversement.

Lodge renchérit en répondant aussitôt[124] au Département d'État et en suggérant que les intentions et demandes américaines soient communiquées directement aux généraux sans passer par une dernière tentative auprès de Diệm pour le persuader de mettre à l'écart les Nhu. Il estimait cette dernière démarche non seulement inutile et vaine, mais encore risquée car pouvant mettre la puce à l'oreille de Nhu. On ferait savoir aux généraux que les Américains étaient préparés à avoir Diệm sans les Nhu mais qu'il leur appartenait de décider de garder Diệm ou pas ; Lodge réclama les modifications en ce sens des instructions qu'il venait de recevoir et fit savoir qu'il irait présenter ses lettres de créance à Diệm le lendemain, 26 août. Kennedy fut informé que le Département d'Etat [Ball, Harriman et Hilsman] avait approuvé ces changements. [125]

A la première réunion du NSC quasi-unanimité des 'pros-coup'

La réunion du 26 août du NSC (*National Security Council*) à la Maison Blanche, la première après l'envoi du câble 243, fut marquée par un esprit 'pro-coup' quasiment unanime sans aucune manifestation d'opposition à l'idée d'un coup dans les opinions exprimées. Les discussions avaient tout simplement en toile de fond le coup qui comme attendu allait se produire.

Le coup d'état comme un moyen d'éliminer les Nhus apparut ainsi comme largement accepté dans l'esprit de tout le monde; Hilsman en particulier avait manifesté le désir le plus ardent de voir le coup se réaliser. Ce qui pourrait se passer après le coup n'avait pas fait vraiment l'objet de discussion par l'assemblée et tout le monde avait semblé se satisfaire d'une rapide suggestion de Rusk qui « se contenterait et verrait bien Thơ au pouvoir, soutenu par une junte militaire ». Les chances de succès d'un coup n'avaient pas non plus été évaluées.

---

[123] Robert McNamara, *In Retrospect*, p. 55
[124] Lodge était probablement déjà au courant de la démarche de Khánh, rapportée ci-dessus.
[125] Doc 285 Forrestal à Kennedy 25/8

Le moins qu'on puisse relever c'était l'impression d'une grande précipitation dans cette prise de décision.

Adoption mitigée et transmission précipitée du câble 243

De ces minutes officielles qui étaient certainement incomplètes il n'y avait donc rien de ce qu'avait fait revivre William Rust, plus tard, dans son ouvrage *'Kennedy in Việt Nam'*. Ses travaux révélèrent les conditions, à la limite de la régularité, entourant l'élaboration du câble, son adoption et sa transmission. Dean Rusk, McNamara et McCone étaient tous les trois absents de Washington et Kennedy lui-même n'était pas à la Maison Blanche. Dean Rusk reçut une première version du câble par fax. Selon Hilsman, Rusk avait ajouté la phrase décisive « *Les États-Unis fourniront un support direct pour toute période de transition pendant laquelle le mécanisme du gouvernement central serait en panne.* », mais celui-ci affirma par la suite qu'il était *'absolument sûr'* de ne pas l'avoir fait. [126]

La Défense et la CIA de leur côté avaient fait valider le câble par les remplaçants prévus en cas d'absence de McNamara, le Secrétaire à la Défense et de McCone, le Directeur de la CIA ; ceux-ci n'avaient donc pas eu connaissance du contenu du câble. Et selon Rust, à la réunion du matin du lundi 26 août McNamara, McCone et Taylor avaient manifesté leur mécontentement à ce sujet. Il s'en suivit un numéro de Kennedy faisant le tour de la table de réunion et posant la question à chacun des personnages les plus importants : « *John, voulez-vous le retirer ?* », « *Bob, voulez-vous le retirer ?* », « *Dean, voulez-vous le retirer ?* ». Personne n'osa répondre par l'affirmative au Président. [127]

Existence d'une cabale anti-Diệm?

Les témoignages des différents acteurs, recueillis plusieurs années après par Rust, avaient aussi conduit à accréditer l'idée d'un désaccord et d'une division au sein du gouvernement Kennedy et à façonner l'idée d'une cabale montée par le trio Hilsman, Harriman et Forrestal. Ce fut Taylor qui était à l'origine de cette idée d'une cabale. Taylor avait écrit, mais bien plus tard, que le *'câble était mal conçu, déroutant et n'aurait jamais pu être approuvé'* si Hilsman et ses collègues Harriman et Forrestal, la faction anti-Diệm à la Maison Blanche, n'avaient pas profité de l'absence de Washington des plus hauts responsables de l'administration. [128]

---

[126] William Rust, *'Kennedy in Việt-Nam-American Vietnam Policy 60-63'*, pp.112-116
[127] William Rust, *'Kennedy in Việt-Nam-American Vietnam Policy 60-63'*, p.120
[128] Maxwell Taylor, *Swords and Plowshares*, pp. 292-294

Cependant McNamara, considéré plus tard comme faisant partie du groupe des 'anti-coup', ne partageait pas cette opinion de Taylor.[129] En vérité quand Krulak fit lire le câble à Taylor et le mit au courant des péripéties de la journée avant son envoi, la réaction de Taylor était beaucoup plus mesurée : « *Je ne voudrais pas être à la place du destinataire car [ce câble] n'est pas suffisamment explicite ; il ne donne pas à Diệm la chance qu'il convient pour faire ce que nous souhaitons. Il reflète le désir compulsif bien connu de Hilsman et Forrestal de renverser Diệm et si McGeorges Bundy avait été présent il n'aurait pas approuvé ce message. Je serais prêt à dire cela à la première occasion.* »[130] Pourtant, deux jours plus tard, à la réunion du 26 août qui suivit, Taylor n'avait soufflé mot de toutes ces pensées.

Lodge avait aussi professé des années plus tard qu'il avait été stupéfié en recevant le câble et l'avait jugé très peu judicieux. Cependant McNamara avait relevé justement que Lodge avait à l'époque répondu à Rusk « *Je suis personnellement **en accord complet** avec la politique dont j'ai reçu instruction de mener dans le télégramme de dimanche dernier.* »[131]

En fin de compte les minutes de la réunion étaient assez fidèles pour l'essentiel et c'étaient les témoignages fragiles des acteurs qui avaient probablement induit Rust dans des conclusions erronées. Ce jour-là le soutien à un coup des généraux était considéré comme allant de soi pour tout le monde, à l'exception de Taylor qui cependant n'avait pas osé exprimer sa réticence. On aurait pu tout aussi bien interpréter la séquence de Kennedy, qui relevait du théâtre, comme un numéro formidablement joué pour forcer la main aux personnes présentes et rallier leur consentement à la '*décision de soutenir un coup*' en évitant des discussions inutiles et surtout en lui évitant d'apparaître comme un promoteur de l'idée. D'ailleurs on avait quelques difficultés à croire que Hilsman aurait pu outrepasser ses droits et s'engager, avec l'appui de Harriman et de Forrestal, dans une décision aussi importante sans l'aval de Kennedy.

L'attention des participants à la réunion avait plus porté sur **la manière et la précipitation** entourant la validation et l'envoi du câble. Son **contenu** fut escamoté d'un éventuel débat. Pourtant le câble était une réponse à Lodge, allant en sens inverse de sa recommandation qui était d'éviter '*un tir dans le noir* '.

---

[129] McNamara, *In Retrospect*, p. 55
[130] Doc 282, FRUS, Mémo. de Krulak, 24/8
[131] McNamara, *In Retrospect*, p. 55

Approche clandestine vers Gros Minh dont on n'aura pas de compte-rendu

Le câble 243 décida Lodge, au matin du 26, en présence de Richardson, le responsable de la CIA à Saigon, à faire annoncer le feu vert à Khiêm et à Khánh par les agents Conein et Spera. Les contacts seraient limités aux 2 généraux Khiêm et Khánh, si Khiêm estimait qu'il n'était pas opportun de contacter un troisième, le général Ðôn.

Khiêm et Khánh choisis pour recevoir le message

Les officiers de la CIA, Conein et en parallèle Spera, chargés d'aller voir respectivement Khiêm et Khánh eurent comme mission leur transmettre les principaux points suivants [Conein devra aussi demander à Khiêm s'il fallait aller plus loin avec Ðôn.] :

1. Les Américains étaient d'accord pour le départ des Nhu.
2. La question de garder Diệm ou pas était leur affaire.
3. Les Américains fourniront un support direct pendant toute période de transition pendant laquelle le mécanisme du gouvernement central serait en panne.
4. Les Américains ne pourraient être d'aucune aide pour l'action initiale de prise de pouvoir par les généraux. C'était entièrement à eux de gagner ou de perdre, sans espoir d'aide pour se sortir d'affaire. [132]

Khiêm et Khánh qui avaient la réputation d'être des fidèles de Diệm et étaient d'ailleurs ses sauveurs lors du coup raté de 1960, furent cependant les choix privilégiés des Américains pour une annonce de leur soutien à un coup d'état contre Diệm [à cause de leurs 'bonnes' relations avec la CIA].

Conein présenta à Khiêm les points décidés par Lodge vers 14h45 ce 26 août. Khiêm réagit favorablement aux idées américaines en faisant savoir que :

1. les généraux étaient en accord avec les points présentés.
2. il ne fallait pas aborder ces sujets avec Ðôn pour le moment car Nhu avait des hommes au sein de l'entourage de Ðôn [preuve s'il en faut que Khiêm n'était pas encore enrôlé dans le groupe Ðôn, Kim, Minh].
3. Conein devra se tenir prêt pour être emmené par l'officier qui sera envoyé par Khiêm, pour rencontrer Gros Minh dans un futur immédiat.
4. Khiêm était d'accord avec les contacts Khánh-Spera et se chargea de mettre Khánh au courant par ses propres moyens. [133]

---

[132] Doc290 Lodge. à Rusk 26/8
[133] Doc 292 CIA Saigon à Agence Centrale 26/8

Par contre selon Spera, Khánh parut ne pas être prêt pour agir et prétendit vouloir attendre que Nhu se dévoile un peu plus dans son rapprochement avec Hà Nội.

Après le feu vert plus d'interrogations que de réponses

Après les contacts avec Khiêm et Khánh Rusk assaillit Lodge de questions : « Quelles sont les positions respectives des généraux, leurs relations mutuelles ? Qui seraient les autres généraux impliqués avec Gros Minh, Khánh et Khiêm ? Quels sont leurs plans ? Qui seraient leurs candidats comme les futurs leaders ? »[134]Lodge répondit simplement « Honnêtement pour le moment nous ne savons pas. »

Khiêm annonce un coup dans un délai d'une semaine

Dès le jour suivant le 27 août Khiêm revit Conein à 14h50 pour lui annoncer qu'un comité de généraux présidé par Gros Minh avait discuté d'un coup militaire et s'était mis d'accord pour déclencher le coup dans un délai d'une semaine.[135]

Le comité comprenait outre Gros Minh, Lê Văn Kim, Nguyễn Khánh, Phạm Xuân Chiểu, Nguyễn Ngọc Lễ ; Trần Tử Oai qui n'était pas membre du comité mais avait cependant indiqué qu'il allait coopérer. Trần Văn Đôn était membre mais ne pouvait agir car il était entouré de personnes de la Présidence, ce qui bloquait toute action de sa part.[136]

Les généraux qui ne faisaient pas partie du plan et qui devaient être neutralisés étaient Tôn Thất Đính et Huỳnh Văn Cao. Le colonel Lê Quang Tung était considéré comme étant la première cible par le comité et devait être neutralisé en même temps que la totalité de son camp dans une des premières actions du coup.

Le Vice-président Nguyễn Ngọc Thơ était au courant du plan et le soutenait. Il était le choix des généraux pour être le dirigeant civil du gouvernement de remplacement qui inclurait quelques militaires. Ce ne serait

---

[134] Doc 293 Rusk à Lodge 26/8

[135] Il est peu plausible qu'en moins de 24 heures les 6 à 7 généraux cités par Khiêm, aient pu discuter et se mettre d'accord pour déclencher un coup d'état et il est totalement invraisemblable qu'un coup puisse être organisé **dans un délai d'une semaine**.

[136] La veille Khiêm a montré qu'il ne sait pas encore dans quel camp peut se trouver Đôn. Et voilà qu'il livre toute une série de noms incluant celui de Đôn. On pourrait supposer que Khiêm eût pu dans les 24 heures précédentes contacter Gros Minh et fût mis au courant par Gros Minh de cette liste. Ce serait bien imprudent et une grave infraction aux règles de sécurité de la part de Minh. En réalité on apprendra plus tard que Minh avait suspecté Khiêm d'avoir joué un double jeu. Il est probable que Khiêm ait donné tous les noms pour rendre crédible ce qu'il annonce et mesurer la réaction américaine.

pas un gouvernement militaire ou une junte car le comité pensait au risque d'instabilité comme c'était le cas en Corée.

Khiêm dit que Gros Minh avait insisté pour faire savoir à Conein que sa position était tellement précaire qu'il ne pouvait pas avoir de contact avec aucun Américain à présent. Les Américains de leur côté ne devaient pas essayer de le contacter. [*Ici neuf lignes du document restent supprimées.*]

Dans le même ordre d'idée Khiêm souhaitait que Conein ne vienne plus au JGS à ce sujet avant que le coup soit terminé.

Khánh était venu à Saigon le soir du 26 et avait pris contact avec lui. Il était en accord complet avec le plan.

Khiêm demanda et reçut l'assurance que les Américains feraient tout leur possible pour aider les familles des généraux engagés dans le coup au cas où ce serait un échec. [*Un paragraphe entier d'environ 5 lignes est signalé comme enlevé du texte*] [137]

Il était peu vraisemblable que tous les généraux cités se soient accordés en aussi peu de temps pour décider de déclencher un coup avec un délai aussi court prévu pour la préparation du coup. Il ne pouvait s'agir alors du complot mené par Ðôn-Kim-Gros Minh car selon Ðôn dans ses mémoires, le complot réunissant les trois initiateurs Ðôn-Kim-Gros Minh remontait à fin juin et ils s'étaient entendus pour respecter trois règles fondamentales : a) Secret absolu sur l'identité des dirigeants du coup – b) Cloisonnement entre les trois filières de contacts et de recrutement à créer par chacun d'eux – c) Secret absolu envers tout étranger. [138]

En attente du coup imminent annoncé par Khiêm

Réunion quotidiennes à la Maison Blanche et premiers doutes

Le coup annoncé par Khiêm parut tomber à pic et se présentait aux Américains comme le plan qui correspondait exactement à ce qu'ils souhaitaient voir se réaliser. Ils perdirent probablement pas mal d'esprit critique devant ces informations.

Ils se préparèrent donc à l'imminence du coup et les réunions à la Maison Blanche avec Kennedy devinrent quotidiennes avec comme souci principal l'évaluation des chances de succès du coup.

Pour Lodge le coup avait de bonnes chances de succès

---

[137] Doc 299 CIA Saigon à Agence Centrale. 27/8
[138] Trần Văn Ðôn, '*Việt Nam Nhân Chứng*' p. 167.

Après cette réunion Rusk de son côté et McNamara de l'autre câblèrent respectivement leurs questions à Lodge et Harkins pour recueillir leur point de vue sur les chances d'un coup par les généraux.

Lodge fut le premier à réagir très rapidement et répondit à Rusk que le Comité des généraux donné comme organisateur du coup serait le meilleur qu'il soit possible de rassembler en termes de capacité et de tendance. [Lodge montra ainsi son entière confiance aux propos de Khiêm]. Certains d'entre eux (Gros Minh, Khánh et Kim) étaient considérés comme ayant personnellement de la force de caractère. Ils allaient se réunir sous Gros Minh comme leader. *"Il faut garder à l'esprit que notre connaissance de la composition du groupe et de leur plan ne provienne que d'une seule source. Mais nous avons grande confiance en l'authenticité de cette information et avons entrepris des démarches pour nous assurer de l'implication de Gros Minh."*[139]

Faut-il soutenir le coup ou pas ? Interrogation bien curieuse à ce stade.

Alors qu'apparemment pour l'équipe sur place *'les dés sont jetés'*, à la Maison Blanche les doutes et les interrogations se faisaient de plus en plus précises d'une réunion à une autre.

La troisième réunion du 28 août commença par une présentation de Colby du point effectué par la CIA de Saigon. Le général Taylor fit un rapport sur le plan d'évacuation, en cas de besoin, des 4000 Américains présents à Saigon. Il rappela que dans Saigon les forces loyales à Diệm étaient deux fois plus nombreuses que celles dont disposaient les généraux rebelles. A l'extérieur de Saigon le rapport de force était inversé ce qui lui permit de conclure que les généraux rebelles auraient l'avantage dans la durée. Hilsman souligna que le général Đính était la clef de la situation. [*Une phrase d'une ligne et demie reste ici supprimée*]. Hilsman dit qu'il y avait certaines choses que les Américains pouvaient faire sans *'montrer leurs mains'*.[140]

McNamara remit en cause le principe d'un coup en déclarant qu'il faudrait d'abord décider si nous allions soutenir ou pas les généraux pour renverser Diệm. Si c'était oui alors il faudrait se préparer à induire les généraux qui

---

[139] Gros Minh rencontra Conein le 29 août et se contenta de dire que les généraux devaient rester prudents tant qu'il n'y aurait pas de preuve formelle que les États-Unis ne les trahiraient pas en les dénonçant à Nhu. Ils ne voulaient pas discuter de leur plan et Gros Minh affirma qu'un arrêt de l'aide économique au régime de Diệm serait pour eux le signe d'un soutien américain au coup.

[140] Hilsman avait parlé à Kennedy d'actions comme faire savoir à Đính les sentiments de la Maison Blanche pour les Nhu, annoncer la présence de la 7ᵉᵐᵉ flotte, {*une ligne reste censurée ici*} et avait ajouté que la Défense et la CIA avaient l'intention de travailler plus sur le sujet.

n'étaient pas décidés à faire défection à Diệm. Il estima qu'il ne faille pas se laisser pousser par les évènements. *"Si nous décidions de supporter un coup nous devrions y aller pour gagner"*. Il exprima aussi le doute que les généraux puissent renverser Diệm car du moins au début les forces de Diệm les surpassaient en puissance.

Selon Ball il était impossible de vivre cette situation avec Nhu dans un rôle dominant au Việt Nam et donc pour lui il n'y avait pas d'autre option que celle de soutenir un coup. La question était comment faire pour que la tentative soit un succès. Ball ajouta qu'un moyen pour faire changer d'avis certains généraux qui ne prenaient pas parti serait de laisser nos militaires les approcher. Il fit remarquer que tout serait perdu si on laissait faire les généraux et qu'ils échouaient à renverser Diệm. Il faudrait donc décider d'aller jusqu'à la réussite de son renversement. Harriman exprima son accord avec la position de Ball et Dillon ajouta qu'il faudrait faire tout le nécessaire pour être certain de cette réussite.

Kennedy nota que Lodge et Harkins tous deux, avaient recommandé de poursuivre avec l'idée du coup, mais conclut quand même qu'il ne faudrait surtout pas continuer avec comme raison de s'être déjà engagé trop loin pour pouvoir reculer. À présent les généraux rebelles ne lui semblaient pas être très enthousiastes et leurs forces ne paraissaient pas pouvoir vaincre Diệm. Il faudrait donc décider et suggérer les choses à faire sur place pour maximiser leurs chances et demander à Lodge et Harkins comment faire pour regonfler les forces qui allaient exécuter le coup.

Un gouvernement profondément divisé

Nolting fut le seul à poser la question de savoir dans quelle situation serait le Việt Nam après un coup réussi. Nolting n'était pas certain que le gouvernement qui en résulterait puisse apporter une gouvernance stable ou que les généraux puissent être capables de se mettre d'accord sur qui serait le leader.[141] [142]

Nolting suggéra qu'on pouvait encore persuader Diệm d'écarter Mme Nhu de la scène et au moins rendre la présence de Nhu moins flagrante. Ball réagit avec emphase pour exprimer son désaccord avec Nolting et dire que ce serait un désastre que d'essayer de continuer avec Diệm et Nhu. Harriman avec encore plus d'énervement affirma qu'il était en désaccord avec Nolting dès le début de son arrivée comme Sous-Secrétaire; qu'il pensait que Nolting était

---

[141] [Doc 1 Réunion à la Maison Blanche. 28/8]

[142] De nouveau Nolting fit preuve d'une grande acuité d'esprit. Toutes ses craintes se révélèrent bien fondées.

profondément dans l'erreur et qu'il était désolé d'avoir à le dire d'une façon aussi abrupte. Hilsman se joignit aux opinions de Ball et Harriman pour ensuite réaffirmer que l'histoire des récents jours au Viêt Nam avait montré que le gouvernement de Diệm-Nhu ne pouvait pas gagner à long terme.[143]

Le gouvernement de Kennedy apparaissait gravement divisé ce qui le troubla profondément. Il réunit en aparté Rusk, McNamara, McGeorge Bundy et Taylor et à cinq décidèrent de demander l'avis personnel de Harkins et une franche analyse de la situation de la part de Lodge.

Rusk fut chargé de câbler à Lodge que Washington était toujours pour un évincement des Nhu et croyait à la nécessité d'un coup mais ne souhaitait pas contraindre Lodge à ne pas suivre son propre jugement. Inversement Washington pensait que l'opération pouvait être retardée ou annulée et voulait donc connaître le moment le plus tard propice à une décision de suspendre l'opération et les conséquences d'une telle suspension. Interrogations qui ne faisaient que révéler une méconnaissance totale des réalités de la part de Washington.

Plus particulièrement Rusk demanda à Lodge s'il fallait :

1. Ajouter un appui diplomatique et militaire aux démarches de la CIA auprès des généraux, pour souligner le point de vue du gouvernement Américain demandant le remplacement des Nhu mais en évitant de se mêler de la planification du coup

2. Faire savoir discrètement par Harkins et d'autres officiers, au général Đính, au colonel Viên et à d'autres responsables militaires potentiellement attentistes la volonté des États-Unis de voir les Nhu écartés du pouvoir

3. Changer d'attitude avec Diệm car il était probable que Diệm savait que quelque chose était en train de se préparer. Le cœur du problème étant la mise à l'écart des Nhu, alors, au lieu de continuer à ne rien dire à Diệm, il serait peut-être préférable de tenter un dernier face à face avec Diệm. On essaierait de le persuader de gouverner par lui-même et d'éliminer de manière décisive l'influence politique des Nhu.

4. Apparemment Washington n'attendait que l'acquiescement de Lodge pour changer complètement d'attitude.

---

[143] [Doc 2 Editorial Note]

Harkins révèle son opposition à un coup ; Lodge confirme son soutien

Harkins répondit en faisant savoir que jusqu'ici il n'avait fait qu'obéir à ce qu'il pensait être une décision de la Maison Blanche. Maintenant qu'on demandait son avis il pouvait dire qu'en fait, il était opposé au principe d'un coup et continuait de penser qu'il faudrait faire pression sur Diệm avec un ultimatum direct pour convaincre Diệm d'envoyer les Nhu à l'étranger, en échange de la continuation de l'aide américaine et en même temps poursuivre les pourparlers avec les généraux.[144]

Lodge à l'inverse confirma sa ferme position de soutien au coup projeté par les généraux : "Nous sommes engagés dans une entreprise sans retour en arrière possible : le renversement du régime de Diệm... Nous devrions avancer en fournissant un effort maximum pour faire bouger les généraux rapidement : pour cela Harkins devrait recevoir l'ordre du Président pour répéter aux généraux le message déjà transmis par les agents de la CIA. Si les généraux insistaient pour demander une déclaration publique de cessation d'aide au régime de Diệm nous devrions l'accepter...

Le fait est que la guerre ne peut être gagnée avec ce régime...Je suis conscient que cette option implique un risque sérieux de perdre le Việt Nam et un risque supplémentaire aux vies américaines. Je ne l'aurais jamais proposée si je pouvais penser qu'il y avait une chance raisonnable de garder le Việt Nam avec Diệm...

Le général *Harkins pense que je devrais demander à Diệm de se débarrasser des Nhu avant de commencer l'action avec les généraux. Mais je crois que la démarche n'a aucune chance d'aboutir au résultat souhaité et aurait l'effet* très néfaste d'être vu par les généraux comme un signe d'indécision et de tergiversations américaines. Je pense que c'est un risque que nous ne devrions pas courir. Les généraux se méfient déjà trop de nous. Ils doutent que nous ayons la volonté, le courage et la détermination pour aller au bout de la chose. Ils sont hantés par l'idée que nous allons les laisser tomber...D'un autre côté Diệm va demander du temps pour considérer une demande d'une telle portée. Ceci remettrait le ballon dans le camp de Nhu...",[145] [146]

---

[144] [Doc 13 Harkins à Taylor. 29/8]

[145] [Doc 12. FRUS vol IV Lodge à Rusk. 29/8]

[146] Au sujet des généraux attentistes Lodge avait indiqué clairement que pour les rallier au coup il n'hésiterait pas à utiliser des encouragements financiers s'il trouvait des occasions utiles.

Avec ces deux opinions contradictoires en provenance du Việt Nam Rusk se sentit obligé de souligner que Lodge et Harkins étaient quand même tous les deux d'accord pour dire que la guerre ne pouvait pas être gagnée avec le régime de Diệm.

Les divisions éclatèrent au grand jour

McNamara s'affirma clairement comme un *'anti-coup'* et soutint l'idée de tenter d'obtenir de Diệm de se séparer de Nhu, tentative à effectuer par Harkins. Il eut ces paroles prophétiques en disant ne pas voir d'alternative valable au régime de Diệm et que Thơ n'était pas apparemment l'homme pour remplacer Diệm. Une junte militaire formée des généraux vietnamiens projetant en ce moment un coup ne serait pas capable de gouverner pour très longtemps. Pour ces raisons un dernier effort devrait être fait pour persuader Diệm de changer son gouvernement en congédiant Nhu.

Rusk pensait que les Américains ne devaient pas aller vers Diệm avec une demande d'écarter Nhu mais laisser cela aux généraux comme prélude au coup. La première phase serait d'essayer d'écarter Nhu et sa femme du pouvoir, seulement ceci se heurtait à une grande difficulté car Lodge était convaincu qu'il n'y avait pas d'espoir pour séparer Nhu de Diệm.

Bundy voyait aussi de grandes difficultés pour réaliser un coup d'état avec comme résultat Diệm restant comme chef du gouvernement et nota que Lodge n'avait encore rien dit à Diệm jusqu'à maintenant. Il dit que McCone était aussi favorable à une tentative de persuader Nhu de partir. Il suggéra même que Colby qui connaissait bien Nhu pourrait être chargé de cela. En outre McCone voulait être certain de pouvoir annuler le coup avant que les Américains ne s'engagent dans le soutien au coup des généraux.[147]

Mais Lodge mit fin à l'idée d'une dernière tentative auprès de Diệm : ''Je suis d'accord que l'objectif premier est de mettre les Nhu dehors et qu'ils forment la plus grande part du problème au Việt Nam que ce soit du point de vue domestique ou international ou pour l'opinion américaine. Mais ceci ne peut certainement pas être accompli par le truchement de Diệm. En fait il va s'opposer à cela. Il veut encore plus de Nhu et non pas l'inverse. La meilleure chance de régler le problème est que les généraux se saisissent en bloc du gouvernement...''

---

[147] [Doc 15 Réunion Maison Blanche 29/8]

Kennedy garde l'illusion de pouvoir infléchir le cours des choses

Kennedy fit alors savoir à Lodge : *"Jusqu'au dernier moment du signal 'Allez-y' pour l'opération des généraux, je dois réserver le droit de changer de cap et de modifier complètement les instructions précédentes. Tout en étant complètement conscient de votre analyse des conséquences d'un tel revirement, je sais par expérience qu'un échec est plus destructif qu'une apparence d'indécision. J'assumerais bien évidemment l'entière responsabilité d'un changement quel qu'il soit comme je dois aussi porter l'entière responsabilité pour cette opération et de toutes ses conséquences. C'est pour cette raison que je compte sur vous pour une évaluation continuelle de ses chances de succès et tout particulièrement je souhaite avoir votre franc avertissement au cas où l'affaire commence à tourner au vinaigre. Quand nous y allons, c'est pour gagner, mais il vaut mieux changer d'avis que d'échouer. Et si nos intérêts nationaux exigeaient un changement d'avis, nous ne devrions pas avoir peur de le faire."*[148]

Mais Lodge le ramena à plus de réalisme : "Pour être couronné de succès cette opération doit être une affaire essentiellement vietnamienne avec sa propre dynamique. S'il devait se produire nous ne pourrions probablement pas le contrôler, c'est-à-dire que le signal d'envoi serait donné par les généraux."

Malgré toutes ces incertitudes et ces doutes la Maison Blanche décida de s'impliquer un peu plus pour favoriser le coup en donnant à Harkins l'instruction de réitérer le soutien américain déjà transmis par les agents de la CIA et en même temps chercher à mieux connaître les généraux impliqués, leurs moyens, leurs ressources et le plan d'ensemble du coup. Lodge fut autorisé à utiliser l'annonce d'une suspension d'aide comme arme, si cela était vraiment utile et nécessaire.[149]

Fin de l'attente. Khiêm annonce que les généraux ne sont pas prêts.

Conformément aux ordres Harkins chercha à rencontrer Khiêm le 31 août avec l'intention de lui affirmer plus clairement le soutien des Américains. Khiêm se montra alors réticent pour parler du coup, suggéra à Harkins de voir Minh mais finit par raconter que Gros Minh avait arrêté les préparatifs et travaillait sur d'autres idées. Khiêm dit que les généraux n'étaient pas prêts étant donné l'équilibre des forces en présence. Les généraux n'avaient pas

---

[148] [Doc 18 Kennedy a Lodge 29/8]
[149] Doc 16 Rusk à Lodge & Harkins 29/8

suffisamment de troupes sous leur contrôle en comparaison des forces fidèles à Diệm et présentes à Saigon.

Khiêm ajouta que Gros Minh n'avait pas totalement confiance en Ðôn. [Ce détail montre que Khiêm n'est toujours pas dans le secret du trio Ðôn-Kim-Minh]

La semaine prochaine Ðôn irait présenter un plan à Diệm avec le soutien des généraux, pour suggérer l'attribution de trois postes clés aux généraux, l'Intérieur, la Défense et la Direction Générale de l'Information. Nhu aurait une fonction comme Chef de Cabinet ou un coordinateur du gouvernement.

A la question si Thảo faisait partie du complot Khiêm répondit qu'il savait que Thảo élaborait des plans mais peu d'officiers avaient confiance en lui à cause de son passé dans les rangs du Việt Minh et qu'il pourrait bien travailler encore pour le Viêtcong.

A la question si quelqu'un pouvait s'opposer aux Nhu en leur faisant savoir que leur absence de la scène serait la solution à tous les problèmes Khiêm répondit qu'une telle action serait de l'auto-immolation. Khiêm doutait qu'on puisse séparer Diệm et Nhu.

Harkins jugea alors inutile de répéter à Khiêm le soutien du gouvernement Américain aux généraux et dans son mémorandum pour informer le gouvernement américain il souligna ce qui lui paraissait être une 'organisation de confusion'; avec tout un chacun se méfiant de l'autre et personne décidé à entreprendre une action positive ; il signala une possible rencontre avec Gros Minh sans beaucoup y croire.[150]]

En même temps un câble de la CIA Saigon à l'Agence mit fin aux attentes des officiels à Washington et remit tout le monde d'accord sur une nouvelle réalité : « Ce coup particulier est terminé.»[151].

Lodge suggère un virage complet

La réaction de Lodge laissa paraître plus d'énervement : « Le rapport de Harkins que vous avez dû lire montre clairement qu'il y a ni volonté, ni organisation parmi les généraux pour accomplir quoi que ce soit...Je crois que le gouvernement [vietnamien] nous suspecte d'essayer de fomenter un coup... »

Il suggéra de chercher un arrangement avec Diệm et Nhu avec comme objectifs d'obtenir :

1. le départ de Mme Nhu du pays.
2. une fonction limitée de Nhu consacrée entièrement aux PHS.

---

[150] Doc 33 Mémo de la réunion Harkins-Khiêm. 31/8
[151] Doc 32 CIA Saigon à Agence. 31/8

3. la création d'un poste de Premier Ministre avec Thuần en charge.
4. le départ de l'archevêque Thục du pays.
5. la libération de tous les étudiants et les bouddhistes
6. l'abrogation du Décret n* 10
7. la réparation des pagodes accompagnée de gestes de conciliation

Tout ceci, si accepté à Washington, pourrait être annoncé par Kennedy. Lodge pensait pouvoir trouver une personne fiable, de grande qualité et de prestige pour agir comme intermédiaire.

Il poursuivit manifestement très dépité: « Je pense que le gouvernement américain a eu raison de me donner les instructions que j'ai reçues dimanche dernier non seulement à cause de l'état de l'opinion en Amérique et dans le monde libre mais encore parce que le gouvernement vietnamien avait agi comme des menteurs et des criminels. Maintenant la seule possibilité pour réussir à changer de gouvernement serait que les Américains s'en chargent eux-mêmes, mais évidemment, cela est hors de question. »[152]

Comité de généraux et coup d'état : Pures inventions de Khiêm ?

Une analyse rétrospective et détaillée des évènements ne manque pas de faire ressortir des bizarreries dans les informations données par Khiêm aux Américains.

1. Le comité de généraux était annoncé par Khiêm comme incluant entre autres Khánh, Kim et Đôn alors que Khánh deux jours auparavant avait déclaré « *ne pas pouvoir se permettre de faire confiance à Đôn* ». Et la veille quand Spera avait annoncé le feu vert à Khánh il se montra embarrassé pour parler de coup et estima même que la CIA en contactant Khiêm sans son accord avait fait une erreur, heureusement sans gravité.

2. Khiêm avait affirmé à Conein au nom de Gros Minh que celui-ci ne voulait aucun contact avec les Américains. Pourtant le jour d'après, le 28 août, Lodge avait signalé à Washington que Gros Minh venait de demander à rencontrer un agent de la CIA pour le 29. Lodge, tout simplement, avait même relevé que c'était contraire à ce que Khiêm avait indiqué mais n'y avait rien trouvé d'anormal.

3. Kim était au courant de la rencontre entre la CIA et Gros Minh en présence de Khiêm le matin du 29 août ce qui accrédite l'idée que ces trois personnes savaient au minimum qu'ils faisaient partie d'un même groupe.

---

[152] Doc 34 Lodge à Rusk 31/8

4. Quand quatre jours après son annonce inattendue d'un coup Khiêm déclara à Harkins que Gros Minh et les généraux avaient tout arrêté il avait aussi ajouté la précision que Gros Minh se méfiait de Đôn. Il remettait ainsi en cause la composition du comité qu'il avait vanté auprès des Américains.
5. Quand Kim fut mis au courant par Phillips de la rencontre Khiêm- Harkins non seulement Kim dénia à Khiêm toute habilité à parler pour les généraux, mais il vérifia immédiatement que Gros Minh était aussi comme lui, dans l'ignorance totale des agissements de Khiêm. Ceci aurait dû mettre un point final à l'existence du comité de Khiêm et provoquer une interrogation légitime des Américains.

Curieusement les Américains se montrèrent aveugles devant tous ces indices. De plus il n'y eut apparemment aucune remise en cause de la qualité des informations que Khiêm continuait à fournir aux Américains.

Les Américains ne semblaient même pas réaliser plus tard qu'ils avaient suscité l'émergence d'un **coup fictif** qui n'avait existé que dans l'esprit de Khiêm avec **l'existence de ce comité de généraux fantôme.**

Aussi affirmer que le gouvernement de Kennedy ne fut pas à l'origine du coup d'état du 1er Novembre 1963 n'est PAS entièrement FAUX.

CHAPITRE 7

Le Coup d'État Fatidique du 1er Novembre 1963

Préambule

Le gouvernement de Kennedy venait à peine de finaliser sa nouvelle politique basée sur un **renoncement à l'idée d'un coup d'état**, que le coup refit surface et cette fois-ci avec beaucoup plus de netteté et de précisions ce qui était la preuve que les renseignements américains n'étaient pas très performants.

Apparemment le groupe des généraux Minh-Đôn-Kim s'était senti enfin prêt pour une action et malgré leurs diverses rencontres à la fin d'août avec Conein, Spera ou Phillips, visiblement aucun de ces trois généraux n'avait eu connaissance du message contenu dans le câble 243 délivré à Khánh et Khiêm par Lodge. [153]

Les 'vrais comploteurs' se dévoilent

Lors d'une rencontre fortuite avec Conein le 2 octobre Đôn déclara qu'il cherchait à le voir depuis plusieurs jours et lui fixa un rendez-vous le soir même. Contrairement à ce qui s'était passé en août avec Khánh et Khiêm Conein reçut cette fois-ci comme instruction de Richardson de ne pas encourager ni de décourager toute idée ou action de coup et de se borner à recueillir les informations en évitant d'impliquer le gouvernement américain dans quelque action que ce soit. [154] Conein vint au rendez-vous pour apprendre sans beaucoup de détail que Đôn avait un plan en préparation, que Đính était susceptible de les rejoindre et qu'il fallait que Conein rencontre Gros Minh le 5 octobre. Gros Minh donnerait à Conein la confirmation du coup et plus de détails sur le plan. [155]

---

[153] Le compte-rendu de la première rencontre entre Minh et Conein est manquant. Selon les dires de Phillips à Kim il a eu lieu le 29 août en présence de Khiêm. Il est raisonnable de penser que lors de cette rencontre Minh ignorant ce que Conein a dit à Khiêm a dû se montrer d'une grande prudence avec Conein qu'il voit pour la première fois et n'a rien révélé son jeu.

[154] Ceci avait probablement déclenché la scène de colère de Lodge rapportée à Rust et décrite par Rust dans *Kennedy in Việt Nam* p.124-125 avec peut-être une confusion entre cette rencontre entre Conein et Gros Minh et celle de fin août. L'incident avait peut être accéléré la décision de remplacer Richardson et son rappel aux États-Unis.

[155] Doc 171 CIAS à Agency 2/10

Gros Minh reçut Conein le 5 octobre se montra très explicite et déclara vouloir connaître la position des Américains au sujet d'un changement de gouvernement au Việt Nam. Ce changement était devenu nécessaire car le gouvernement n'avait plus le soutien de la population et risquait de perdre la lutte contre le Việt Cộng. Gros Minh donna quelques noms de généraux participant avec lui à ce plan : Đôn, Khiêm, Kim. Il dit ne pas avoir besoin de soutien américain pour l'action mais voulait avoir l'assurance que les Américains ne feraient rien pour déjouer ce plan. Il déclara ne pas avoir d'ambition politique tout comme les autres généraux, à l'exception peut-être de Đính, dit-il en riant. Son seul but était de gagner la guerre et pour cela il aurait besoin de la continuation de l'aide américaine à son niveau actuel, c'est à dire de 1 à 1 million et demi de dollars par jour.

Il précisa qu'il y avait trois plans possibles :

Le plus facile, assassiner Nhu et Cẩn tout en gardant Diệm comme président

L'encerclement de Saigon par plusieurs unités militaires et en particulier celle stationnée à Bến Cát [*commentaire de Conein : élément de la 5ème division commandée par Đính*]

L'attaque directe des forces fidèles à Diệm dans les différents secteurs de Saigon et nettoyage de la cité poche par poche. Diệm et Nhu pouvaient compter sur 5500 troupes à l'intérieur de Saigon.

Sur ce Conein répondit ne pas pouvoir parler au nom du gouvernement à propos de la non-interférence américaine, ni de dire lequel des trois plans était le meilleur.

Gros Minh continua à expliquer que les hommes les plus dangereux au Việt Nam étaient Nhu, Cẩn et Ngô Trọng Hiếu[156] ; Hiếu était un ancien Việt Minh et avait toujours gardé des sympathies communistes. Conein fit la remarque que Tung était très dangereux et Gros Minh lui dit "Si je parvenais à me débarrasser de Nhu, Cẩn et Hiếu, le colonel Tung sera à genoux devant moi."

Gros Minh se déclara inquiet du rôle de Khiêm qui pourrait avoir eu un double jeu en août et réclama des copies des plans du camp de Long Thành dans le but de contrôler ceux que lui avait transmis Khiêm.

Gros Minh dit qu'il leur fallait passer vite à l'action car beaucoup de commandants de régiments, de bataillons et de compagnies travaillaient à leurs propres plans qui pourraient échouer et ainsi créer une '*catastrophe*'.

Gros Minh formula l'espoir de revoir Conein bientôt et que celui-ci pourrait lui donner l'assurance demandée au gouvernement américain. [157]

---

[156] Ngô Trọng Hiếu, Ministre des Affaires Civiques
[157] Doc 177 CIAS à Agence 5/10

Faut-il dissuader ce coup ?

Cette fois Lodge et Harkins signalèrent ne pas avoir grande confiance en Gros Minh et réclamèrent des instructions de Washington concernant l'approche de Gros Minh. Lodge suggéra qu'à la prochaine rencontre Conein dirait à Gros Minh que les Américains n'essayeraient pas de torpiller ses plans, lui offriraient de revoir ses plans autres que les plans d'assassinats et l'assureraient que les Américains continueraient à accorder une aide à un gouvernement qui ferait la promesse de rallier le soutien populaire et de gagner la guerre, ce qui serait le cas d'un gouvernement avec des leaders civils qualifiés dans des postes clés. [158]

Les plans de la Maison Blanche étaient de nouveau bouleversés car on s'était fait à l'idée que les généraux n'avaient pas la capacité de monter un coup. A Washington l'ardeur à soutenir un coup après les espoirs déçus du mois d'août semblait avoir nettement baissé. Vu de Washington, s'ils continuaient, ce serait les laisser se diriger vers un échec probable et ce serait une catastrophe car les informations américaines indiquaient un rapport de force au mieux équilibré, sinon défavorable. La principale question était donc s'il ne fallait pas plutôt **dissuader** les généraux de tenter le coup.

Bundy fit savoir à Lodge le 5 octobre que Kennedy avait approuvé la recommandation de ne pas encourager activement un coup même clandestinement, mais qu'il faudrait néanmoins et rapidement faire une action clandestine pour engager la recherche et l'établissement de contacts avec une équipe alternative de dirigeants dès que possible. L'essentiel était que cette action soit totalement sécurisée et susceptible d'être totalement démentie et séparée complètement des analyses politiques normales, des rapports et autres activités de l'équipe sur le terrain. « Nous répétons que cette action n'a pas pour objectif de promouvoir activement un coup mais seulement à assurer une surveillance et à se tenir prêt. Pour être plausible dans les dénégations nous vous suggérons de donner oralement les instructions au Chef de Station et à personne d'autre et de le rendre responsable envers vous seul, pour établir les contacts appropriés et vous fournir les comptes rendus. »[159]

Un coup, soit. Mais prudence

Les Américains avaient cependant quelque regret pour la solution qu'apporterait un coup d'état et la CIA fit connaître à Lodge les dernières idées sur le sujet, déjà discutées avec Kennedy. ''*Alors que nous ne souhaitons pas*

---

[158] Doc 178 Lodge à DdE 5/10
[159] Doc 182 Bundy à Lodge 5/10

stimuler un coup, nous ne souhaitons pas non plus donner l'impression que les États-Unis empêcheraient un changement de gouvernement ou refuseraient l'aide économique et militaire à un nouveau régime s'il apparaissait capable d'augmenter l'efficacité de l'effort militaire, de recueillir le soutien populaire nécessaire pour gagner la guerre et d'améliorer les relations de travail entre les Américains et le gouvernement vietnamien. Nous aimerions être informés de ce qui est en cours de considération mais nous ne devrions pas nous laisser nous entraîner dans la délivrance de conseils, dans l'examen de plans opérationnels ou dans toute autre action pouvant faire apparaître les États-Unis comme trop étroitement mêlés au changement de gouvernement. Les informations nous permettant d'évaluer le caractère des nouveaux dirigeants seraient les bienvenues.

Quant au général Minh vous devriez sérieusement envisager de faire prendre par notre agent de renseignement la position suivante : En l'état actuel de ses connaissances il était dans l'impossibilité de présenter sérieusement l'affaire de Minh aux officiels responsables. Pour pouvoir le faire il faudrait qu'il obtienne de Minh les informations détaillées indiquant que les plans de Minh offraient de grandes chances de succès.''[160]

Un petit grain de sable

Il y eut un léger couac dans le cours des choses quand, le 22 octobre au cours d'une conversation, Harkins fit à Đôn la remarque que les officiers du MACV ne devraient pas être contactés à propos de coup, ce qui les détournait de leur travail de lutte contre le Viêtcong.[161] Đôn prit la remarque comme une désapprobation de la part des Américains et l'incident fit annuler le déclenchement du coup prévu pour le 26 octobre.[162] Đôn se sentit obligé de demander des éclaircissements à Conein qu'il revit à trois reprises pendant ce même jour et le jour suivant. Finalement rassuré, Đôn indiqua à Conein la nuit du 24 octobre que le coup devrait se produire avant le 2 novembre. Les Américains auront les plans militaire et politique 2 jours à l'avance. Le nouveau gouvernement serait civil, libèrerait les prisonniers politiques non-communistes, organiserait des élections honnêtes et permettrait la liberté de culte. [163]

---

[160] Doc 192 CIA à Lodge 9/10
[161] Harkins fait référence au cas du colonel Khương qui était allé contacter des Américains.
[162] Howard Jones, *Death of a Generation*, p. 395
[163] Doc 215 Note Editeur

Harkins blâmé par Lodge pour l'incident

Informé de l'incident Lodge indiqua à Harkins que sa discussion avec Đôn était contraire aux instructions données par Washington, qui étaient que les Américains n'empêcheraient pas un changement de gouvernement qui offrirait des signes de plus d'efficacité dans l'effort militaire, de ralliement du soutien populaire pour gagner la guerre et d'amélioration des relations de travail entre les Américains et le gouvernement vietnamien.

Harkins promit à Lodge de faire savoir à Đôn que ce qu'il lui avait dit n'était pas la position officielle des Américains. Il n'en était pas moins mécontent et s'en expliqua longuement à Taylor. "Lors de ses dernières rencontres avec Đôn il n'avait été question que de pousser la lutte anti-communiste et Đôn n'avait jamais abordé le sujet d'un coup. Harkins ne pensait pas qu'il était en train de s'opposer à un changement de gouvernement au Việt Nam mais suggéra qu'il faudrait regarder de très près aux propositions du groupe des généraux pour savoir si vraiment il serait capable d'augmenter l'efficacité de l'effort militaire. Il y avait tellement de groupes qui faisaient du bruit et à moins qu'ils ne s'entendent tous ensemble, Harkins craignait qu'il y aurait constamment une volonté de renverser celui qui serait arrivé à prendre le contrôle pour quelque temps et cela ne pouvait que nuire à l'effort de guerre." [164]

Cet avertissement prémonitoire de Harkins tomba définitivement dans le néant car on entendit Lodge affirmer le 25 octobre qu'aucun autre gouvernement ne pourrait s'y prendre plus mal que Diệm.

Deux semaines s'écoulèrent et Washington qui ne voyait pas beaucoup d'éléments d'action concrète après les contacts Đôn-Conein recommença à s'inquiéter. Bundy recommanda à Lodge et à Harkins de ne pas trop s'engager dans une opération qui en définitive pourrait être un piège de Nhu. Il demanda à Lodge un réexamen de la situation de Đôn, de son groupe et une analyse de tous leurs plans pour le futur. [165]

Đôn se réassure lui-même et réassure les Américains

Đôn réapparut avec grande prudence sur la scène quand le 28 octobre à l'occasion d'une brève rencontre au pied de l'avion qui emmenait Lodge et Diệm pour une visite à Dalat, il demanda à Lodge la confirmation que Conein parlait bien en son nom. Après la réponse affirmative de Lodge, Đôn précisa que l'affaire devait rester strictement vietnamienne et que les Américains ne

---

[164] Doc 213 Harkins à Taylor 24/10
[165] Doc 211 Bundy à Lodge 24/10

devraient pas s'en mêler ou essayer de la stimuler. Il dit que les généraux n'étaient pas encore prêts quand Lodge lui demanda quand l'action serait lancée et ajouta ''L'armée a perdu de son allant ; nous devons gagner la guerre avant que vous, Américains, vous vous en alliez. Nous ne pouvons pas le faire avec ce gouvernement ; aussi devons-nous avoir un gouvernement avec lequel nous pouvons maintenant gagner.'' [166]

Đôn demanda ensuite à rencontrer Conein le même jour et lui livra un certain nombre de précisions à propos du coup. Đôn demanda aux Américains d'éviter de discuter de coup avec les colonels et les commandants. Les contacts entre Américains et Vietnamiens devraient se limiter seulement à Đôn et Conein. Il précisa qu'il ne se passerait rien dans les prochaines 48 heures et que les plans ne pourraient être dévoilés aux Américains que 4 heures avant le déclenchement du coup. Il cita un certain nombre d'unités prévues pour participer à l'action.

Questionné à propos de Đính, Đôn assura que Đính ne participait pas au plan, que Nhu commençait à suspecter Đính suite à son rôle de Gouverneur Militaire de Saigon et que Đính était actuellement entouré de sympathisants au coup avec ordre de l'éliminer s'il devenait un obstacle à son succès. Đôn définit son rôle comme étant le contact des Américains, des autres généraux et des commandants de division. Le général Kim s'occupait du plan politique et d'autres du plan militaire. Le centre des opérations serait placé au Quartier Général de l'Etat-major. Il reverrait Conein dans les prochaines 48 heures. [167, 168]

Lodge veut aussi rassurer Washington

De son côté Lodge fit le point de la situation pour Washington en rappelant que le peu de détails fournis par Đôn relevait certainement d'un souci sécuritaire plus marqué qu'en août et d'un compartimentage poussé des tâches. La participation de Đính n'était pas complètement assurée mais il était sous surveillance serrée. La possibilité d'un coup prématuré et distinct par Phạm Ngọc Thảo et d'autres était un facteur négatif. L'implication de certains opposants civils comme Bùi Diễm qui affirmait qu'il faisait la liaison entre le

---

[166] Doc 224 Lodge à Rusk 28/10

[167] Doc 225 Lodge à Rusk 29/10

[168] Ce câble comporte plusieurs paragraphes laissés blancs. Concernant le paragraphe 14, la note n*5 cite Trần Văn Đôn dans 'Our Endless War', pp. 98-99 : ''Conein nous proposa de l'argent et des armes ; je repoussai l'offre en indiquant que nous avions besoin de courage et de conviction et nous en avons beaucoup.'' et le rapport du Senat us indiquant le fait que Conein avait remis 3 millions de piastres (42000 $) à un aide de Đôn en fin de matinée du 1 novembre pour l'alimentation des forces participant au coup et les indemnités pour les familles des tués pendant le coup.

général Kim et Phan Huy Quát et d'autres noms comme Đặng Văn Sung, Trần Trung Dung attestait de la volonté de former un gouvernement civil mais augmentait les risques de fuites.

A ce jour les généraux n'avaient pas exprimé de souhait pour un soutien ou des actions américaines pour assurer le succès du coup. Au contraire ils avaient réclamé de façon répétitive une implication minimale des Américains. « Il faut rappeler que les Américains n'ont pas machiné le coup ; nous nous contentons de ne pas contrecarrer, de suivre de près et de rapporter. En résumé, le coup par les généraux est imminent. Et avec une notification qui nous sera donnée 4 heures à l'avance cela signifie que nous ne pourrons pas beaucoup influencer le cours des choses. » [169]

Signaux de bonne volonté de Diệm ignorés par Lodge

Entre-temps la suspension de l'aide économique permettant l'importation de produits de base comme notamment les matières premières obligea Diệm d'aller à la recherche d'un accord qui permettrait la fin de l'arrêt de ces importations. Lodge fut invité à passer le week-end du 28 octobre à Dalat en compagnie de Diệm.

Dans son câble à Washington Lodge raconta simplement que « la session a bien été la marque d'un début [de changement chez Diệm]. Mais pris pour elle-même elle n'a pas apporté beaucoup d'espoir. » Cependant dans ses mémoires non publiés Lodge avait eu un souvenir plus positif de la session : « Pour la première fois, de toutes les nombreuses rencontres que j'ai eues avec Diệm il a voulu discuter de sujets que nous voulions tous les deux aborder. Le plus important d'entre eux étant d'avoir son frère, Mr Nhu, partir pour prendre des vacances. » Cette opinion de Lodge sur le problème crucial du moment ne parvint jamais jusqu'à Kennedy.[170]

Si le succès n'était pas assuré il faut dissuader

Alors que Lodge avait déjà fait état de l'imminence d'un coup les opinions exprimées à la réunion à la Maison Blanche le 29 octobre révélaient toujours beaucoup de doutes sur l'opportunité du coup, surtout après un rapport de McCone sur la balance des forces en présence qui suggérait une situation équilibrée. On relèvera les opinions suivantes :

Robert Kennedy : ''La situation présente n'est pas très différente de celle il y a quatre mois quand les généraux n'avaient pas été capables d'organiser un coup…Diệm ne va pas s'enfuir devant la bataille ou démissionner sous la

---

[169] Doc 226 Lodge à DdE 29/10
[170] Patrick J. Sloyan, *The Politics of Deception,* p.222-223

pression…Le risque d'un échec est trop grand…« *Si le coup ratait Diệm va nous mettre dehors »…*''

Rusk : ''Si nous disons que nous ne sommes pas partisans du coup, alors les chefs militaires pro-coup se retourneraient contre nous et l'effort de guerre va chuter rapidement…''

Taylor pressé par Kennedy finit par dire : ''Même avec un coup réussi l'effort de guerre se ralentirait car le nouveau gouvernement central serait inexpérimenté. De plus tous les chefs de province nommés par Diệm seraient probablement remplacés par le nouveau gouvernement.''

McCone : ''L'échec d'un coup serait un désastre et un coup réussi aurait de toute façon un effet néfaste sur l'effort de guerre.''

Rusk : ''La question importante est de savoir si les généraux peuvent remporter un succès rapide. Si le gouvernement de Diệm continuait, à long terme l'effort de guerre irait se dégradant.''

Harriman : ''Il est clair qu'il y a de moins en moins d'enthousiasme pour Diệm. Diệm ne va plus pouvoir amener le pays à la victoire contre le Viêtcong. Avec le temps nos objectifs au Viêt Nam seraient de plus en plus difficiles à réaliser avec Diệm au contrôle.''

Kennedy : ''Il apparaît que les forces militaires pro et contre Diệm sont équilibrées. « Si tel était le cas toute tentative pour organiser un coup est stupide et si Lodge était d'accord avec ce point de vue alors nous devrions lui donner les instructions pour dissuader le coup. »''

Kennedy se déclara être beaucoup plus préoccupé par le rapport des forces entre les pro-Diệm et les anti- Diệm que par le type de gouvernement qui résulterait du coup. Il suggéra de dire à Lodge que ''d'ici nous pouvons voir qu'un désastre pourrait se produire et si les rebelles ne pouvaient gagner il ne serait pas sensé pour eux de continuer. Il voulait exprimer clairement à Lodge les doutes de la Maison Blanche sur la force militaire des généraux rebelles et demander à Lodge de demander aux généraux *'des preuves de leur capacité à réussir le coup faute de quoi, à notre avis ce serait une erreur de continuer'* et *'comment ils envisageaient de faire face à la situation avec une force militaire inférieure à celle du régime de Diệm'*… Si nous faisions un mauvais calcul nous pourrions perdre notre entière position en Asie du Sud-Est en une nuit''. [171]

Bundy câbla à Lodge les conclusions de ces discussions : « une possibilité non négligeable de combats prolongés ou même de défaite existe car la balance des forces était équilibrée. Dans un cas ou dans l'autre ce serait grave et même désastreux pour les intérêts américains ; il faudrait donc avoir la garantie d'une balance des forces clairement favorable. Le groupe tentant le coup d'état devrait

---

[171] Doc 234&235 Memo. Réunion avec Kennedy. 29/10 . 6 p.m.

présenter la possibilité d'un rapide succès sinon nous devrions le décourager de l'entreprendre car un mauvais calcul pourrait compromettre la position des États-Unis dans tout le Sud-Est Asiatique. »[172]

À ce moment précis le gouvernement américain s'était placé dans une situation insensée, laissant toute la politique des États-Unis dépendre et reposer sur les jugements d'un seul homme qui n'était présent au Viêt Nam que depuis deux mois.

Lodge, déterminé à vouloir un coup quitte à acheter des opposants

En réponse aux états d'âmes exprimés à Washington Lodge estima ne pas avoir le pouvoir de retarder ou de décourager un coup.[173] ''Après des efforts pour ne pas décourager un coup si nous changions d'avis maintenant nous hypothèquerons toute possibilité de changement de gouvernement en mieux…Si nous réussissions à contrecarrer ce coup, ce dont je doute, notre estimation est que de jeunes officiers, de petits groupes de militaires s'engagerons dans des tentatives vouées à l'échec, créant une situation de chaos favorable aux objectifs du Viêt-Cộng …

Concernant des demandes des généraux il se pourrait qu'à la dernière minute ils auraient besoin d'argent de quoi acheter une opposition potentielle. Dans la mesure où ces fonds pouvaient être convoyés discrètement je pense que nous devrions les fournir…Si le coup était un succès ils demanderont très certainement une reconnaissance rapide et des garanties sur la continuation des aides militaires et économiques. Si le coup échouait alors il nous faut ramasser les morceaux de notre mieux. Nous tiendrons notre engagement promis pendant l'épisode d'août d'aider à l'évacuation des membres de leurs familles…''

Ce message se termina par ''le général Harkins a lu ceci, mais ne l'approuve pas''. [174]

Harkins réitère avec force son opposition à un coup

À cette période Harkins et Lodge avaient de mauvaises relations car leurs idées étaient opposées et sur instruction de Lodge Harkins avait même été mis à l'écart du circuit d'information passant par la CIA et relatif au coup.

---

[172] Doc 236 Bundy à Lodge 29/10
[173] Le 30 octobre Bundy au nom de Kennedy fit le sévère reproche suivant à Lodge : ''Il est inacceptable de prendre comme fondement d'une politique des États-Unis l'idée que nous n'ayons pas le pouvoir de retarder ou de décourager un coup.''
[174] Doc 242 Lodge à Rusk 30/10

Alerté de l'imminence d'un coup par l'information donnée par le CINCPAC (Commander in Chief, Pacific Command) sur le déplacement d'un bataillon de Marines au large des côtes vietnamiennes[175] Harkins réitéra son opposition à un coup par l'envoi de 3 câbles à Taylor le 30 octobre pour redire qu'il avait compris qu'il n'y aurait pas d'encouragement clandestin. Il continua d'exprimer son désaccord sur l'interprétation qu'avait donné Lodge de la position des États-Unis envers un coup et précisa que "L'ambassadeur pense qu'un changement de gouvernement est souhaité et que le seul moyen pour le réaliser est avec un coup. Je ne suis pas opposé à un changement de gouvernement, vraiment pas, mais j'ai tendance à penser qu'en ce moment le changement devrait plutôt être dans les méthodes de gouvernement et non pas un changement complet des personnes. Dans mes contacts ici je n'ai vu personne avec la force de caractère de Diệm, au moins pour combattre les Việt Cộng. A mon avis il n'y a certainement pas de généraux qualifiés pour prendre le relai.

Quant aux instructions elles ont été formulées de telle façon qu'on pouvait les interpréter de diverses manières.''

Il estima même qu'un coup était contraire aux intérêts des Etats-Unis: « Après tout, à tort ou à raison nous avons soutenu Diệm pendant 8 longues et dures années. Pour moi il est absurde de le laisser tomber, de le traiter sans ménagement et de se débarrasser de lui…Les dirigeants d'autres pays sous-développés auraient une sombre vision de notre assistance si eux aussi étaient amenés à penser que le même sort leur est destiné en réserve. » [176]

Et c'était dans le contexte d'un total désaccord entre les deux principaux responsables américains au Sud Việt Nam, le politique et le militaire que la Maison Blanche apprit le déclenchement du coup d'état.

Véritable reddition de Diệm, mais rien n'y fait

Lodge rapporta que ''l'entretien qu'il a eu avec Diệm en aparté à la fin de la visite de courtoisie que Felt lui rendit en fin de matinée du 1er novembre est au fond un autre pas en avant de la discussion commencée à Dalat. Diệm a parlé du changement à apporter au gouvernement qui va se faire à un moment favorable. Il explique que c'est suite ' aux pressions ' exercées par Nolting et Colby que Nhu a commencé à sortir et à se faire connaître en réponse à une remarque de Colby qui dit que Nhu est en train de vivre dans une tour d'ivoire.

---

[175] Une force d'intervention aéronavale de la CINCPAC fut mise en alerte au large des côtes du Sud Việt Namdès le 29 octobre pour être prête à intervenir en cas de besoin urgent d'évacuation du personnel militaire et civil américain.

[176] Doc 240 Harkins à Taylor 30/10

Mais une fois qu'il est sorti les gens disent qu'il usurpe le pouvoir et toute la mauvaise publicité a commencé.

Diệm termine en disant « Vous pouvez transmettre au président Kennedy que je reste un bon et franc allié, que je me montrerais franc et règlerais les questions maintenant au lieu d'en discuter après que nous aurions tout perdu. Dites au président Kennedy que je prends très au sérieux toutes ses suggestions et souhaite les appliquer mais qu'il y a une question de temps et d'heure. »[177],,

Lodge ajouta le commentaire suivant dans son câble : ''Si les États-Unis voulaient faire un marché global je dirais que nous sommes en position de le faire. Diệm a dit en réalité : « *Dites-nous ce que vous souhaitez et nous le ferons.* » Nous pourrions en discuter et mon retour à Washington sera propice à cela.''[178]

Manifestement Lodge qui avait tout le temps qu'il faut pour pouvoir stopper le coup n'avait pas jugé utile de le faire. Son rapport, Lodge l'envoya en priorité simple avec une heure affichée de 15 h soit plus d'une heure après le déclenchement du coup.

Le coup est parti

Le câble 251 daté du 1er novembre 1963, 14h24 marqua la fin de toute incertitude : ''Le général Đôn a téléphoné à Stillwell à 13h45 pour déclarer que les généraux étaient réunis avec lui au Quartier Général des Etats-majors pour déclencher le coup. Stillwell demanda si c'était pour immédiatement et reçut comme réponse 'Oui'. Đôn demanda que je fusse informé de suite. Je fis la notification à l'Ambassadeur à 14h00 ''[179, 180]

Un double meurtre : Qui est responsable ?

Le coup d'état du 1 novembre avait entraîné la mort de Diệm et de son frère Nhu alors qu'ils s'étaient rendus aux responsables du coup et compte tenu de la présomption d'une forte implication des autorités américaines dans l'affaire,

---

[177] Dans une note relative à ces propos Phillips donne son interprétation du sens des paroles de Diệm : on pourrait spéculer que Diệm voulait simplement gagner du temps, mais ce n'était pas sa façon de faire les choses. Diệm n'avait jamais d'intention de donner le change, surtout dans ses relations avec les Américains. De mes impressions sur son caractère, il est probable qu'il était finalement arrivé à la conclusion qu'un compromis devait être trouvé à terme au prix de la mise à l'écart de son frère avec quelques précautions pour sauver la face. Rufus Phillips, '*Why Viet Nam Matters*', p. 202.

[178] Doc 262. Telegram From the Embassy in Vietnam to the Department of State. Saigon, November 1, 1963, 3 p.m.

[179] Harkins ironisa dans un autre câble : ''Au lieu de 4 heures ou deux jours pour la notification nous avons eu droit à 4 minutes''.

[180] Doc 251 Harkins à Directeur NSA. 1/11

une enquête fut menée par la commission Church du Sénat américain avec comme but de clarifier la part de responsabilité du gouvernement Kennedy au sujet de leurs morts. L'enquête n'avait pas mis à jour de preuve matérielle pouvant mettre en évidence l'implication directe du gouvernement Kennedy dans ce double meurtre. Double meurtre de sang-froid car Diệm et Nhu furent retrouvés sur l'atroce photo montrant deux cadavres ensanglantés, les mains ligotées derrière le dos et gisant au plancher d'un véhicule blindé M113.

Selon Đôn, Gros Minh était seul à être en position de donner l'ordre d'exécuter Diệm et Nhu ce matin du 2 novembre. Diệm et Nhu s'étaient rendus aux généraux en indiquant leur souhait de quitter le Việt Nam. Ils finissaient leur prière dans une église de Chợ Lớn. Ils furent introduits dans le M113 où se trouvait déjà le capitaine Nhung, réputé '*tueur professionnel*' et garde de corps de Gros Minh. Mai Hữu Xuân qui commandait le détachement envoyé pour procéder à l'arrestation de Diệm et Nhu et les ramener au QG des Etats-majors, à son retour fut surpris par Đôn quand il rendit compte à Gros Minh par un '*Mission accomplie*'; Đôn était caché de la vue de Xuân par la porte d'entrée.[181]

Regrets de Kennedy ?

Dans un enregistrement audio personnel réalisé le 4 novembre Kennedy revint sur le feu vert américain et la mort de Diệm et de Nhu en disant : ''J'ai le sentiment que nous devons partager une grande part de responsabilité pour cela, à commencer avec notre câble d'août dans lequel nous avons suggéré le coup. Mon jugement est que ce câble a été très mal rédigé et ne devrait pas être envoyé un samedi. Je n'aurais pas dû donner mon consentement sans une table ronde avec McNamara et Taylor exprimant leurs vues. J'ai été choqué par la mort de Diệm et Nhu. J'avais rencontré Diệm avec Justice Douglas il y a plusieurs années déjà. Il avait un caractère extraordinaire et alors qu'il devenait de plus en plus difficile pendant ces derniers mois, il avait tenu néanmoins pendant près de 10 années son pays uni pour préserver son indépendance dans des conditions très défavorables. Il fut tué d'une manière particulièrement odieuse. La question est maintenant si les généraux pouvaient rester ensemble et former un gouvernement stable ou si l'opinion publique à Saigon, les intellectuels, étudiants, etcetera, allaient attaquer ce gouvernement comme oppressif et anti-démocratique dans un futur pas très éloigné.''[182]

---

[181] Trần Văn Đôn, '*Việt Nam Nhân Chứng*', p. 231
[182] Rufus Phillips, '*Why Viet Nam Matters*', p. 205-206

Même sans feu vert un coup se serait produit

À supposer même que le câble 243 n'eut pas existé des tentatives de coup se seraient de toute façon produites d'une manière ou d'une autre car la volonté du peuple réclamait le changement. Même si les Américains détenaient théoriquement la possibilité de les déjouer au prix d'une dénonciation à Diệm.

Diệm aurait-il pu empêcher le coup en acceptant l'offre des généraux ?

Le coup était joué, si l'on ose dire, le jour où Đính l'enfant chéri du régime et de Nhu[183] s'était rallié au coup et Đôn y était pour beaucoup grâce à la position qu'il occupait et grâce à la confiance qu'il inspirait encore à Diệm et à Nhu.[184] D'après Đôn, en vérité à 24 heures du déclenchement du coup, le cours des choses pouvait encore se modifier totalement si Diệm avait donné un avis favorable à la requête présentée par les généraux. Au lieu de cela Đôn avait entendu Diệm lui dire « Pas question de changement pour le moment. Pourquoi êtes-vous venu me voir ? Pour la situation militaire ou politique ? » Et quand une heure après Đôn raconta cela à Đính celui-ci laissa échapper : « Frère Đôn. Nous avons fait tout notre possible. Soit, il faut appliquer le plan. Il ne veut pas écouter la voix du peuple, nous devons avancer. »

Plusieurs dizaines d'années après Đôn pensait encore que c'était là le moment où les choses s'étaient cristallisées, le moment où Đính avait définitivement pris sa décision.[185]

Diệm se doutait de l'imminence d'un coup

Deux jours avant le coup Diệm avait échangé ces quelques paroles avec Rufus Phillips qui décrivit la scène chargée d'émotions et digne d'une tragédie : ''Nous restâmes assis en silence pour un moment pendant qu'il avait les yeux baissés, tirant des bouffées sur sa sempiternelle cigarette…Puis levant directement son regard sur moi il demanda d'une voix douce « *Pensez-vous qu'il y aura un coup?* » Je le regardai dans les yeux. Je ne pouvais lui mentir « *Malheureusement que Oui, Monsieur le Président* ». J'avais les larmes aux yeux et voulait l'emmener hors de la pièce, que je pensais être sur écoute, pour

---

[183] Dans '*Việt Nam Nhân Chứng*', p. 167 Đôn cite les propos suivants de Nhu à Đính en sa présence : ''Ce régime est à toi. Tout dans ce régime est aussi à toi.''

[184] Ironie de l'histoire Nguyễn Văn Châu, un des premiers fidèles de Diệm, Attaché militaire à l'ambassade du Việt Nam à Washington, avait envoyé une lettre recommandant chaudement Đôn à Diệm pour le remplacement de Ty comme Commandant en Chef des Forces Armées. Il avoua son éternel regret pour cette décision.

[185] Trần Văn Đôn, '*Việt Nam Nhân Chứng*', p. 186

lui dire, « *Nom de Dieu, parlez à Lodge pour arriver à une solution.* » Puis je réalisai que je ne pouvais faire cela ; j'avais déjà bien dit plus que ce que je devrais dire. Davantage mettrait en danger les vies de Conein et celles des généraux, selon comment allait réagir Nhu.''[186]

Sur le comportement de Lodge

Pendant son dernier échange le 1er novembre avec Lodge après le déclenchement du coup Diệm avait répondu « J'essaie de rétablir l'ordre. » à Lodge qui lui disait « Si je peux faire quoi que ce soit pour votre sécurité, appelez-moi. »

On peut maintenant douter totalement de la sincérité de ces paroles de Lodge. En effet pendant la période de siège du Palais le départ à l'étranger de Diệm et Nhu avait été discuté et décidé par les généraux. A cet effet ils demandèrent à Conein la fourniture d'un avion. Conein téléphona à David Smith, responsable par intérim de l'antenne saïgonnaise de la CIA. Au bout de dix minutes d'attente Smith répondit qu'il fallait 24 heures pour pouvoir mettre à disposition un tel avion. Conein répéta la réponse de Smith qui paraissait incompréhensible à Minh qui lâcha ''Comment les garder aussi longtemps ?''[187]

Cette affaire prendrait un tout autre sens si l'on savait que le gouvernement américain avait déjà décidé l'envoi d'un avion qui devait être prêt pour emmener Lodge aux Etats-Unis le 31 octobre et le ramener vers Saigon en cas de déclenchement du coup. Prétexter des difficultés pour faire venir un avion ne semblait pas illustrer un grand souci de Lodge pour la vie de Diệm. Faire donner une réponse comme évoquée ci-dessus ne pouvait signifier que Lodge était disposé à recevoir l'annonce de [pour ne pas dire était favorable à] son élimination physique. Car tout compte fait une telle issue arrangeait bien les affaires de Lodge et des Américains.

Rufus Phillips confirma en effet: ''Je ne vis aucun signe de regret chez Lodge à propos de la mort de Diệm quand je recommandai des funérailles respectables. Il me regarda, l'air incrédule.''[188]

A propos des deux généraux Khiêm et Đính avant le moment décisif

Le matin du 1er novembre Đôn reçut un appel de Đính : « Khiêm vient de me voir. Il parait manquer de moral. Par précaution allez le voir. Pour ma part je suis décidé et déterminé. » Dix minutes plus tard à 8h.45 Khiêm entra dans

---

[186] Rufus Phillips, *'Why Viet Nam Matters'*, p. 201
[187] William Rust *'Kennedy in Viet Nam'* p. 171
[188] Rufus Phillips, *'Why Viet Nam Matters'*, p. 207

mon bureau pour dire : ''« Je suis allé voir Đính ce matin. J'ai feint des pleurs en me frottant les yeux avec du baume piquant » et lui ai dit : « Bon, laissons tomber le coup. Ayons de la compassion pour Diệm, il ne faut pas lui faire de mal. Mais Đính parut mécontent [*de la proposition*] et très déterminé. Je viens simplement vous donner l'information. Nous pouvons commencer. »''

Plus tard Đôn eut la version de Đính de l'évènement : ''Khiêm vint me voir et en pleurant me demanda de faire le serment de ne rien dévoiler avant de me dire « Frère Đính je pense que nous avons largement le temps de reparler avec *Ông Cụ* [*formule respectueuse pour désigner Diệm*]. Je ne voudrais pas lui faire de mal, par pitié ! »''[189]

Đôn en avait conclu que probablement ces deux généraux avaient mutuellement peur l'un de l'autre.[190]

Đính l'homme clef pour le succès d'un coup

Déjà à la fin d'août il apparut clairement que sans Đính avec elles les forces rebelles ne pouvaient espérer l'emporter. Quand le nom du général Đính apparut à la Maison Blanche il fut présenté par le général Maxwell Taylor comme l'homme clef pour le renversement de Diệm. Taylor dit : « le général Đính, commandant de la troisième région militaire, est la clef avec sa situation personnelle si en tout état de cause il était corruptible. » Roger Hilsman eut une réponse prête pour Kennedy : « Nous avons quelques plans pour corrompre Đính ». McNamara ajouta : « Il y a tellement d'actions supplémentaires pour spécifiquement acheter ou persuader ou inciter Đính. »

''L'ordre de Kennedy de soudoyer Đính partit de Washington le jour même, le 28 août. Il fut présenté à Harkins et à Lodge sous la forme de questions. C'est une combine diplomatique pour édulcorer la nature sordide de la décision présidentielle d'acheter le plus important défenseur militaire de Diệm:

« En particulier, pensez-vous que nous devrions a) encourager Harkins et ses autres officiers à faire savoir discrètement à Đính et aux autres leaders militaires qui sont de potentiels spectateurs, notre opposition résolue au gouvernement de Saigon ; b) ajouter des incitations financières appropriées pour influencer les décisions individuelles des figures importantes mais incertaines ? »''[191]

---

[189] Trần Văn Đôn, '*Việt Nam Nhân Chứng*', p. 215

[190] On ne peut exclure l'hypothèse que tout simplement Khiêm avait tenté de rallier Đính à son plan personnel plus conforme à ses idées. Cette hypothèse serait cohérente avec son comportement et ses propos avec les agents de la CIA, révélés au travers des documents cités ci-dessus.

[191] Patrick J. Sloyan, *The Politics of Deception,* p.201-202

Dans les derniers jours d'octobre, selon Conein, ''Đôn qui n'est pas encore sûr de la participation de Đính, est prêt à neutraliser Đính aux premiers signes d'opposition. Mais finalement Đính acheté par Kennedy a rejoint tardivement le coup. Un des derniers efforts pour attirer Đính et ses troupes a été de payer un devin chargé de dire à Đính que les frères Ngô vont subir un sort terrible.''[192]

Tout ceci fut révélé par Patrick Sloyan avec les déclassifications plus récentes de documents secrets. Le ralliement de Đính expliquerait au passage la position intransigeante de Lodge qui savait maintenant que le coup était imminent.

Le coup inévitable sauf veto américain

Le groupe des généraux Minh, Đôn et Kim avec le renfort de Khiêm et Đính déclencha le coup d'état à 13h 45 de l'après-midi du 1er novembre. Le succès total et aisé du coup fut permis avec l'achat du général Đính ; cette action majeure, subodorée jusqu'ici par de petites indiscrétions, fut maintenant établie par Sloyan qui en donna plus de détails. Il dévoila par la même occasion le comportement implacable et inhumain de Lodge qui refusa de se porter au secours de Diệm alors que tout fut terminé.

Selon Đỗ Mậu ''le complot ourdi par le régime de Diệm pour négocier avec le régime communiste de Hanoi a été l'un des principaux moteurs, sinon le plus important, incitant l'armée et la population entière à se soulever pour faire la révolution du 1er novembre 63, empêcher et punir la famille Ngô Đình dans leur tentative d'offrir le Sud Việt Nam aux communistes.''[193]

A ceux qui pourraient s'étonner de cette volte-face de Diệm Đỗ Mậu ajouta ''Même sur la décision la plus cruciale et la plus insolite qui consiste à aller contre les Américains pour chercher une entente avec les communistes de Hanoi Diệm s'est laissé facilement entraîner par Nhu. Il a totalement abdiqué spirituellement en se laissant manipuler et en livrant aux mains du couple des Nhus les cartes de la partie où se joue le destin du Sud contre le Communisme.''[194]

Une responsabilité directe de Kennedy

Selon Sloyan ''il a fallu plus de quarante ans pour que soient révélés l'implication profonde de Kennedy et l'héritage entaché du sang de Diệm qui

---

[192] Patrick J. Sloyan, *The Politics of Deception,* p.233
[193] Đỗ Mậu, *Việt Nam Máu Lửa Quê Hương Tôi,* p. 665
[194] Đỗ Mậu, *Việt Nam Máu Lửa Quê Hương Tôi,* p.700

ont ouvert la voie à la participation de 8 millions d'Américains et à dix années de guerre au Việt Nam.''

''Kennedy a acheté l'officier clef ce qui permit aux généraux peu enthousiastes de renverser Diệm. Kennedy a préparé le terrain pour l'assassinat de Diệm, qu'il sait probable des semaines avant qu'il ne se produise. Le sale boulot a été fait par Cabot Lodge un Républicain à qui est donnée carte blanche en tant qu'ambassadeur. Lodge a refusé de sauver Diệm deux heures avant que celui-ci soit tué. Son plus proche collaborateur a comparé l'acte à un règlement de compte meurtrier. Le frère de Kennedy, Bobby, a cherché à mettre sur le dos de Lodge toute la partie sanguinolente de l'affaire. La mort de Diệm peut sembler n'être qu'une petite anomalie dans le cours des choses. Je la vois maintenant comme la destruction de la stabilité du gouvernement de Saigon entraînant les troupes de combat américaines dans la boucherie de la jungle.''[195]

''Refuser l'aide à Diệm une fois le coup commencé fut un des derniers ordres donnés à Lodge. « Si nous aidons Diệm à ce stade, alors c'est cuit. » avait dit Rusk. Il rédigea et fit approuver par Kennedy l'ordre de refuser de donner de l'aide aux deux côtés, avions américains y compris. D'où le rejet par la CIA de la demande des généraux pour un avion pouvant emmener Diệm et Nhu à l'étranger au deuxième jour du coup.''[196]

Une grosse somme probablement

Le 17 septembre selon un rapport de la CIA Khiêm avait raconté que Đính s'était vanté qu'un officiel américain lui avait fait une offre de 20 millions de piastres (environ 600000 US $) pour que lui, Đính renverse le gouvernement.

''C'est McGeorge Bundy qui a donné la plus forte preuve que Đính a reçu une somme substantielle. Après le coup, au cours d'une réunion en présence de Rusk, McNamara, Hilsman et d'autres, Bundy a dit « Nous ne connaissons pas quel prix a été payé pour obtenir le soutien de certains généraux au coup d'état. Il est plutôt élevé probablement. » C'est ce qui apparaît dans le compte-rendu de la réunion qui est archivé et effectué par le secrétaire du NSC Bromley Smith.

Cependant dans cette forme définitive il ne reproduit pas dans le détail les notes manuscrites de Smith qui disent : « -Bundy : Đính, probablement acheté à prix fort.» ce qui tend à indiquer un bakchich plus proche des 600000 $ que Đính a évoqué comme offert par un agent américain. Quelle que soit la somme elle n'a pas duré longtemps. Plus d'une dizaine d'années après, Phillips, qui est passé dans le secteur privé, est en train de manger dans une cafeteria de

[195] Patrick J. Sloyan, *The Politics of Deception,* p. 6-7
[196] Patrick J. Sloyan, *The Politics of Deception,* p. 221

Washington. De l'autre côté de la table est assis l'ancien général Đính occupé avec ses cuillerées d'aliment.

Des années plus tard, à une question concernant le bakchich pour Đính, Dunn l'assistant de Lodge, tout comme Colby, refusent de donner le montant. « Nous avons dépensé beaucoup d'argent. » dit Dunn.''[197]

Les dernières paroles entre Diệm et Lodge

''Le 1er novembre vers 16 :30 lors de leur premier contact Diệm demanda à connaître la position des États-Unis au sujet de la rébellion armée. [Lodge feignit de ne pas être suffisamment informé à cette heure pour pouvoir répondre à Diệm]. Lodge dit à Diệm qu'il s'inquiétait pour sa sécurité. « J'ai un rapport selon lequel les responsables de l'activité actuelle vous offre à vous et à votre frère des sauf-conduits si vous démissionniez. Êtes-vous au courant de cela ? »

Des années plus tard Dunn raconta que son mémorandum ne couvrait qu'une petite portion de l'échange. ''Diệm a commencé par demander la protection par le bataillon de Marines qu'il sait se dirigeant sur Saigon. Lodge répond ne pas être au courant de la venue d'un quelconque Marine. Diệm demande alors à Lodge de stopper le coup. « Ce n'est pas dans mon pouvoir » répond Lodge.

Cela était devenu intense quand Lodge avait demandé à Diệm de se démettre, [198] dit Dunn. Diệm répliqua à Lodge qu'il n'était pas en position de faire une telle demande à un Président démocratiquement élu. Il cria presque « Je suis le Président de la République du Việt Nam et je n'abandonnerai jamais mon peuple.»

Lodge offrit alors à Diệm la protection personnelle de l'ambassadeur, une option qui ne dépendait pas des généraux en train de tirer sur le palais. Mais Diệm refusa l'offre.

Selon Dunn, avec la limousine de l'ambassade munie de ses fanions flottant au vent, il était certain de pouvoir aller au palais chercher les frères Ngôs et les ramener en sécurité à l'ambassade. Les officiers rebelles « il les connaît et ils me connaissent.» Avec le passé de soldat combattant de Dunn l'affaire était du 'gâteau'.

A mesure que la situation s'empire au palais Diệm et Nhu prirent la décision de s'enfuir ensemble. Nhu emporta dans leur fuite une mallette dans

---

[197] Patrick J. Sloyan, *The Politics of Deception,* p. 203-205

[198] Dans ce cas Lodge enverra son interprète Flott et son chauffeur chercher Diệm au palais pour ensuite le faire partir dans son avion pour les Philippines. [Howard Jones, *Death of a Generation*, p. 413]

laquelle fut placée 1 million de dollars en gros billets, mallette récupérée plus tard par Gros Minh.''[199]

Un dernier appel au matin du 2 novembre

Au matin du 2 novembre Diệm qui s'était réfugié la nuit précédente avec Nhu dans la maison de Mã Tuyên dans la ville chinoise Cholon, se rendit aux généraux après avoir contacté et appris que Nguyễn Khánh le chef de la troisième région militaire avait lui aussi rejoint la rébellion. Diệm et Nhu attendirent qu'ils viennent les chercher en allant assister à la première messe du matin dans l'église qui se trouvait à proximité.

Avant cela ''Diệm a appelé Lodge une dernière fois mais l'appel n'est jamais apparu dans les documents déclassifiés. Mike Dunn sera pour toujours hanté par cet échange téléphonique. Il a de la vénération pour Lodge mais aussi une relation remplie de bons sentiments avec Diệm ayant eu à partager des prières en commun avec ce dernier à la cathédrale de Saigon.

« Où êtes-vous ? » demanda Lodge. Diệm lui dit se trouver dans l'église ; Lodge s'excusa pour quitter la pièce et tendit le téléphone à Dunn qui commença à parler à Diệm.

« Il est désespéré » dit Dunn quand Lodge revint. « Il sait qu'ils [les généraux] vont le tuer. Il veut notre aide. » Lodge se rapprocha et de nouveau comme il l'a fait dans l'après-midi de la journée précédente, offrit à Diệm la protection de l'ambassade. Mais il n'y eut pas d'offre de venir le chercher.

A la fin de l'appel Dunn pressa Lodge de le laisser prendre la limousine pour chercher Diệm et Nhu et les ramener à l'ambassade. C'était l'affaire d'un trajet d'une vingtaine de minutes vers une destination inconnue des militaires impliqués dans le coup. « Ils vont les tuer. » répéta Dunn à Lodge. « Nous ne pouvons pas... » répondit Lodge « Nous ne pouvons pas nous mêler de ça. »''

''Pendant de longues années, de nombreux repas et de nombreuses boissons Sloyan entendit Dunn défendre constamment la décision de Lodge comme une erreur. « Je crois fermement qu'il n'a pas prévu qu'ils iraient l'assassiner. » C'est seulement après la disparition de Lodge en 1985 que Dunn admettra que la mort de Diệm ne fût pas une erreur de calcul. Le refus de Lodge fut une décision calculée pour débarrasser Kennedy de cet encombrant 'prêtre en puissance'. Ce dénouement fut décrit par Dunn comme ' un règlement de comptes digne des gangsters '.''[200]

---

[199] Patrick J. Sloyan, *The Politics of Deception,* p. 234-235
[200] Patrick J. Sloyan, *The Politics of Deception,* p. 238-239

Kennedy a-t-il conspiré la mort de Diệm ?

Pour marquer le 40ième anniversaire du coup *The National Security Archive* a publié le 5 novembre 2003 l'article *JFK and the Diem Coup* de John Prados d'où est tiré l'extrait qui suit :

"De nombreux observateurs se sont battus contre la question de l'implication du président Kennedy dans l'assassinat de Diệm et de Nhu. Les fidèles de Kennedy disent que le Président n'a rien à voir avec les meurtriers, d'autres ont accusé Kennedy d'avoir conspiré la mort de Diệm.

Les enregistrements des réunions du NSC (National Security Council) de Kennedy montrent que dans aucune des conversations ne figure la considération de ce qui peut arriver physiquement à Diệm et Nhu. L'enregistrement sonore de la réunion du 29 octobre ne révèle pas non plus de discussion sur ce sujet. Cette réunion, la dernière tenue à la Maison Blanche pour débattre d'un coup avant qu'il ne se produise réellement, aurait été un moment propice pour une telle discussion.

En 1975 le Comité Church enquêtant sur les programmes d'assassinats de la CIA avait conclu que Washington n'avait pas envisagé le meurtre de Diệm.

La preuve que Kennedy n'avait pas trempé directement dans le meurtre de Diệm fut établie par tous les éléments connus et disponibles à ce jour. Cependant il y avait cette transcription de l'étrange conversation téléphonique entre Diệm et Lodge dans l'après-midi du coup qui donne la nette impression d'un abandon de Diệm à son funeste sort par les États-Unis. Que ceci soit le fait de Lodge ou le souhait de Kennedy n'apparaissait pas de manière évidente."[201]

"A la lecture du télégramme annonçant la mort de Diệm et Nhu Kennedy pâlit et quitta précipitamment la salle de réunion. L'assemblée de ses collaborateurs fut déconcertée par le bouleversement visible de leur leader. Diverses pensées assaillirent leur esprit. Le général Taylor songea que Kennedy ne devrait pas être surpris et eut cette réflexion pour lui-même : « A quoi d'autre s'attend-il à ce qu'il se produise ?»"[202]

A-t-on bien mesuré les conséquences du coup d'état ?

Il est navrant de constater que bien souvent les décisions les plus importantes de par leurs conséquences gravissimes sont prises en dehors de toute rationnalité. Ce fut le cas pour le coup d'état renversant et tuant Diệm. Le 29 octobre 1963 à la réception des informations en provenance de Sài Gòn sur

---

[201] John Prados, *JFK and the Diem Coup*, NSA Electronic Briefing Book No. 101 Posted-November 5, 2003
[202] Patrick J. Sloyan, *The Politics of Deception*, p. 245

le rapport de forces en présence Kennedy eut cette réflexion : ''Il apparaît que les forces militaires pro et contre Diệm sont équilibrées. « Si tel était le cas toute tentative pour organiser un coup est stupide et si Lodge était d'accord avec ce point de vue alors nous devrions lui donner les instructions pour dissuader le coup. »''

Kennedy se déclara être beaucoup plus préoccupé par le rapport des forces entre les pro-Diệm et les anti-Diệm que par le type de gouvernement qui résulterait du coup. Et même s'il était entendu que ''si le gouvernement de Diệm continuait, à long terme l'effort de guerre irait se dégradant'' très peu de gens dans le gouvernement ne s'inquiéta pour savoir si sans Diệm après le coup les choses seraient meilleures.

À ce moment précis le gouvernement américain s'était placé dans une situation insensée, laissant toute la politique des États-Unis dépendre et reposer sur les jugements d'un seul homme qui n'était présent au Việt Nam que depuis deux mois.

En réponse aux états d'âmes exprimés à Washington Lodge estima ne pas avoir le pouvoir de retarder ou de décourager un coup [ce qui est une contre-vérité] : « Après des efforts pour ne pas décourager un coup si nous changions d'avis maintenant nous hypothèquerons toute possibilité de changement de gouvernement en mieux (Sic) »…Il offrit donc sans détour la solution d'acheter Đính : « Concernant des demandes des généraux il se pourrait qu'à la dernière minute ils auraient besoin d'argent de quoi acheter une opposition potentielle. Dans la mesure où ces fonds pouvaient être convoyés discrètement je pense que nous devrions les fournir… » Les dés furent ainsi jetés…

On sait ce qu'on quitte mais on ne sait rien de ce qui va arriver

L'ironie voulut que Diệm et Nhu soient éliminés au moment où ils paraissaient vouloir s'engager dans une politique totalement différente de celle poursuivie jusque-là. Le régime était sorti de la période de folie violente et cruelle de la campagne anti-communiste Tố Cộng. Ils voulaient cesser leur chasse aux sorcières, bâtir une société rurale démocratique à partir du bas avec les hameaux stratégiques en se souciant plus de la sécurité et du bien-être des paysans.

Ils voulaient en même temps réduire leur dépendance vis à vis de l'Amérique et de son influence, négocier une solution politique avec l'ennemi. Mais ce changement de cap à 180 degrés de la politique envers Hanoi pouvait-il être compris et accepté par l'intelligentsia auquel rien ne fut expliqué ? Il n'est pas étonnant que des réactions extrêmes et brutales soient suscitées surtout de la part de l'allié trahi (?), les États-Unis.

La crise bouddhique survint avec au départ des incidents de portée limitée loin de la capitale. Mais aveuglément Diệm et Nhu usèrent comme arme la répression et cristallisèrent tous les sentiments d'opposition en un ouragan qui balaya le régime.

Avec la disparition de Diệm et Nhu disparut ce jour-là une dictature familiale musclée et en même temps leur rêve fou, au travers du programme des hameaux stratégiques, de vouloir faire le bonheur du peuple contre son gré, en imposant des méthodes coercitives et brutales.

Mais c'est un fait qu'au bout de ces neuf années existait un état indépendant, reconnu par de nombreux pays dans le monde et présentant un succès relatif quoique poussif dans le domaine économique. Toutefois ce succès fragile et tangible dans les progrès de la société urbaine vietnamienne était-il durable si dans les campagnes c'était le Viêt-Cong qui imposait sa loi et où la sécurité était bien moins assurée qu'avant ?

On ne peut rien en dire car la nouvelle politique avec le programme des hameaux stratégiques bien que très prometteur n'était arrivé à peine qu'à la moitié de sa réalisation si on considérait comme bon achèvement la mise en place de l'appareil administratif au travers d'élections locales, de l'appareil de sécurité ainsi que divers établissements sociaux quand ils étaient nécessaires. Il reste cependant qu'en dépit de tous ses faiblesses et imperfections le régime du président Ngô Đình Diệm était resté et restera pour beaucoup de Vietnamiens, bien que minoritaires, un temps de relative stabilité, paix et prospérité, en contraste frappant avec le reste de la courte vie de vingt ans de cette République du Việt Nam.

L'histoire continue avec l'année 1963 qui se termine...

L'histoire poursuivit son cours tragique. Trois semaines après, le 22 novembre Kennedy fut à son tour assassiné à Dallas, il n'eut pas le temps de voir les graves conséquences qui découleront du coup sur le problème vietnamien. C'est probablement la partie de l'héritage que son successeur Lyndon B. Johnson convoita le moins. Johnson s'était toujours opposé au coup contre Diệm sachant pertinemment que cela finirait fatalement par l'élimination physique des deux frères et l'arrivée de problèmes encore plus difficiles à surmonter.

CHAPITRE 8.

Le meurtre en public de J. F. Kennedy

Il était 12 :30 lorsque le 22 novembre 1963 la limousine à 6 places transportant le couple du président Kennedy s'engagea sur la place Dealey Plaza. Après un tournant à plus de 90 degrés sur Elm Street et quelques dizaines de secondes elle venait de dépasser le bâtiment du TSBD (Texas School Book Depository) quand des coups de feu claquèrent. De nombreux témoins virent Kennedy s'écrouler sur son siège et la limousine accéléra pour rapidement disparaître au bout de la rue et probablement l'amener à l'hôpital.

La nouvelle de la mort de Kennedy fut annoncée vers 13 heures à la radio et la télévision sidérant le monde entier.

A peine plus d'une heure s'était écoulée lorsqu'un avis fut lancé à la recherche d'un individu au nom de Lee Oswald avec photo à l'appui. Faut-il croire que les services de police de Dallas furent à ce point efficace ?

En tout cas le témoignage de Leroy Fletcher Prouty qui se trouvait à ce moment-là en Nouvelle Zélande donnera une réponse à cette interrogation. Pour lui c'était déjà le matin du 23 novembre et il se préparait pour son retour aux USA. Passant devant un kiosque à journaux il acheta un quotidien du jour. Il fut surpris de voir des photos d'Oswald accompagné d'articles donnant des résumés de sa vie passée. Dans le journal Oswald était déjà désigné comme étant le coupable du crime perpétré contre Kennedy. Prouty réalisa plus tard que compte tenu du décalage horaire et du temps pour permettre la parution du journal, l'organe de presse devait posséder l'information sur Oswald avant même qu'elle soit annoncée au Texas.

Mais revenons au Texas. Le soir du meurtre, dans l'avion qui le ramenait à Washington D.C. le Texan et Vice-président Lyndon Baines Johnson (LBJ) prêta serment pour devenir le 36eme Président des États-Unis. Pour symboliquement hériter de la légitimité de Kennedy il exigea que ce soit la veuve de ce dernier qui fût à ses côtés.

Les premiers éléments accréditant la culpabilité d'Oswald furent rapidement donnés à la presse. Il avait été arrêté dans un cinéma où il chercha refuge après avoir tué un policier du nom de Tippit. Des témoins furent cités comme l'ayant aperçu à une des fenêtres du 6eme étage du TSBD, certains disent même avec un fusil dans les mains.

Mais dans la conférence de presse organisée le jour d'après Oswald clama son innocence affirmant qu'il n'était pour rien dans cet assassinat.

Il fut décidé qu'il soit transféré du Commissariat Central de Police de Dallas où il était en garde à vue vers une prison de l'état du Texas. Le 24 novembre sur le chemin vers les sous-sols pour atteindre la voiture devant le transporter, menottes en mains et entouré de nombreux policiers et de représentants de la presse, il fut pourtant approché par un individu qui lui déchargea de près, avec un pistolet, un tir mortel dans le ventre. L'assassin au nom de Jack Ruby fut arrêté de suite.

Oswald l'unique suspect n'aura donc jamais le temps de s'expliquer ; il disparut avec ses secrets.

''Ruby déclara après coup qu'il avait tué Oswald pour éviter à Jacqueline Kennedy le supplice d'avoir à venir témoigner dans les cours de justice.

Mais plus important il promit à Earl Warren qu'il déballerait tout si on le faisait partir de Dallas et qu'il soit autorisé à témoigner à Washington. Selon lui ''sa vie était en danger ici'' et il ajouta ''J'ai envie de dire la vérité et je ne peux pas le dire ici''. Mais Warren refusa de le faire partir de Dallas et Ruby refusa de dire ce qu'il savait de l'assassinat.

Il fit aussi le commentaire suivant : « Bon. Vous ne me reverrez plus jamais. Je peux vous dire qu'une autre forme de gouvernement va prendre le pouvoir dans ce pays et je sais que je ne vivrai pas pour vous voir une autre fois. »

Qu'avait voulu dire Ruby par 'une autre forme de gouvernement' ? En tout cas il laissa penser que l'assassinat faisait partie d'un vaste complot et qu'il avait une motivation essentiellement politique.'' [203]

Le 14 mars 1964 Ruby fut reconnu coupable du meurtre d'Oswald et condamné à mort. Mais sa condamnation à mort fut plus tard commuée.

Quand Ruby commença à raconter qu'il faisait partie d'un complot d'extrême-droite pour tuer Kennedy il fut examiné par le Dr West chef du Département de Psychiatrie d'UCLA qui était aussi connu pour ses recherches sur les drogues hallucinogènes pour la CIA. West diagnostiqua que Ruby était atteint de troubles mentaux. Il fut soumis à un traitement à base de 'pilules de bonheur'.

Deux ans après le début du traitement il mourut d'un cancer le 3 janvier 1967 alors qu'il était en attente de l'ouverture d'un nouveau jugement.

---

[203] Joseph Farrell, LBJ *and Conspiracy to Kill Kennedy: A Coalescence of Interests.*

La Commission Warren

La Police de Dallas avait échoué à protéger le suspect qui fut assassiné sous les yeux de millions de spectateurs devant leurs écrans de télévision. LBJ signa un ordre transférant les enquêtes sur le meurtre de Kennedy de l'État du Texas au gouvernement Fédéral.

La première chose que LBJ fit ensuite fut de nommer une Commission d'enquête de 7 membres, présidée par le président de la Cour Suprême de Justice des États-Unis, Earl Warren, pour que l'affaire soit traitée au niveau national. Elle avait pour mission "d'établir, d'évaluer et de rapporter les faits relatifs à l'assassinat du président John F. Kennedy". Les 5 autres membres étaient des membres des deux principaux partis du Congrès et avaient pour nom Gerald Ford, John J. McCloy, Richard B. Russell, John S. Cooper et Thomas H. Boggs. L'élément particulier fut Allen W. Dulles, l'ancien Directeur de la CIA mis à la retraite par Kennedy après l'échec de l'opération de débarquement sur Cuba dans la Baie des Cochons avec comme but le renversement de Fidel Castro.

LBJ demanda aussi un rapport de la part de J. Edgar Hoover, Directeur du FBI. Deux semaines après, le 9 décembre 1963 le FBI produisit un rapport de 500 pages avec comme principale conclusion que Lee Harvey Oswald était l'assassin, avait agi seul et qu'il n'y avait aucune preuve permettant de supposer qu'il y ait complot. Le rapport du FBI fut évidemment remis à la Commission Warren qui au lieu de mener sa propre enquête s'appuya extensivement sur le rapport du FBI. Ceci est normal compte tenu des moyens propres de la Commission et les conclusions du rapport du FBI serviront de points de départ à ses travaux.

Très tôt l'avocat Mark Lane s'intéressa à l'assassinat et devint la personne qui aura soulevé de nombreuses questions légitimes sur la manière et les méthodes de travail de la Commission et émit les critiques les plus pertinentes sur les résultats obtenus par la Commission."[204]

La Commission Warren commença ses travaux par la prise de connaissance directe ou indirecte de milliers de documents et par l'audition de témoins. Dans les 7 mois qui suivirent elle tint 51 sessions de travail et recueillit les témoignages de 552 témoins. Il est clair que ses membres ne furent pas tous assidus pour assister aux séances. John McCloy ne fut présent qu'à 16 séances sur 52 et le sénateur Russell de la Georgie à seulement 5 séances.

---

[204] Mark Lane, *Rush to Judgement* (2013).

Allen Dulles joua un rôle particulier dans la Commission du fait de sa disponibilité et de son implication sans réserve dans ce travail. On assista de fait à l'exercice d'une autorité extrême pour façonner le contenu du rapport, pour orienter la conduite des enquêtes, pour décider du choix des preuves à approfondir et finalement pour peser sur la rédaction des conclusions politiques. On aurait pu dire sans déformer beaucoup la vérité que c'est finalement le rapport de la Commission Dulles.

Les conclusions du Rapport Warren

La Commission Warren produisit son rapport, épais de presque 900 pages, en Octobre 1964 avec les principales conclusions suivantes :

1. Les coups de feu qui tuèrent le président Kennedy et blessèrent le Gouverneur du Texas Connally furent tirés du 6ème étage du TSBD.
2. Trois coups de feu furent tirés par Lee Harvey Oswald.
3. L'homme qui tua le policier en patrouille J. D. Tippit environ 45 minutes après l'assassinat de Kennedy fut arrêté et identifié comme étant Lee Harvey Oswald le tireur du 6ème étage du TSBD.
4. La Commission Warren n'avait pas trouvé de preuves accréditant l'idée d'un complot d'origine domestique ou étrangère pour assassiner le Président.
5. L'enquête avait montré qu'il n'y avait pas de preuves pour permettre de dire qu'il y avait complot, subversion ou déloyauté de la part de membres de l'État Fédéral ou local vis à vis du gouvernement des États-Unis.
6. Sur la base des preuves portées à sa connaissance la Commission conclut qu'Oswald avait agi seul.

Une conclusion préétablie

Finalement la principale conclusion de la Commission Warren **est** celle déjà établie par le rapport du FBI presque un an auparavant.

Lors de son apparition devant la Commission le 14 mai 1964 Hoover déclara : «Les conclusions du FBI sont définitives. Elles sont : 1) Oswald avait tué le président. 2) Il ne faisait partie d'aucun complot de quelque nature que ce soit.

La seule question non résolue fut : Avait-il visé le Président ou le Gouverneur ? Je suis tenté de penser que c'était le Président qui était visé compte tenu de son esprit dérangé. »

La menace d'une 3ème guerre mondiale

Ce qui avait aidé LBJ à persuader Warren de soutenir la thèse du tueur solitaire fut la menace d'une guerre nucléaire et l'appel à son sens du devoir et de son patriotisme. Lyndon Johnson avec l'aide de J. Edgar Hoover et de la CIA fabriquèrent un scénario pour amener Earl Warren et les autres membres de la Commission à mal représenter la vérité. Apparemment la CIA leur fournit le canevas de la supercherie en 'envoyant' Lee Oswald à Mexico.

Johnson dit à Earl Warren qu'Oswald s'était rendu dans les ambassades de Cuba et de l'URSS à Mexico et avait rencontré un agent du KGB qui travaillait dans les assassinats pour l'URSS. Johnson raconta à Warren que si jamais le public Américain apprenait que les Soviétiques étaient responsables de l'assassinat de Kennedy alors la 3ème guerre mondiale serait déclenchée et '40 millions d'Américains seraient morts dans la première heure'. Ainsi il donna à la Commission Warren la fausse conclusion qu'Oswald fut l'assassin solitaire et leur demanda de s'assurer que leur rapport arrive à cette conclusion pour des raisons de sécurité nationale.''[205]

Des voix dissidentes

Le sénateur Richard Russell, Démocrate et membre de la Commission, mena avec deux autres membres (John S. Cooper du Kentucky et Hale Boogs de Louisiane) dans la dernière session de la Commission une bataille pour faire enregistrer leur opinion dissidente selon laquelle les preuves disponibles n'étaient pas complètes et que rien ne permettait d'écarter l'idée que Lee Harvey Oswald pouvait faire partie d'un complot pour tuer Kennedy. A la fin les dissidents durent accepter le rapport final avec seulement des modifications mineures après qu'Earl Warren eût insisté sur la nécessité d'avoir une position unanime sur le rapport.

Plus tard Russell fut choqué d'apprendre que des 13 sessions de travail de la Commission seule la dernière ne fut pas retranscrite. A la place il n'y eut que de brèves minutes de la réunion sans aucune mention du désaccord qui s'était réellement manifesté.

Dans une interview donnée à une chaîne de télévision le 19 janvier 1970 moins d'un an avant sa mort Russell proclama publiquement ses doutes sur les conclusions du rapport Warren. Il concéda que s'il n'avait pas de doutes qu'Oswald puisse être l'auteur des coups de feux tuant Kennedy il était persuadé qu'Oswald avait au minimum 'reçu des encouragements' ou sinon qu'il avait 'travaillé avec d'autres personnes' dans l'histoire.

---

[205] Mark Lane, *Rush to Judgment* (2013)

Culpabilité d'Oswald selon la Commission Warren

Les tirs qui tuèrent le président Kennedy et blessèrent le Gouverneur Connally furent tirés par Lee Harvey Oswald. Cette conclusion est basée sur ce qui suit :

Peu après l'assassinat un fusil Mannlicher-Carcano 6.5, ayant apparemment servi aux tirs fut retrouvé partiellement dissimulé sous quelques cartons de livres au 6ème étage et le papier d'emballage qui avait servi à envelopper le fusil pour l'apporter dans l'immeuble fut retrouvé près de la fenêtre d'où partirent les coups.

Le FBI découvrit ensuite que le fusil fut acheté par correspondance le 12 mars 1963 par un certain A. J. Hiddell. Et quand Oswald fut arrêté il avait sur lui une fausse carte d'identité au nom d'Alek J. Hiddell. De plus l'empreinte d'une paume de main retrouvée sur le fusil correspondit bien à celle d'Oswald.

On démontra ainsi que ce fusil Mannlicher-Carcano appartenait à Oswald et était en sa possession.

Un témoin avait vu Oswald apporter le fusil dans le TSBD dans la matinée du 22 novembre, 1963 et au moment de l'assassinat Oswald fut vu, présent à une fenêtre d'où les coups de feu furent tirés.'' [206]

''La balle retrouvée sur le brancard du gouverneur Connally dans des circonstances un peu mystérieuses porta le numéro de preuve 399. C'est une balle munie d'une enveloppe de cuivre qui resta complètement intacte. Seule sa base fut un peu déformée et aplatie. Environ 1.5 à 2.5 grains de plomb sont manquants du noyau de plomb du projectile.

De cette balle on a pu remonter jusqu'au fusil d'Oswald. Les rainures observées sur l'enveloppe en cuivre après le passage au travers du canon apparaissent toutes intactes même sous examen microscopique. Malgré cela la Commission Warren affirme que la balle causa plusieurs blessures sur le président Kennedy et le Gouverneur Connally en endommageant sévèrement deux os mais réapparut apparemment intacte.'' [207]

Vives polémiques à propos du Rapport Warren

Le rapport Warren fit grand bruit et au lieu de clore le débat et imposer sa vérité comme l'aurait souhaité ses auteurs il ne fit que soulever de nombreuses questions auxquelles il n'avait pas pu et su traiter.

---

[206] John Simkin, (john@spartacus-educational.com), Primary Sources : *Mannlicher Rifle*
[207] Michael Kurtz, *Crime of the Century: The Kennedy Assassination From a Historians Perspective* (1982)

Dans tout le pays se déclencha une fièvre enivrante et grandissante; c'était à qui le premier à trouver la réponse à l'énigme : Y avait-il eu complot ? Et si oui qui étaient derrière cela ?

Les premières recherches de la vérité voulaient démontrer que beaucoup de trouvailles de l'enquête de la Commission et notamment sa conclusion majeure concernant un Oswald tueur solitaire, étaient erronées.

Les enquêtes portèrent surtout sur les points faibles, illogiques ou carrément faux du rapport. Le mot enquête est utilisé ici dans son sens large car elle peut être le fait d'un civil retraité, passionné par le sujet. Il est remarquable que de nombreuses personnes s'étaient même regroupées en association pour entreprendre ces enquêtes, organiser des réunions pour débattre, échanger leurs idées mais aussi faire des conférences. Les plus doués arrivaient à faire des conférences ou mieux écrire des livres dont certains furent des best-sellers.

Incohérences et mensonges du Rapport de la Commission Warren :

La balle ayant touché le dos de Kennedy avait-elle traversé son corps ? En supposant qu'elle ait traversé son corps comment pouvait-elle changer de direction de manière étonnante ? Comment un tireur médiocre et maladroit utilisant un fusil pas très performant pouvait-il réaliser des tirs que des tireurs d'élite ne peuvent pas reproduire ? Comment Oswald pouvait-il descendre du 6ème étage au 2ème étage où se trouve le réfectoire en 75 secondes, sans montrer de signes apparents d'efforts tout en buvant tranquillement un Coke ?

Il était évident que les accusations contre Oswald, rapidement identifié comme présumé coupable, n'étaient pas très solides.

De la provenance des tirs

''Dans la partie 'Résumé et Conclusions' du rapport il n'y avait aucun élément indiquant qu'il pourrait exister des différences d'opinion parmi les médecins du Parkland Hospital concernant la provenance des tirs, de l'arrière ou de l'avant du cortège de voitures. Il n'y avait que des déclarations et des conclusions soutenant l'idée que les tirs provenaient tous du TSBD.

Cependant si on allait regarder dans les 'Auditions' on s'apercevrait que l'un après l'autre les docteurs du Parkland Hospital avaient commencé par dire que les tirs venaient de l'avant de la voiture présidentielle puis progressivement sous la pression, avec réserves et sous conditions –parfois des conditions impossibles – et cédant à l'insistance de la Commission, ils diront qu'il était possible que les tirs puissent venir de l'arrière. Sur ce point au moins Edgar Hoover avait parlé d'une manière claire, il admit à la Commission que les docteurs avaient pensé au départ que les tirs venaient de l'avant.

Il apparaît que dans le rapport toute une série de conclusions furent basées sur des preuves soigneusement sélectionnées et que l'ensemble des preuves ne pointaient pas nécessairement vers ces conclusions. Les rédacteurs du rapport avaient choisi les preuves qui étayaient leurs conclusions et écarté celles qui ne pouvaient pas être utilisées dans ce but.'' [208]

La balle magique

Une des premières critiques porta sur ce qui fut appelée 'la fameuse balle magique'.

En effet la Commission Warren avait conclu que 3 balles furent tirées en tout. Or on avait trouvé au moins deux blessures sur Kennedy, trois autres sur Connally et un impact sur la limousine dû à une balle qui avait raté sa cible. Ce qui faisait beaucoup trop d'impacts pour 3 balles tirées. L'explication fut de dire qu'une de ces trois balles avait touché Kennedy au cou, puis ressorti de son corps pour toucher Connally en dessous de son épaule puis au poignet avant de frapper sa cuisse. Elle fut ensuite retrouvée avec très peu de déformation sur la civière qui avait servie à transporter Connally à l'hôpital.

L'explication fut sérieusement mis en doute d'une part par la trajectoire rocambolesque supposée suivie par la balle et par Connally lui-même qui raconta qu'il fut touché par une autre balle après que Kennedy soit touché car il avait eu le temps de se retourner pour regarder ce qui était arrivé à Kennedy avant d'être lui-même touché.

Mais la Commission Warren maintint sa version de la balle magique et s'était basée sur le témoignage d'experts et leur analyse de films sur l'assassinat, pour conclure qu'un tireur comme Lee Harvey Oswald était capable de tirer les 3 coups pendant le laps de temps constaté avec le fusil retrouvé.''[209]

Gerald Ford et la balle magique

Le 3 juillet 1997 Ford reconnut qu'il avait modifié le texte du rapport de la Commission Warren. Une balle avait touché Kennedy au dos à environ 5 pouces en dessous de la base de son cou. Il modifia le rapport pour qu'on puisse y lire 'la balle toucha le Président à la base de son cou'. Ceci devait être fait ou sinon il fallait admettre l'existence d'un complot.

Le New York Times avait donné cette importante information en quelques lignes à la 8ème page.

---

[208] Mark Lane, *Rush to Judgement* : The #1 Bestseller Exposes What the Warren Commission Report Conceals About the John F. Kennedy Assassination

[209] John Simkin, (john@spartacus-educational.com), Primary Sources : *Mannlicher Rifle* Septembre 1997

La Commission ne pouvait disposer que de 3 balles pour raconter l'histoire. Au départ c'était suffisant mais on retrouva l'impact sur le trottoir d'une balle qui avait complètement raté la limousine et ne pouvait pas être ignorée. La balle mortelle avait frappé Kennedy à la tête il ne restait plus qu'une dernière balle pour lui attribuer toutes les autres blessures sur le Président et le Gouverneur. La balle magique fut donc une nécessité politique.

On avait donc pu mettre en évidence le changement effectué par Ford dans l'extrait du document divulgué par l'ARRB (the Assassinations Records Review Board). Confronté à cette preuve Ford avait reconnu qu'il n'avait pas essayé de camoufler le crime ou de falsifier l'histoire mais simplement de clarifier le texte.

Tout le rapport de la Commission Warren, tous les livres et vidéos et sites Internet racontant que Lee Harvey Oswald seul avait tué le Président furent donc basés sur ce mensonge.''[210]

Des critiques furent aussi formulées au sujet des 3 douilles retrouvées dans le 'nid' de l'assassin et une balle neuve qui était encore présente dans le canon du fusil. Les douilles gisaient étonnamment regroupées au sol et n'étaient pas éparpillées comme lors d'éjections manuelles ordinaires.

Cela faisait au total 4 balles qu'on n'avait jamais pu établir où et quand Oswald les avait achetées.

D'autre part le fusil Mannlicher-Carcano nécessitait un réarmement manuel entre deux coups était un des pires modèles à utiliser pour des tirs qui demandaient autant d'adresse. La lunette de visée n'était visiblement pas bien réglée car il avait fallu au FBI d'effectuer trois réglages avant de pouvoir tirer droit avec le fusil.

Là ne sont cités que quelques exemples parmi les nombreuses approximations que détiennent le rapport Warren et qu'avaient relevées la multitude de chercheurs passionnés par la cause. Il faut aborder beaucoup plus en détail le principal sujet que constitue Lee Harvey Oswald.

Interrogations surLee Harvey Oswald

Oswald fut accusé par le rapport du FBI et la Commission Warren avait ensuite jeté sur ses épaules tout le blâme en le désignant comme étant le tueur solitaire de Kennedy à partir d'une fenêtre du TSBD le 22 novembre 1963.

Cependant ses motivations exactes dans l'assassinat de Kennedy ne furent jamais été élucidées. Qui fut-il vraiment ? Comment la police avait-elle su aussi rapidement qu'il était coupable ? Pourquoi le meurtre de Tippit ?

---

[210] Robert Murdoch, *Ambush in Dealey Plaza : How and Why They Killed President Kennedy*

CHAPITRE 9

Lee Harvey Oswald tueur solitaire ?

Présumé coupable, Lee Harvey Oswald est-il un bouc émissaire ?

La controverse débuta aussitôt même si l'implication dans le meurtre d'Oswald fut confirmée par divers chercheurs et agents de la CIA car à priori certains éléments tendaient à prouver que Lee Harvey Oswald pouvait bien être l'assassin. En effet les fragments de balle retrouvés dans la Limousine correspondent aux douilles de balles jonchant le sol du 6ème étage du TSBD et utilisées par le fusil Mannlicher-Carcano de fabrication italienne, retrouvé caché parmi les cartons de livres. Sur place fut retrouvé le papier d'emballage du fusil qu'un témoin avait identifié comme celui du paquet qu'emmenait Oswald ce matin-là au TSBD. Ce fusil appartenait bien à Oswald qui l'avait acheté quelque temps auparavant. Cependant la thèse du tueur solitaire de la Commission Warren n'avait jamais été accréditée.

Lee Harvey Oswald coupable désigné comme tueur solitaire

Au centre du puzzle se tenait donc la figure énigmatique de Lee Harvey Oswald. Dans les années qui suivirent sa mort on apprit beaucoup de choses sur Oswald, son enfance, sa vie dans l'armée, sa défection en USSR et son subséquent retour aux États-Unis.

Oswald quitta l'école à 16 ans et s'engagea dans les Marines quelques années plus tard. Il reçut une formation pour devenir opérateur en électronique pour l'aviation en 1957. Il quitta les Marines en 1957 et peu après s'en alla en Union Soviétique où il chercha à devenir citoyen en renonçant à sa nationalité américaine. Il partit à Minsk en janvier 1960 et se maria en avril avec Marina Prusakova. Désillusionné par la vie en Union Soviétique il demanda l'autorisation de revenir aux États-Unis avec femme et enfant en juin 1962.

Après divers séjours à Dallas et à la Nouvelle Orléans le couple revint à Dallas en septembre 1963 où il trouva un boulot à la TSBD.

Le 22 novembre 1963 dans les heures qui suivirent l'assassinat de Kennedy il fut arrêté dans le Texas Theater juste après le meurtre du policier Tippit. La Police annonça alors qu'elle tenait le suspect numéro 1 malgré ses dénégations.

Deux jours après Oswald fut lui-même tué par les mains vengeresses de Jack Ruby. Avec la mort d'Oswald, disparut à tout jamais sa version des choses.

Un personnage idéal pour être le pigeon de l'affaire

Le livre de Matthew Smith *JFK: The Second Plot* paru le 1er Septembre, 1992 tenta d'apporter certaines réponses à tout ce mystère.

L'auteur Matthew Smith n'avait pas cité de sources quand il suggéra que la Commission Warren n'avait pas d'autre choix que de fabriquer la thèse d'un tueur solitaire car Lyndon Johnson aurait dit à Earl Warren que si la Commission dévoilait le fait qu'un gouvernement étranger était derrière l'assassinat il s'ensuivrait une brutale et longue guerre avec 40 millions de morts pour les États-Unis et qu'il fallait donc dissimuler cette réalité.

Selon Smith, Lee Harvey Oswald fut choisi comme pigeon par des agents renégats anti-Castro de la CIA pour tenir le rôle de l'assassin dans l'affaire Kennedy et il n'était au courant de rien. Oswald était l'un d'eux et faisait partie du complot ainsi que Tippit. Une fois Kennedy tué, Oswald qui ne serait pas l'un des tireurs devait être conduit par le policier Tippit à l'aéroport Redbird d'où il s'envolerait vers Cuba dans le but de faire croire à un complot dirigé par Castro. [211]

Les choses ne se déroulèrent pas comme prévues et Tippit fut tué par Roscoe White. Oswald fut arrêté peu après dans un cinéma et deux jours plus tard éliminé par Jack Ruby.

Matthew Smith expliqua le choix de Lee Harvey Oswald car son passé se prêtait assez bien au personnage qu'on voulut le faire jouer. Il fut un adepte dès son jeune âge des thèses communistes. Il fut choisi par la CIA quand il était dans les Marines pour être envoyé comme espion en URSS et jouer le rôle d'un agent double.

Mais Oswald fut suspect pour les Soviétiques et eut très peu de liberté de mouvement ce qui amena probablement à son rapatriement par les Américains.

A son retour aux États-Unis avec sa femme Russe et son enfant, Oswald continua à avoir le rôle d'un activiste de gauche. Ce qui était parfait pour le rôle d'un tueur commandité par Castro ou les Soviétiques pour l'assassinat de Kennedy.

Lee Harvey Oswald a-t-il tiré du 6ème étage du TSBD

Le témoin oculaire parmi les plus persuasifs, Howard Leslie Brennan, jura que l'homme qu'il avait vu tirer de la fenêtre était debout sur ses jambes. Les photos du building prises peu avant et après les tirs montrèrent que le seuil bas

---

[211] John Simkin, (john@spartacus-educational.com), Septembre 1997

de la fenêtre n'était situé qu'à un pied au-dessus du plancher. Un individu qui serait debout pour tirer comme Brennan l'avait décrit, aurait été obligé soit de tirer au travers de la vitre soit de tirer avec le fusil tenu au niveau du genou. La Commission concéda que ''malgré le témoignage de Brennan qui parla d'un homme tirant debout derrière la fenêtre il était plus probable qu'il soit assis ou soit agenouillé.''

La Commission s'appuya lourdement sur le témoignage de Brennan car il fut le seul à avoir vu Lee Harvey Oswald en train de tirer ses coups. Selon la Commission, Brennan décrivit le tireur à la Police de Dallas qui put ainsi donner un signalement du suspect à 12:45, soit 15 minutes après l'assassinat. Comme Brennan fut le seul à avoir vu le tireur, la description qu'il en avait donnée fut certainement à la base de l'avis de recherche de la Police. Cependant la Commission fut incapable d'expliquer comment Brennan avait pu estimer la taille, le poids, l'âge et la corpulence de l'homme 'assis ou agenouillé' derrière un bandeau de béton et une double épaisseur de verre alors qu'il se situait à une trentaine de mètres du bâtiment. La Police connaitrait-elle d'avance l'identité du tueur ?

La Commission n'avait pas jugé utile de creuser plus en profondeur le témoignage de Brennan qui présentait d'autres défauts. Il dit avoir donné sa description du tireur à l'âgent du Service Secret Forrest V. Sorrels, environ 10 minutes après le dernier tir. Mais Sorrels ne fut revenu sur la scène que 20 à 25 minutes plus tard, ce qui mit en doute la mémoire de Brennan. De plus Sorrels témoigna lui-même que roulant avec le cortège de voitures il avait une vue claire sur le 6ème étage du bâtiment et qu'il n'avait vu personne. Ainsi la Commission avait préféré ignorer le témoignage de Sorrels, un observateur professionnellement entraîné, qui aurait innocenté Oswald et à la place avait choisi de croire au témoignage de Brennan, qui comportait des contradictions.''[212]

Oswald a-t-il les talents d'un tireur d'élite ?

Le deuxième point d'importance critiqué concerne l'habileté comme tireur d'Oswald. Il fut établi qu'entre le premier et le troisième coup tirés du 6ème étage du building TSBD dont deux touchèrent le Président il s'était écoulé 7,3 secondes. Le fusil supposé être utilisé par Oswald nécessite un réarmement manuel et de l'avis de spécialistes il faut être un sacré tireur d'élite que n'était pas Oswald pour réaliser un tel exploit.

---

[212] Michael Kurtz, *Crime of the Century: The Kennedy Assassination From a Historian's Perspective* (1982)

Or Oswald n'était pas particulièrement connu pour s'y connaître en armement et il n'avait jamais été remarqué comme un tireur d'élite quand il était dans le Corps des Marines. Et maintenant on voulait le créditer d'une performance aux tirs réalisée le 22 novembre 1963 que même les meilleurs tireurs n'arrivaient pas à égaler dans les tests effectués par le gouvernement.

Dernière bizarrerie on n'avait même pas cherché à vérifier que le fusil Mannlicher-Carcano fut bien utilisé ce jour de l'assassinat.[213]

Lee Harvey Oswald a-t-il tué Tippit ?

Les dernières heures de Lee Harvey Oswald après l'assassinat jusqu'à son arrestation ne furent pas très claires contrairement à ce que raconta la version officielle. Des enquêteurs avaient rapidement réussi à mettre en doute sa culpabilité dans le meurtre de Tippit.

La logeuse de la maison où logeait Oswald l'avait vu rentrer dans sa chambre vers 13h. Il en était ressorti précisément juste après qu'une voiture de police avec deux policiers en uniforme à l'intérieur s'était arrêtée un moment devant la maison et avait donné deux coups de klaxon avant de repartir. La femme vit Oswald descendre pour aller se poster à l'arrêt de bus.

Quinze minutes plus tard Tippit fut tué et laissé pour mort dans la rue à une distance d'environ 1 mile de la maison où logeait Oswald.

Les enquêtes effectuées ultérieurement montrèrent que la seule voiture de police affectée à ce quartier fut celle de J. D. Tippit. [214]

Témoignage d'Helen Markham

Apparemment la serveuse Helen Markham fut le témoin du meurtre de Tippit dans son intégralité. La version officielle considéra qu'elle était crédible quand elle raconta qu'elle avait vu l'altercation entre Tippit et son meurtrier jusqu'à son départ de la scène. Cela lui permit de reconnaître Oswald lors d'une séance d'identification au poste de police.

Cependant ce témoin 'crédible' eut par ailleurs des déclarations pour le moins étranges. Elle raconta qu'elle avait parlé à Tippit et qu'il avait compris ce qu'elle disait jusqu'au moment où il fut mis dans une ambulance. Seulement le rapport médical comme les dires d'autres témoins faisaient mention d'une mort de Tippit sur le coup par blessure à la tête.

Un témoin qui avait assisté de son camion au tir et s'était approché de Tippit pour lui porter secours décrivit la scène : « Il gisait là avec beaucoup de

---

[213] Henry Hurt, *Reasonable Doubt: An Investigation into the Assassination of John F. Kennedy* (1986).

[214] Henry Hurt, *Reasonable Doubt: An Investigation into the Assassination of John F. Kennedy* (1986).

sang sortant de sa tête et les yeux révulsés qui semblaient enfoncés dans le crâne. Je crois que le policier était mort quand il tomba au sol. »

Markham avait dit que 20 minutes s'écoulèrent avant que d'autres personnes ne s'approchèrent du lieu du crime ce qui fut pur non-sens. En quelques minutes des hommes étaient là essayant d'appeler pour de l'aide à partir de la radio de la voiture de police de Tippit et un petit groupe de personnes s'était déjà formé quand arriva 3 minutes plus tard l'ambulance.

Quand elle apparut devant la Commission Markham répéta plusieurs fois qu'elle avait été incapable de reconnaître quiconque parmi la rangée d'hommes alignés pour l'identification et ne changea de version qu'une fois soumise aux avertissements de l'avocat.

Elle fut le mieux jaugée par l'avocat conseil de la Commission Warren quand il déclara dans un débat public en 1964 que son témoignage était rempli d'erreurs et qu'elle était cinglée. Il la rejeta comme étant hautement non fiable, l'exact contraire du verdict du rapport officiel. [215]

Témoignage d'Acquilla Clemons

Acquilla Clemons qui était assis sous le porche d'une maison témoigna qu'il avait vu deux hommes s'attaquer à Tippit. Un autre témoin Frank Wright dit aussi que deux hommes avaient tiré sur Tippit.

Warren Reynolds était parmi les personnes ayant vu un homme s'enfuyant de la scène du meurtre. Il témoigna que l'homme qu'il avait vu n'était pas Oswald. Le 23 janvier 1964 il fut atteint d'un tir à la tête. Darrell Garner fut arrêté pour cela mais Betty MacDonald qui avait travaillé pour Jack Ruby lui donna un alibi. MacDonald fut arrêté pour coups portés contre sa compagne et fut retrouvé pendu dans sa cellule. Reynolds de façon miraculeuse se remit de sa blessure ; il changea son histoire en reconnaissant que c'était bien Oswald l'homme qu'il avait vu s'enfuir. [216]

Témoignage de Kurtz

Kurtz contesta l'explication de la Commission Warren qui prétendit que Tippit avait voulu arrêter l'homme qui alors lui aurait tiré dessus ; Tippit aurait reconnu l'homme comme étant Oswald d'après la description donnée par l'avis de recherche. Seulement cette description était tellement générale qu'elle pouvait correspondre à des milliers de gens. De plus Tippit n'avait vu l'homme qui marchait sur le trottoir que de dos et s'il avait reconnu le dangereux suspect il aurait probablement sorti son arme. Mais d'après le témoignage d'Helen Markham non seulement Tippit n'avait pas essayé de procéder à l'arrestation du

[215] Anthony Summers, *The Kennedy Conspiracy* (1980)
[216] Robert J. Groden, *The Search for Lee Harvey Oswald* (1995)

siècle en sortant son arme mais avait engagé avec le suspect une conversation plutôt amicale. [217]

Peu d'éléments concrets contre Oswald

A la fin avec beaucoup des témoignages contradictoires le dossier contre Oswald dans le meurtre de Tippit était aussi léger que le dossier contre lui dans le l'assassinat de JFK. Une preuve peut-être la plus importante était le fait que six témoins, ignorés par la Commission Warren, avaient vu 2 hommes tirer sur Tippit. L'un deux ressemblait à Oswald. Les deux quittèrent le lieu du crime dans des directions opposées. L'homme qui était allé vers le Texas Theater avait jeté dans les airs les douilles des balles pour qu'elles soient vues et retrouvées par des témoins. (Cet acte devrait convaincre la plupart des gens qu'Oswald n'avait pas tué Tippit.) L'autre assassin courut dans la direction opposée. Il y eut des indications selon lesquelles l'homme qui était entré dans le théâtre faisait exprès pour attirer l'attention sur lui et était parti avant l'arrestation d'Oswald.[218]

Quatre douilles furent retrouvées ensuite près du lieu du crime. Il apparut que l'assassin au lieu de penser à s'enfuir s'était appliqué à retirer les douilles du pistolet pour les jeter au sol alors qu'elles constituaient des pièces à conviction pouvant le compromettre. Il fut établi que les douilles avaient permis de remonter au pistolet de Lee Harvey Oswald mais ne correspondaient pas aux balles dans le cadavre de Tippit.

Explication du meurtre de Tippit par Garrison

Selon Jim Garrison la raison du meurtre de l'officier de police Tippit est simple : il était nécessaire pour les complotistes de se débarrasser du leurre que constituait Lee Harvey Oswald. Pour qu'il ne puisse pas plus tard incriminer les personnes impliquées dans l'affaire ils avaient un plan plutôt intelligent. Il était bien connu que les officiers de police réagissaient violemment contre le meurtre de l'un des leurs. Tout ce qu'ils avaient à faire c'était d'arranger pour qu'un policier soit envoyé à la 10ème Rue et quand l'officier Tippit arriva là il fut tué. Quant à Oswald on lui avait demandé d'aller dans le Texas Theater pour attendre qu'on vienne le chercher.

Apparemment l'idée fut qu'Oswald serait tué dans le Texas Theater une fois qu'il y serait car il aurait tué une 'chemise bleue', phrase utilisée par les policiers de la Nouvelle Orléans : ''Il avait tué une 'chemise bleue''. Mais la

[217] Michael Kurtz, *Crime of the Century: The Kennedy Assassination From a Historians Perspective* (1982)

[218] Richard E. Sprague, *The Taking of America* (1976)

police de Dallas du moins ceux venus pour arrêter Oswald, peut-être qu'elle avait trop d'humanité n'avait pas réagi de la sorte et n'avait pas tué Oswald.

Cela avait perturbé le plan des comploteurs et créé un problème. Si Oswald devait vivre assez longtemps il aurait donné des noms et parlé de l'histoire dans laquelle il fut entraîné. Il devint nécessaire de le tuer et Ruby sera chargé de la chose. [219]

Une machination élaborée pour désigner Oswald comme coupable

De toutes ces enquêtes et témoignages parfois contradictoires sur certains points on peut tirer une première conclusion qui est que la Commission Warren avait encore une fois menti, plutôt de manière délibérée, sur la culpabilité de Lee Harvey Oswald dans le meurtre de Tippit. On ne peut y voir qu'un seul intérêt celui de renforcer l'idée d'un Oswald meurtrier du Président et prêt à tuer de nouveau pour échapper à la justice.

L'accusation du meurtre de Tippit reposait sur la seule identification d'Oswald par Markham dans les locaux de la police mais son témoignage dans son ensemble n'était pas crédible. A l'inverse l'auto-accusation de Roscoe White dans son agenda paraissait être assez crédible. L'idée que White ait reçu comme mission de tirer sur le Président et ensuite d'aller éliminer un policier n'avait rien d'absurde ni invraisemblable.

Peu importe qu'il ait demandé ou pas à Tippit d'emmener Oswald à l'aéroport ; l'important fut que Tippit soit tué pour que le scénario 'meurtre d'une chemise bleue' imaginé par Garrison soit mis en marche. Cette thèse était la seule logique pour expliquer le meurtre de Tippit dont le rôle était purement sacrificiel. Pour sa part Oswald n'avait aucune raison plausible pour tuer Tippit qu'il soit meurtrier du Président ou pas. S'il était le meurtrier solitaire chercher à disparaître et se mettre à l'abri était certainement ce qu'il avait le mieux à faire. Et dans le deuxième cas de figure les gens qui l'utiliseraient comme pigeon n'avaient aucunement intérêt à compliquer inutilement les choses si le but était simplement de le supprimer en tout état de cause. L'idée de lui demander de tuer Tippit et de l'envoyer à Cuba ne pouvait pas résister à tout examen sérieux des faits.

Tout simplement sans avoir à passer par la case 'meurtre de Tippit' il avait reçu comme instruction d'aller au Texas Theatre pour probablement attendre qu'on vienne le chercher mais en vérité pour être liquidé par des policiers selon la thèse la plus plausible. Ceci il ne le savait pas non plus.

---

[219] Jim Garrison, *The Warren Report: Part 3*

Finalement il était vraisemblable que Lee Harvey Oswald n'avait été l'auteur d'aucun des deux meurtres. On avait juste besoin d'Oswald pour faire croire l'inverse, pour mieux cacher les vrais auteurs et plus important encore leurs mobiles.

Mark Lane veut prendre la défense d'Oswald

M. Lane s'était aventuré à supposer qu'Oswald pouvait être innocent. Il pensait qu'avant d'être jugé par un tribunal l'homme devait avoir le droit d'être conseillé légalement et il était perturbé par le fait que la Commission Warren de par sa structure serait probablement encline à préjuger de la culpabilité d'Oswald. En effet si la Commission avait désigné des comités pour enquêter sur le pourquoi Oswald avait tué le Président aucun comité n'avait été chargé d'enquêter pour savoir s'il était vraiment l'auteur de l'acte. La chose était bonnement considérée comme admise.

Lane s'était résolu à vouloir défendre les intérêts d'Oswald mais le tribunal avait pensé autrement, n'avait pas voulu de ses services et nommé Walter Craig le président de l'American Bar Association.

Pourquoi Oswald fut-il rapidement soupçonné ?

Une des questions les plus importantes du problème était 'quelles furent les éléments qui avaient conduit la police de Dallas à diriger ses soupçons vers Lee Harvey Oswald ?' Le rapport Warren voulait nous amener à penser que Tippit cherchait à arrêter Oswald quand il fut tué par ce dernier. Oswald fut ensuite arrêté pour le présumé meurtre du policier Tippit et un peu plus tard seulement il fut identifié comme probable assassin de Kennedy.

Dans la partie 'Résumé et Conclusions' il est précisé que la tentative pour arrêter Oswald fut la conséquence de la diffusion par la police du portrait d'Oswald et cette description fut elle-même basée 'essentiellement' sur les observations de Howard L. Brennan qui avait déclaré avoir vu Oswald, à partir de la rue, à une fenêtre située au 6ème étage du TSBD. Brennan avait ensuite reconnu 'positivement' Oswald dans un test d'identification effectué dans les locaux de la police.

Cette présentation des faits est trompeuse car dans les annexes donnant les auditions on peut retrouver que Brennan n'avait pas pu reconnaître Oswald pendant le test même si depuis le jour de l'assassinat il avait pu voir Oswald à la télévision.

Le fait demeure qu'il n'y avait pas d'éléments pour expliquer pourquoi ou comment la police s'était vite engagée à la recherche d'Oswald et tant qu'il n'y a pas d'explication plausible l'hypothèse probable est que la police avait, pour des raisons inconnues, voulu arrêter Oswald même avant d'avoir des preuves le désignant comme suspect.''[220]

Point de vue des personnes les plus proches d'Oswald

La mère d'Oswald

La mère d'Oswald qui croyait son fils innocent fut jugée par Hoover comme 'émotionnellement instable' car elle avait dit cela pour gagner de l'argent en faisant des conférences. D'après Hoover elle avait gagné 'une somme substantielle' et pour ces raisons il ne faudrait pas tenir compte de son témoignage. Par contre, Marina Oswald, la veuve d'Oswald, était une 'personne digne de confiance' : elle pensait que son mari était coupable. M. Hoover n'avait pas fait mention du fait que Marina avait gagné dix fois plus d'argent en insistant sur la culpabilité de son mari que sa belle-mère en avait gagné en protestant de l'innocence de son fils. Hoover avait donné comme indication de son instabilité émotionnelle le fait qu'elle avait choisi de s'appuyer sur un avocat dont aucune personne sérieuse n'en voudrait. Cet avocat est l'auteur de ce livre, M. Mark Lane.''[221]

Sa femme Marina Oswald

Marina, née Russe, s'était mariée avec Oswald qui était passé à l'Est. Oswald changea ensuite d'avis et demanda à revenir aux États-Unis en emmenant Marina. C'est ainsi qu'elle émigra aux États-Unis en 1961.

Dans les mois précédant l'assassinat un homme se présentant comme Oswald fut signalé comme ayant apparu dans différentes places publiques de Dallas.

"J'ai su plus tard que quelqu'un se prétendant être Oswald s'était présenté ici et là pour chercher à acheter une voiture ; on l'avait aussi vu boire dans un bar. Je peux vous dire que Lee ne buvait pas (d'alcool) et ne savait pas conduire.''

25 ans après l'assassinat la veuve de Lee Harvey Oswald dit maintenant qu'il n'avait pas agi seul. ''Je pense qu'il était coincé entre deux forces- le gouvernement et le crime organisé''.

En 1963 elle avait contribué à la conclusion de la Commission Warren en attestant qu'il était dérangé et avait agi seul dans l'assassinat.

Depuis, à 47 ans, elle pensait différemment : ''Je ne sais pas si Lee l'avait tué.'' dit-elle ''Je ne dis pas qu'il fut innocent, qu'il n'était pas au courant du

---

[220] Mark Lane, *Rush to Judgement* : The #1 Bestseller Exposes What the Warren Commission Report Conceals About the John F. Kennedy Assassination
[221] Mark Lane, *Rush to Judgement* : The #1 Bestseller Exposes What the Warren Commission Report Conceals About the John F. Kennedy Assassination

complot ou qu'il n'y avait pas pris part, je dis simplement qu'il ne fut pas nécessairement coupable du meurtre.''

''Au début je croyais que Jack Ruby (qui tua Oswald 2 jours après l'assassinat) fut poussé par de la passion car l'Amérique entière était bouleversée, était saisie de douleur. Mais plus tard nous apprîmes qu'il avait des liens avec la pègre. Maintenant je crois que Ruby a tué Lee pour le réduire au silence.

Avec le recul Marina pense qu'Oswald travaillait pour le gouvernement et avait été formé pour le secret. « On lui apprit le Russe quand il était dans l'armée. Pensez-vous que c'est une chose courante pour un soldat ordinaire d'apprendre le Russe. D'ailleurs il entra et sortit de l'URSS facilement en m'emmenant avec lui quand il revint aux États-Unis. »'' [222]

Sur ce dernier point Marina avait raison. ''Quand Oswald servait dans les Marines, il apprit à parler couramment le Russe. Comment se fait-il que quelqu'un qui n'avait jamais été au collège aurait pu par lui-même apprendre une langue aussi complexe que le Russe, surtout quand il travaillait 8 heures par jour régulièrement? Même s'il avait étudié des livres de grammaire la nuit, il n'aurait jamais pu devenir aussi compétent pour parler une langue étrangère sans pratique conversationnelle avec une autre personne.

Il était plus que probable qu'Oswald pendant ses services dans les Marines ait pu fréquenter une école de langue de l'armée américaine et qu'il avait été recruté et formé par les Services de Renseignement avec une couverture communiste pour infiltrer l'URSS et fournir des informations sur cet ennemi de la Guerre froide mais aussi plus tard sur les organisations américaines qui étaient considérées comme pro-communistes. Car sinon comment expliquer que le FBI, la CIA, le Département de la Justice et l'US Army n'aient pas encore arrêté, mis en examen et condamné ce supposé communiste et traître à son retour d'URSS pour revenir aux États-Unis ?''[223]

---

[222] Marina Oswald, interviewée dans San Jose Mercury News (28th September, 1988)
[223] Jacob Homberger, *Regime Change : The JFK Assassination*

CHAPITRE 10

Existence d'un complot ?

Démontrer l'existence d'un complot fut une affaire relativement simple : il suffirait de démontrer l'existence d'au moins un autre tireur.

Jim Marrs le démontra dans son livre *Crossfire* (2013) en s'appuyant sur de nombreux témoignages de personnes présentes sur place au moment de l'assassinat mais qui furent ignorés ou délaissés par la Commission Warren. Ce furent ces témoins qui étaient présents sur la scène du côté du Grass Knoll de la rue Elm.

Tous affirmèrent avoir entendu des coups de feu venant de derrière eux ou aperçu des éclairs de lumière derrière la palissade. Certains se souvenaient même de l'odeur de poudre qu'ils avaient sentie après les tirs.

"51 témoins, membres des jurys, pensaient qu'ils avaient entendu des tirs en provenance du Grassy Knoll, situé sur la droite et à l'avant du véhicule. Les témoins clefs n'avaient aucun doute sur le fait qu'au moins un ou plusieurs tirs venaient de derrière la palissade. De plus 26 personnes du personnel médical de l'hôpital Parkland avaient vu la partie arrière droite du crâne éclatée." [224]

Marrs révéla aussi le problème majeur posé par un arbre. Un gros arbre cachait en fait partiellement la vue du 6ème étage sur la trajectoire de la limousine sur Elm Street et avait comme conséquence que deux tirs seulement pouvaient être tirés de ce 6ème étage du TSBD et non pas trois en continu.

Selon ses recherches il y eut probablement jusqu'à 4 à 5 tireurs sur la scène du crime postés à différents endroits et ayant délivré jusqu'à 9 tirs." [225]

Des noms clairement cités : Rockefeller, Allen Dulles, Johnson du Texas, George Bush et J. Edgar Hoover

Rodney Stich dans *Defrauding America* (1998) donna les premiers éléments précis d'un complot en racontant que "Trenton Parker était un officier de l'unité de contre-espionnage Pegasus. Il avait déclaré qu'une faction de la CIA fut responsable du meurtre de Kennedy et que 3 semaines avant Kennedy fut averti d'un plan pour l'assassiner dans l'une des trois villes qu'il allait visiter.

---

[224] Oliver Stone, *JFK*
[225] Jim Marrs, *Crossfire*

Dans une conversation en août 1993 en réponse à une question Parker avait dit que son groupe Pegasus avait des enregistrements concernant des plans pour l'assassinat de Kennedy ; je lui avais alors demandé : « Quel groupe pouvait être identifié d'après ces enregistrements ? » Parker répondit : « Rockefeller, Allen Dulles, Johnson du Texas, George Bush et J. Edgar Hoover. »

A la question « Quelle fut la nature de ces conversations ? » Parker ajouta : « Je n'ai plus ces enregistrements car ils ont été remis au sénateur Larry McDonald. Mais je les ai écoutés et à un moment Rockefeller s'adresse à Hoover : « Y a-t-il des problèmes en vue ? » « Non. Il n'y en a pas. J'ai vérifié avec Dulles. S'ils faisaient bien leur boulot nous ferons bien le nôtre. »

Le membre du Congrès Larry McDonald disparut en prenant le vol 007 de la Korean Airlines qui fut abattu par les Russes.''[226]

Des comploteurs sûrs d'eux et de leur impunité, protégés par des moyens du gouvernement

En y regardant de près on est frappé par la démonstration de forces des auteurs du complot qui ne s'embarrassèrent guère de subtilités inutiles. Le crime fut perpétré en plein jour au vu et au su de tout le public rassemblé donnant aussi l'impression que les tueurs avaient une confiance extrême quant à l'impunité de leurs actes.

Un deuxième crime, le meurtre de l'agent Tippit fut aussi programmé pour compromettre Oswald, faciliter son arrestation et peut-être même dans l'intention de le faire éliminer proprement et logiquement par la police. Apparemment cela n'avait pas bien fonctionné comme prévu et la solution de rechange fut de supprimer Oswald pour l'empêcher de parler même devant des objectifs de caméras de télévisions pour filmer la scène.

Mais c'était surtout toute la suite des évènements relatifs à l'opération de camouflage du crime qui révéla l'ampleur des moyens mobilisés et qui sont proprement ceux que seul un gouvernement pouvait en disposer. On ne prit même pas le soin de chercher une explication officielle qui soit un peu plus crédible que celle du tueur cinglé et solitaire. On chercha simplement à l'imposer en éliminant brutalement tout témoignage allant en sens inverse. Mais tout cela on ne pourra le découvrir que progressivement et au bout de plusieurs décennies.

Le gouvernement est coupable

Pour Vincent Salandria il n'y eut guère de doutes : ''A chaque fois que des éléments de preuves pouvant indiquer l'existence d'un complot apparaissaient

---

[226] Rodney Stich, *Defrauding America* (1998)

le gouvernement refusait de les prendre en compte. A l'inverse à chaque fois qu'un élément, même peu crédible mais pouvant être interprété comme soutenant la thèse du tueur cinglé solitaire alors le gouvernement invariablement et avec la plus grande solennité déclarait que cet élément prouvait la justesse du mythe de l'assassin solitaire.

J'en conclus que seul un gouvernement criminel et coupable, redevable envers les tueurs, pouvait rejeter des explications vraisemblables qui se présentaient à lui pour à la place se saisir d'explications invraisemblables. Plus important encore, seul un gouvernement coupable et cherchant à servir les intérêts des assassins en viendrait à accepter des conclusions improbables les unes après les autres tout en rejetant une longue série de conclusions probables. Invariablement il acceptait une donnée qui soutiendrait même de loin le concept d'un assassin solitaire et rejetait la donnée qui de façon irréfutable prouvait l'existence d'un complot.''[227]

Révélations par les documents secrets

Les documents secrets rendus publics pendant les années 70 révélèrent beaucoup de faits très importants mais ignorés du public :

- 5 jours avant l'assassinat l'agence du FBI de la Nouvelle Orléans reçut un telex l'avertissant d'une tentative d'assassinat du Président lors de sa venue à Dallas à la fin de la semaine. Mais le FBI ne fit rien pour prévenir le Service Secret ou d'autres autorités. Peu après l'assassinat le telex fut enlevé du tiroir où il était conservé dans le bureau de l'agence du FBI de la Nouvelle Orléans.

- La grande majorité des témoins présents sur le Dealey Plaza avaient entendu des coups de feu répétés venant du Grassy Knoll à l'avant de la voiture de Kennedy. Dans la chasse à l'homme qui s'ensuivit la police de Dallas arrêta trois hommes et les emmena sous bonne escorte. Cependant les innombrables photos de leur arrestation prises par des journalistes ne furent jamais publiées et il ne resta pas trace de leurs photos d'identités, de leurs empreintes de doigts ou de leurs noms, éléments qui devraient exister normalement suite à une arrestation.

- le jour de son arrestation un test à base de paraffine fut effectué sur Oswald ; les résultats montrèrent qu'il n'avait pas tiré de coup de fusil dans les 24 heures précédentes. Ce fait fut tenu secret par le gouvernement fédéral comme par la police de Dallas pendant 10 mois.

- Pendant plus de 5 années le film de Zapruder fut caché et gardé dans une chambre forte par le magazine Life. Le grand public ne vit qu'en 1975 non pas des extraits de photos mais le film montrant que la tête de Kennedy fut rejeté

---

[227] Vincent Salandria, *The JFK Assassination : A False Mystery Concealing State Crimes* (1998)

violemment vers l'arrière- preuve évidente qu'un tir l'avait frappé depuis l'avant.

- Une heure environ avant l'arrivée du cortège de voitures de Kennedy Jack Ruby avait été vu près du Grassy Knoll déchargeant un homme porteur d'un fusil caché dans un étui. Le témoignage de Julia Ann Mercer qui avait vu cet évènement fut altéré par le FBI pour faire apparaître qu'elle n'était pas en mesure d'identifier l'homme comme étant Ruby. Cette altération frauduleuse ne fut jamais expliquée ni même démentie par le gouvernement fédéral.

- Après l'autopsie du corps du Président à l'hôpital militaire son cerveau disparut. Il avait été immergé dans du formol pour l'endurcir et pourrait permettre de déterminer de quelle direction le tir à la tête était venue. Les clichés aux rayons X effectués pendant l'autopsie ne furent jamais examinés par la Commission Warren.

- Le pathologiste responsable de l'autopsie avait brûlé dans la cheminée de sa maison la première version du rapport d'autopsie.

Toutes ces révélations forcèrent le House Select Committee on Assassinations) à entreprendre une autre enquête entre 1976 et 1979.

Une autre Commission d'enquête

Progressivement le public américain commença à douter de la conclusion de la Commission Warren qu'un tireur solitaire au nom de Lee Harvey Oswald 'poussé par un ressentiment profond contre toute forme d'autorité' avait tiré toutes les balles ayant tué le président Kennedy et blessé le Sénateur Connally. En 1975 les chercheurs indépendants avaient fini de dresser une liste probante et bien documentée des défauts de l'enquête de la Commission Warren et avec beaucoup de difficultés réussirent à la faire connaître à la plupart des Américains. Pour la majorité d'entre eux les doutes s'étaient transformés en incrédulités et quelques politiciens avaient entendu les demandes de réexamen de l'affaire.

Thomas Downing membre du Congrès fut parmi les premiers mettre en cause la crédibilité de la Commission Warren. Il pensait que la CIA et le FBI avaient caché des informations importantes à la Commission. En 1976 il fit campagne pour une nouvelle enquête sur l'assassinat de JFK. Il dit être persuadé que Kennedy fut tué suite à un complot et que les morts de Sam Giancana et Johnny Roselli furent hautement significatifs à cet égard.

Cela aboutit à la Résolution 1540 établissant une Commission d'enquête Parlementaire pour ''conduire une enquête totale et entière et étudier les circonstances entourant l'assassinat et la mort du président Kennedy ...'' en septembre 1976 et Downing fut nommé président de la HSCA (House Select

Committee on Assassinations). Il sera remplacé par Gonzalez en février 1978 qui démissionna peu de temps après pour être remplacé par Louis Stokes.

On pourrait penser que finalement une vraie enquête allait avoir lieu. Même si les individus ayant tué le Président ne pouvaient pas être conduit devant la justice au moins qu'on puisse identifier les forces et les motivations derrière l'assassinat. La Commission Warren fut volontairement contrainte d'ignorer ou d'altérer les preuves qui n'allaient pas dans le sens de leur conclusion préconçue. Cette nouvelle Commission ne serait pas liée par des motivations politiques et n'aurait pas le souci de préserver la paix mondiale au cas où l'enquête conduirait à une implication d'origine étrangère comme le fut la Commission Warren. Cette nouvelle enquête aurait le pouvoir et les ressources pour donner des résultats concluants et absolus. Il n'y aura plus d'autre enquête future ; celle-ci sera la dernière.

Cela doit être ainsi eu égard à l'histoire. C'est un engagement vis à vis du peuple américain que cette fois-ci le gouvernement ne trompera pas ses citoyens et que la priorité ultime est la recherche intransigeante de la vérité.

Mais le résultat final démentit cet espoir.

L'enquête permit de découvrir que la police de Dallas détenait un enregistrement sonore en provenance d'un micro installé sur une moto de l'escorte accompagnant le cortège de limousines quand il traversa le Dealey Plaza.

A partir de cet enregistrement il fut établi que ''4 coups de feu furent tirés vers la voiture présidentielle pendant un laps de temps de 7.91 secondes. Les premier, deuxième et quatrième en provenance du TSBD et le troisième à partir du Grassy Knoll.''

Le 17 juillet 1979 le président de la HSCA Louis Stokes fit une conférence de presse pour officiellement annoncer la publication du dernier rapport qui contint la phrase : ''La preuve scientifique d'ordre acoustique établit avec une grande probabilité que deux tireurs ont tiré sur le président Kennedy''.

Deux tireurs signifiaient qu'il y avait complot. Et à la question ''Qui pourraient être les responsables ?'' le Directeur de l'équipe, Blakey, pencha pour la réponse 'le Crime organisé', étant lui-même l'expert du pays en ce domaine.

Le rapport sembla avoir bonne forme comme bon fond. Un écrivain professionnel fut utilisé et le résultat final apparaît comme consistant en substance avec 686 pages accompagnées de 12 volumes annexes.

Cependant le rapport ne pouvait contenir de conclusion définitive et les formules telles que 'sur la base de preuves à sa connaissance', 'la Commission croît..', 'probablement', 'il y a de grandes chances pour que…', 'possible', etc,... étaient présentes à tout moment.

Concernant le Crime organisé on pouvait lire : ''La Commission croît, sur la base d'éléments portés à sa connaissance, que le syndicat du Crime organisé, en tant que groupe, ne fut pas mêlé à l'assassinat du président Kennedy, mais les preuves disponibles n'excluent pas la possibilité que des membres individuels puissent être impliqués.''

La fin sibylline du paragraphe faisait référence pour les connaisseurs aux deux patrons de la Mafia, Carlos Marcello de la Nouvelle Orléans et Santos Trafficante de la Floride.

Pour Gaeton Fonzi ''la HSCA n'avait fait qu'un seul pas par rapport à la Commission Warren en reconnaissant qu'il y avait eu complot mais avait pareillement échoué à remplir son mandat. L'enquête ne fut pas 'entière et complète' et donner l'impression qu'elle le fut était une comédie.'' [228]

***

Un large complot ou même un complot multiple ?

Au bout d'un certain temps et d'un certain nombre de révélations l'existence d'un complot ne fit plus aucun doute. Un important acteur du drame fit même penser que le complot fut d'une grande ampleur c'est Jack Ruby le meurtrier d'Oswald. Il avait beaucoup insisté pour demander à être interrogé à Washington DC car il craignait pour sa vie à Dallas. Il était clair que Ruby croyait que l'assassinat fut le résultat d'un complot beaucoup plus large que le fruit du hasard avec l'existence d'un tueur cinglé et solitaire.'' [229]

Naturellement la démonstration qu'il y eut complot fut faite par un premier groupe de raisonnements à partir des contradictions bien connues, dans les auditions, les faits, les témoignages et les preuves présentes dans les 26 volumes annexes du Rapport de la Commission Warren. Ce groupe cita des facteurs variés allant de l'impossibilité d'Oswald pour réaliser les fameux tirs dignes d'un tireur d'élite qu'on voudrait qu'il soit l'auteur, aux réactions des nombreux témoins présents à proximité du Grassy Knoll qui tous déclarèrent que plusieurs coups de feu, au moins trois, furent tirés du Grassy Knoll, aux observations des blessures sur le corps de Kennedy par les médecins de Dallas, à l'impossibilité pour la 'balle magique' de traverser les os et les corps et ressortir sans déformations sur une civière à l'Hôpital de Parkland… Ce premier groupe n'essaya pas de donner une analyse de la structure du complot.

---

[228] Gaeton Fonzi, *The Last Investigation*
[229] Joseph Farrell, *LBJ and Conspiracy to Kill Kennedy: A Coalescence of Interests*

Le deuxième groupe de littérature sur l'assassinat tenta de trouver une structure au complot mais privilégia souvent une catégorie d'acteurs à l'exclusion des autres en plaçant le complot au centre du planning et de l'exécution du crime. De ce fait l'analyse qui en découle, ignora une sinon deux des trois composantes du crime à savoir le crime en soi, la désignation d'Oswald comme coupable et le camouflage du crime.

Ceux qui se focalisèrent plus sur le camouflage se rendirent compte que parmi tous les acteurs seuls un certain nombre pouvaient avoir les motifs, les moyens et l'opportunité pour perpétuer le camouflage. Ces chercheurs auront tendance à négliger les autres acteurs qui ignoraient le camouflage ainsi que leur possible rôle. De là naquit aussi l'idée d'un complot multiple.

CHAPITRE 11.

La dissimulation du complot

Un complot à l'intérieur du complot

Ce fut en fait une entreprise énorme, plus importante même que la tuerie, un complot dans le complot qui commença très tôt.

Mary Moorman et Jean Hill s'étaient postées ensemble sur l'autre côté d'Elm Street en référence au Grassy Knoll pour regarder venir le cortège de limousines. D'où elles étaient il y avait moins de monde et elles pouvaient voir la rue Elm presque en enfilade avec le TSBD situé à l'autre extrémité de la rue.

Mary fit avec son Polaroïd une première photo du cortège avec l'escorte de policiers en motos devant la limousine présidentielle. En arrière-plan de la photo se dressait nettement le bâtiment du TSBD.

Jean (Hill) fit des signes à JFK qui regardait vers le milieu des sièges de la voiture alors que la voiture s'approchait d'elle. JFK se tourna légèrement vers elle et Mary et commença à agiter son bras. Au même moment Mary déclencha son appareil photo encore une fois et là un premier tir toucha Kennedy. Il sursauta et se pencha vers l'avant. On vit Jackie qui réagit et cria et la limousine qui s'arrêta imperceptiblement, notèrent Jean et Mary. Survinrent de quelque part 2 à 6 ou 7 autres coups de feu qui touchèrent Kennedy et Connally. Jean vit une touffe de cheveux sur l'arrière de la tête de Kennedy se détacher avec probablement un morceau de son crâne. La voiture reprit de la vitesse et s'échappa vers les ponts qui surplombaient Elm Street.

Mary fut rapidement abordée par un journaliste qui s'intéressa à ses photos et à ce qu'elle avait pu observer de l'incident. Ils furent rejoints par des policiers qui lui feront ensuite subir des heures d'interrogation au bout desquelles elles doivent se démettre de leurs photos polaroïds. La dissimulation avait commencé.

L'image d'un tireur à partir du Grassy Knoll

Plus tard une photo de Mary Moorman se révéla être intéressante. En 1982 le chercheur Gary Mack crut que dans une copie d'une photo faite par Mary qu'il s'était procuré il pouvait distinguer l'image d'un tireur derrière la clôture. Il demanda à Jack White si ce dernier pouvait la copier, l'agrandir et la rendre plus nette. Rien de plus facile pour White qui obtint en détail la figure d'un homme dont le menton était caché par une bouffée de fumée ; l'homme était debout dans une posture de tir au fusil. Il semblait porter un uniforme de police avec badge et galon sur l'épaulette. La photo fut confirmée par une analyse et traitement par ordinateur au MIT mais ne fut jamais mise à la connaissance du public pour des motifs politiques.'' [230]

Mainmise pour le contrôle des preuves par Washington

Il fut clair qu'un arrangement pour saisir et contrôler des preuves éventuelles existât dès le début. Qu'il y eut secrètement ordre, suggestion ou directive parut évident d'après les activités de LBJ et de ses aides constatées juste après l'assassinat. Par exemple Cliff Carter pour des raisons inconnues avait envoyé des agents du Service Secret pour retirer et faire nettoyer les vêtements tachés de sang de Connally. Dans la soirée du 22 après son retour à Washington DC Johnson ordonna à Carter de donner trois appels téléphoniques : le premier au procureur du district de Dallas Henri Wade lui interdisant de parler de complot qu'il en ait la preuve ou pas et qu'il devait juste ''charger seul Oswald du meurtre''. Les deuxième et troisième appels furent pour le Chef de la Police Curry et le capitaine Fritz. Carter leur demandait avec insistance que toutes les preuves locales soient remises immédiatement au FBI à Washington. Curry dira plus tard que l'ordre venait d'une autorité haut placée à Washington. Selon d'autres quand quelqu'un refusait d'obéir à Carter il s'en suivait une demande directe par un appel personnel du président Johnson. La 'persuasion' fonctionna bien car moins de 12 heures après l'assassinat toutes les preuves collectées furent envoyées à Washington et en particulier le fusil d'Oswald et la 'balle magique'. Ceci fut aussi une énigme car si Oswald, seul, était accusé de meurtre il serait obligatoirement jugé par une cour du Texas car ce ne fut pas un crime fédéral et les preuves ramenées à Washington n'avaient aucune utilité. L'explication suggérée fut que le plan ne prévoyait pas qu'Oswald puisse vivre suffisamment longtemps pour être jugé au Texas.'' [231]

Une quatrième balle perdue

''Les enquêteurs avaient remarqué sur une photo du site de l'assassinat un panneau de signalisation frappée par une balle perdue et ce détail fut même noté par l'équipe de la Commission Warren. Cette photo fut la preuve de l'existence d'une 4ème balle égarée et comme il était impossible pour Oswald de pouvoir tirer 4 coups dans le laps de temps disponible, elle démontrait l'existence d'un

---

[230] Jack White, *The Great Zapruder Film Hoax* (2003)
[231] Craig Zirbel, *The Texas Connection: Assassination of JFK* (1991)

autre tireur et du coup le complot et mettait à mal la thèse officielle d'un tireur solitaire.

Peu de temps après le panneau fut enlevé et disparut. La dissimulation fut poussée jusqu'au moindre détail comme le montra aussi l'exemple suivant.

Le petit trou en dessous de la pomme Adam

Les médecins qui accueillirent le corps de Kennedy à l'hôpital Parkland Memorial de Dallas eurent comme première observation que Kennedy avait une petite blessure à la gorge et une énorme blessure béante sur le côté droit en arrière du crâne. Le médecin qui traita en premier Kennedy fit un rapport dans lequel il décrivit que Kennedy avait reçu une balle qui était entrée dans sa gorge. Ce détail montrerait de nouveau qu'un deuxième tireur serait à l'avant du cortège. A la conférence de presse post-traitement le médecin responsable et celui qui annonça le décès de Kennedy avaient donné la précision que Kennedy fut aussi atteint par une balle ayant pénétré dans sa gorge en dessous de sa pomme d'Adam.

Ce détail n'apparut pas publiquement car le Service Secret saisit l'ensemble des enregistrements de la conférence de presse et refusa de les remettre par la suite.

Une autopsie particulière

Trois médecins militaires furent sélectionnés pour effectuer l'autopsie la plus importante du siècle. Aucun ne fut cependant médecin légiste et expert en pathologie pour pouvoir observer et éventuellement donner des interprétations scientifiques intéressantes.

A l'inverse il apparut qu'on chercha plutôt à limiter la portée de leurs travaux. L'autorisation de disséquer la gorge de Kennedy leur fut refusée. L'accès aux vêtements de Kennedy fut empêché. Ils furent stoppés dans leur effort de rechercher les trajectoires des balles dans le corps de Kennedy. Quand ils voulurent examiner les photos des blessures (10 à 15 en nombre) prises par leur propre équipe, regarder de plus près les clichés par rayon X (10 à 12) ils apprirent que tout ce matériel avait été saisi par le Service Secret même avant leur développement.

Le rapport d'autopsie du Dr Humes fut 'réécrit' et l'original brûlé dans sa cheminée. On lui interdit de parler et de donner son opinion ou d'expliquer le contenu de son rapport original brûlé.

Fabrication de photos de l'autopsie

"Le week-end de l'assassinat Spencer fut la personne à qui on demanda de développer sous le sceau du secret les photos de l'autopsie de Kennedy. Pendant plus de trente ans elle continuait de respecter son serment de ne rien divulguer. Dans les années 90 elle fut appelée à témoigner devant la ARRB (Assassinations Records Review Board) qui la libéra de son serment. On lui demanda d'identifier les photos officielles de l'autopsie de la tête de Kennedy et elle déclara sans détour et de manière non équivoque que les photos présentées n'étaient pas celles qu'elle avait développées car elles montraient l'arrière de la tête de Kennedy intacte alors qu'elle avait vu une blessure béante dans cette zone. Son témoignage recoupait la déclaration du médecin de Dallas annonçant la mort de Kennedy.

Les photos officielles étaient donc des faux mais cela n'avait entraîné aucune enquête de la presse, du Congrès, du Département de la Justice ou d'une Agence Fédérale.'' [232]

Le film de Zapruder

Abraham Zapruder eut l'occasion de filmer le cortège de limousines. Il le vendit à Life Magazine dès le 25 novembre 1963. Charles Jackson fut la personne responsable de l'achat et c'était un proche ami de Henry Luce le propriétaire du magazine. Jackson était connu pour être l'émissaire personnel de Luce auprès de la CIA.

Devant la Commission Warren Zapruder déclara qu'il avait obtenu 25000$ de son film de 26.6 secondes et qu'il avait donné fait don de l'argent à une association de bienfaisance pour les Pompiers et les Policiers. Cependant quand le contrat fut rendu public il apparut que la somme avait atteint 150000$.

Ce qui était étonnant c'était que Life n'avait pas utilisé de copie du film pour rentabiliser son extraordinaire investissement. Plus exactement Life n'avait pas cédé de copie en tant que film à n'importe quel autre média et n'avait jamais permis le visionnage du film dans son entièreté.

Une recherche plus poussée sur l'affaire montra que le film n'avait pas été simplement vendu à Life et le nom personnel de Jackson figurait aussi sur le contrat d'achat. Ce qui fait que Jackson avait autorité sur la publication des extraits du film ; il n'avait autorisé que la diffusion de photos ce qui excluait toute notion de mouvement et rendait impossible toute interprétation correcte de ce qui s'était passé avant, pendant et après l'impact.

---

[232] Jacb G. Homberger *The Kennedy Autopsy 2 : LBJ's Role in the Assassination*

Jackson avait aussi négocié avec succès avec Marina Oswald les droits exclusifs pour faire publier le cas échéant l'histoire de Marina qui en fin de compte n'avait jamais vu le jour.

Charles Douglas Jackson mourut le 18.09.64. En décembre 1971 sa veuve fit don de ses papiers à la bibliothèque Eisenhower Presidential Library. On sut alors qu'il était agent de la CIA depuis 1948.

Le 29 novembre 1963 Life Magazine publia une série de 31 photos en noir et blanc tirées du film. Il fut révélé bien plus tard que les photos critiques illustrant le mouvement de la tête de Kennedy après l'impact furent imprimées dans l'ordre inverse pour décrire un mouvement vers l'avant. James Wagenwood l'assistant à l'éditeur exécutif qui avait en main le premier tirage des photos avant leur distribution vers les journaux et magazines d'Europe et de Grande Bretagne, croyant avoir détecté une erreur signala la chose mais n'obtint qu'un regard glaçant du Directeur de la Photographie Dick Pollard en guise de réponse. Plus tard il dira ''Comme j'étais un employé ambitieux j'ai laissé le processus se continuer normalement.''

Puis en décembre 1963, 8 photos de grande dimension et en couleurs apparurent dans le numéro dédié à John Kennedy. La même chose fut faite par Life Magazine dans les jours qui suivirent la diffusion du rapport de la Commission Warren.

Pour essayer de prouver l'existence d'un complot dans le procès contre Clay Shaw, Garrison enjoignit Life Magazine de produire le film de Zapruder. La compagnie refusa et l'affaire remonta jusqu'à la Cour Suprême qui ordonna à Life Magazine de remettre le film à Garrison. Jim Marrs dira que la compagnie s'exécuta à contre cœur et remit une copie de mauvaise qualité mais c'était suffisamment utile. Peu après grâce aux efforts de l'équipe de Garrison des copies pirates du film étaient dans les mains de plusieurs chercheurs sur l'assassinat.'' [233]

Le film fut montré au Grand Jury pour la première fois en 1969 lors du procès de Clay Shaw et apparut sur une chaîne de télévision locale de Los Angeles le 14 février 1969. Mais il aura fallu attendre jusqu'au 6 mars 1975 pour que le film passe sur la chaîne nationale de grande audience ABC. La réaction indignée du public fut telle que cela avait conduit à la formation de la Commission d'enquête CCIIA (Church Committee Investigation on Intelligence Activities) et de la HSCA.

Dans le numéro du 6 décembre 1963, Paul Mandel écrivit un article sur l'assassinat de Kennedy dans Life Magazine. On pouvait lire ''Le médecin dit qu'une balle traversa le côté latéral droit du crâne de Kennedy de l'arrière vers

---

[233] John Simkin, *Jim Garrison*, john@spartacu-educational.com

l'avant. Une autre balle, toujours selon le médecin, pénétra dans la gorge du Président sans en ressortir. Mais comme à ce moment la limousine était à plus de 50 yards (0,914m) au-delà d'Oswald et que son dos faisait face au sniper il était difficile de comprendre comment une balle pouvait entrer par le devant dans sa gorge. De là naquirent des suppositions concernant un deuxième tireur situé quelque part. Mais le bout de film de 8mm montra que le Président s'était tourné complètement vers sa droite pour saluer la foule. Sa gorge fut ainsi exposée vers le 'repaire' du tueur juste avant qu'il ne s'en saisisse.''

Jim Marrs dira que ''cette présentation des faits fut une erreur flagrante comme pourra le vérifier quiconque regardera le film. Le pourquoi d'une information erronée à un moment aussi critique ne sera probablement jamais connu car l'auteur de cette analyse mourut peu de temps après.''

Un film délibérément altéré

''Concernant le film de Zapruder David Mantik commença par critiquer les conditions de conservation du film qui n'avait suivi aucune procédure légale pour pouvoir constituer des preuves crédibles devant un tribunal. Mais sa principale conclusion fut d'affirmer que le film avait fait l'objet de multiples altérations délibérées. De nombreux plans furent enlevés, d'autres subirent de nombreuses modifications pour pouvoir remplacer ceux manquants et le reste resta intact.''[234]

Retour sur l'autopsie : elle est faite pour tromper

David Mantik qui avait pu étudier les radios par rayon X faites lors de l'autopsie du corps de Kennedy par la technique appelée densitométrie optique fut formel dans sa déclaration du 10 novembre 1993 : « J'ai découvert de nouvelles preuves attestant que les radios furent modifiées et qu'il y a eu 2 tirs ayant touché Kennedy au crâne et que la 'balle magique' est anatomiquement impossible. »

''Entre 1994 et 1998 le ARRB (Assassinations Records Review Board) avait procédé à la diffusion d'environ 60000 documents relatifs à l'assassinat de Kennedy et conduit des interviews et des recueils de témoignages avec de nombreux témoins appartenant au milieu médical, certains entièrement nouveaux par rapport au dossier. Il apparut de nombreuses preuves d'origine médicale tendant à prouver l'existence d'une dissimulation post-assassinat de la réalité, inconnue jusque-là des historiens.

---

[234] David W. Mantik, *How the Film of the Century Was Edited*, inclus dans Assassination Science (1998)

Comme l'évènement est d'une importance majeure au 20ᵉ siècle et constitue peut-être le tournant de l'histoire des États-Unis il appartient aux historiens de comprendre et d'expliquer l'évènement comme tous ceux l'ayant entourés. Jusqu'à ce jour cependant un silence assourdissant régna sur le sujet comme si les historiens se contentèrent de la moisson de faits effectuée par la Commission Warren.

Mais il est un fait que ce sujet controversé fait peur aux historiens, une peur parfaitement compréhensible pour leur prestige ou peur pour des retours de bâtons s'il leur arrivait de regarder trop méticuleusement dans les profondeurs de ce puits de l'histoire. Cependant ces sérieuses questions doivent être regardées en face avec honnêteté et responsabilité et non pas laissées aux bons soins d'amateurs que sont les médias.

Compte tenu de la manipulation opérée sur les résultats de l'autopsie sous le contrôle du Service Secret la dissimulation post-assassinat avait certainement nécessité l'assistance du gouvernement jusqu'aux plus hauts niveaux. Cette conclusion ne peut plus être ignorée et les historiens ne peuvent plus nier que la réalité qu'on nous sert n'est qu'une pure tromperie.''[235]

Une dissimulation à grande échelle

Ce fut donc une dissimulation à grande échelle que les enquêtes effectuées pendant plus d'un demi-siècle arrivèrent seulement à faire apparaître au grand jour.

La CIA en particulier s'attacha à éliminer toute connexion entre l'assassinat de Kennedy et elle. Ainsi par exemple il ne fut fait aucune mention des tentatives d'assassinat de Castro à la Commission Warren par ses représentants. En vérité James Angleton, son chef pour le contre-espionnage, avait même demandé à Bill Sullivan du FBI d'entraîner ses agents à dire Non aux questions des enquêteurs de la Commission.

Par exemple : Question : Oswald fut-il un agent de la CIA ? Réponse : Non.

Question : La CIA a-t-elle des preuves montrant qu'un complot existe pour tuer Kennedy ? Réponse : Non.

En fait la manipulation la plus importante fut toute la mise en scène pour utiliser Lee Harvey Oswald comme pigeon, pour le faire désigner comme tueur solitaire et réaliser le crime parfait.

Grâce aux enquêtes fouillées menées depuis toutes ces années il paraîtrait clairement qu'Oswald n'avait pas tiré un seul coup de feu ce jour du 22 novembre. De nombreuses déclarations de membres de la CIA ne furent que des mensonges pour faire diversion et faire croire au scénario qu'ils avaient conçu.

---

[235] David W. Mantik, *The Silence of the Historians* inclus dans Murder in Dealey Plaza (2000)

CHAPITRE 12

A la recherche des auteurs du crime

De nombreuses théories de complot furent probablement élaborées par des investigations guidées et inspirées essentiellement par les adages 'Cherchez la femme', 'Cherchez le bénéficiaire' ou 'Cherchez l'ennemi' qu'on devrait tous mettre au pluriel dans le cas de JFK.

'Cherchez la femme'

Avec 'Cherchez la femme' on en trouva une parmi tant d'autres, assez particulière, Judith Cambell, car elle fut à un moment la maîtresse commune de Sam Giancana et de JFK. JFK se servait de Judith pour faire passer des messages à Giancana au moment où il voulait utiliser Giancana pour l'aider à se débarrasser de Fidel Castro. Cette piste avait aussi mis en évidence le chantage qu'aurait exercé Hoover en présentant à Kennedy des photos accablantes de Judith et John mais aussi de Judith et Sam. Ceci aurait permis à Hoover de sauver sa peau car Kennedy avait l'intention de changer de Directeur du FBI.

Plus important le chantage par Hoover aurait aussi permis de faire accepter LBJ comme colistier par JFK sur son ticket présidentiel alors qu'il avait déjà fait son choix sur le sénateur Stuart Symington qui avait aussi déjà donné son accord.

L'analyse suivante est facile à faire: concrètement le pouvoir politique d'un leader de la Majorité au Sénat est beaucoup plus important que celui d'un Vice-président à qui le Président peut assigner un rôle de figuration. Mais alors pourquoi LBJ avait-il fait le choix de la vice-présidence ? Sachant son envie démesurée de devenir Président on pourrait lui prêter le calcul sordide suivant pour l'expliquer : LBJ né en 1908 avait à ce moment-là 52 ans et venait de subir l'échec de se faire désigner comme candidat par le Parti démocrate. Il devra raisonnablement attendre la fin de deux mandats de Kennedy soit 8 ans avant de pouvoir retenter sa chance. Sachant qu'il deviendrait automatiquement Président s'il arrivait à Kennedy le malheur de ne pas pouvoir finir ses mandats éventuels, peut-être que Johnson avait-il fait le choix de devenir Vice-président en espérant que le destin et la chance aidant lui feraient accéder plus simplement et plus rapidement au pouvoir suprême. Quitte à aider lui-même cette chance et le destin.

'Cherchez le bénéficiaire'

Avec 'Cherchez le bénéficiaire' on retrouva au premier rang LBJ qui accéda au pouvoir suprême. Mais il y a d'autres heureux et notamment les gros magnats texans du pétrole, comme Haroldson L. Hunt et Clint Murchison, grands amis et donateurs de LBJ pour ses élections, qui ne risqueraient plus de perdre par an des millions de $ de remises de taxes.

Un indice menant à H. L. Hunt fut que le jour précédant le meurtre Jim Brading avait rendu visite à Hunt dans son bureau à Dallas. Brading était lié à Carlos Marcello un autre suspect dans l'affaire.

Brading fut arrêté dans le bâtiment du Dal-Tex donnant sur le Dealey Plaza après l'assassinat mais fut relâché peu de temps après.

'Cherchez l'ennemi'

Avec 'Cherchez l'ennemi' et cette histoire de Guerre froide les ennemis politiques les plus importants de Kennedy étaient à l'étranger. Le premier était l'Union Soviétique et en deuxième position venait le leader cubain Fidel Castro. Car Cuba tiendra un rôle particulièrement important dans la politique extérieure de Kennedy pendant son mandat.

La liste est encore plus longue si on y inclut ceux qui, sans jusqu'à être des ennemis, lui en voulaient suffisamment pour souhaiter sa mort.

On pouvait trouver à cause de Cuba et en première position, A. Dulles l'ancien Directeur de la CIA congédié par Kennedy. Venaient ensuite des anti-Castro et plus particulièrement des anciens membres de l'Opération 40 qui étaient les plus en colère contre Kennedy qui avait fait échouer le Débarquement de la Baie des Cochons. Rappelons que le groupe Opération 40 fut créé par A. Dulles avec à la base des agents de la CIA et des exilés Cubains. Ils s'étaient associés à la Mafia pour des opérations de subversion contre le régime de Castro et même des tentatives d'assassinats de Castro.

Enfin on retrouvait aussi dans cette catégorie Hoover et LBJ. Et ceux-ci furent parmi les pires.

Passage en revue rapide de différentes thèses

Ainsi les thèses les plus folles comme les plus sérieuses commencèrent à circuler très vite. On avait trouvé pêle-mêle le Mossad, les Soviétiques, les anti-Castro, les pro-Castro, les milliardaires du pétrole Texan, les Mafias, mais aussi les services du gouvernement comme la CIA, le FBI...

Le passage en revue de chacune d'entre elles a le mérite de donner parfois soit le contexte dans lequel s'était déroulé le crime, soit de bonnes raisons du point de vue du coupable potentiel pour souhaiter la mort de Kennedy. On va suivre l'ordre donné ci-dessus sans raison particulière mais en gardant quand même les meilleurs morceaux pour la fin.

Israël et le Mossad

Selon le Houston Post et/ou le Houston Chronicle après avoir tué Lee Harvey Oswald Jack Ruby lâcha que lui et d'autres seront ''la cause de la mort de 25 millions de Juifs''. ''C'est peut-être là le motif de son geste envers Oswald – il pensait que cela permettrait de sauver le peuple Juif d'une totale annihilation.

Kennedy ne voulait pas qu'Israël dispose de la bombe nucléaire avec le plutonium créé à partir de Dimona. Pour s'assurer de cela il avait exigé d'Israël de laisser les États-Unis faire des inspections des installations de Dimona pendant 6 mois. D'ailleurs Kennedy était furieux contre la France qui avait aidé à construire Dimona.''[236]

Les Soviétiques

Le monde était en pleine Guerre froide et on avait assisté à la confrontation entre Moscou et Washington frôlant de peu la catastrophe nucléaire avec la crise des missiles à Cuba en octobre 1962.

Il était logique de penser que les Soviétiques aient un intérêt à supprimer Kennedy pour déstabiliser les États-Unis.

Les pro-Castro

Le fait d'imaginer que Castro puisse être à la base d'un complot visant à tuer Kennedy n'a rien d'illogique car il est au courant que l'inverse est parfaitement vrai et il a fait exécuter plusieurs équipes de tueurs envoyés pour l'assassiner. Les tentatives de la CIA furent nombreuses et la dernière l'opération Mongoose fut avortée. Mais de là à penser que Castro ait pu passer à l'acte il y a un certain pas à franchir.

La Mafia

L'implication des grands leaders de la Mafia fut très probable comme on le verra plus loin. Mais on peut tout de suite citer la Mafia de Chicago représentée par San Giancana qui avait une raison particulière pour vouloir se venger de Kennedy. Il est notoire que Kennedy avait bénéficié d'un coup de main de la part de la Mafia de Chicago pour gagner les élections présidentielles de 1960 grâce à l'entremise de son père qui avait entretenu de bonnes relations avec la Mafia du temps où il faisait des affaires fructueuses avec elle.

Mais Kennedy une fois élu non seulement n'avait pas renvoyé l'ascenseur mais son frère Robert devenu Ministre de la Justice s'était mis à faire la chasse

---

[236] Robert Murdoch, *Ambush in Dealey Plaza: How and Why They Killed President Kennedy*

aux pratiques de corruption dans le pays et avait déclenché des enquêtes concernant les chefs mafieux les plus en vue.

Jack Ruby en sa personne fut l'expression la plus évidente d'une liaison de l'affaire Kennedy avec la Mafia malgré la conclusion en sens inverse de la Commission Warren qui prétendit qu'il n'y avait pas de signes convaincants de relations entre Ruby et le Crime organisé. Michael Kurtz le souligna dans son livre Crime of the Century : « Pendant le mois précédent le meurtre Ruby eut un nombre de communications téléphoniques anormalement élevé avec Irwin Weiner, un grand nom du crime organisé, avec Robert 'Barney' Baker un associé de Jimmy Hoffa, avec Nofio J. Pecora un lieutenant du leader de la mafia de Louisiane Carlos Marcello, avec Lewis McWillie un proche de Santos Trafficante et de Meyer Lansky... »

Les milliardaires du pétrole Texan

Kennedy s'était ému du système de taxe très favorable pour les exploitants de pétrole qui datait un peu et qui faisait que les millionnaires texans payaient très peu d'impôts. Il voulait proposer un plan de réforme pour supprimer ces avantages et en conséquence s'était attiré beaucoup d'inimitiés de la part de ces multimilliardaires.

Par contre Johnson avait un calendrier politique distinct et des ambitions personnelles diverses dans les affaires mais dans sa carrière politique il avait toujours défendu les intérêts de l'un des cartels les plus puissants des États-Unis le cartel du pétrole Texan."[237]

Les anti-Castro

Kennedy élu Président avait hérité d'une sale affaire du président Eisenhower. C'était un complot visant à faire chuter le dirigeant procommuniste Fidel Castro venu au pouvoir en décembre 1958 à Cuba aux portes mêmes des États-Unis. Les exilés cubains aux États-Unis, partisans d'un Cuba libre n'avaient de cesse que de retrouver la belle vie antérieure et s'opposaient à la Révolution prônée par Castro. Ils réussirent à se faire aider par la CIA et entreprirent d'organiser un débarquement de 1400 Cubains le 17 avril sur la Baie des Cochons pour renverser Castro.

De fait la CIA voulait initier cette action qui à elle seule ne pouvait réussir mais comptait sur les difficultés inhérentes à l'opération pour entraîner Kennedy dans un engagement plus massif et décisif des forces américaines. Sentant le piège Kennedy refusa l'appui aérien demandé et l'affaire se transforma en échec humiliant pour les États-Unis et la fin de l'espoir des anti-

---

[237] Barr McClellan, *Blood, Money, &Power : How LBJ Killed JFK*

Castro de retrouver un Cuba libre. C'est ainsi que les anti-Castro en voulurent à mort contre Kennedy.

La CIA

Au vue du rapport de Maxwell Taylor soulignant l'organisation défectueuse de l'opération Baie des Cochons à bien d'égards Kennedy furieux prit la décision de sacquer les 3 principaux dirigeants de la CIA, A. Dulles son Directeur, Charles Cabell le Directeur Adjoint et Richard Bissell le Directeur chargé des Plans.

Trouver la CIA pour l'incriminer dans l'assassinat de Kennedy fut chose facile car d'eux-mêmes d'anciens agents de la CIA avoueront, souvent dans leur autobiographie et tardivement, leur participation à l'assassinat. Mais aucun d'entre eux ne dira qu'il avait appuyé sur la gâchette.

Le cas du plus célèbre d'entre eux fut Howard Hunt, car impliqué et pris sur le fait dans l'affaire du Watergate il sera condamné et fit de la prison.

Mais en même temps c'est aussi difficile car on n'est pas certain de savoir s'ils avaient dit toute la vérité ou s'ils avaient tout bonnement menti. Et de toute façon il n'y a jamais de preuves tangibles et probantes car le propre de leur action consiste à s'assurer de ne pas laisser de trace dans leur 'covert action' (action ultra secrète). Ce qui leur permet parfois et souvent de mentir effrontément même devant les commissions officielles d'enquête. Ce fut le cas notamment pour Richard Helms qui fut même condamné pour parjure.

Hunt ne fut pas le seul de la CIA à 'passer à table' et comme les uns pouvaient en citer d'autres on arriva à une longue liste de personnes sur qui il y avait intérêt à enquêter.

Le FBI ou plus exactement son Directeur Edgar Hoover

John Edgar Hoover naquit à Washington le 1er janvier 1895. Il fit des études de Droit et trouva un poste dans le Justice Department.

Il se révéla être un adversaire acharné des personnes de 'Gauche' et tout particulièrement des Communistes. On avait estimé que ses actions dignes d'une persécution eurent pour résultat de faire chuter le nombre de membres de l'American Communist Party de 80000 à moins de 6000.

En 1921 Hoover fut promu au poste de Directeur Adjoint du Bureau of Investigation, puis Directeur en 1924. Mais à cette époque les pouvoirs du Bureau étaient limités car la Justice n'était pas une affaire fédérale mais des États. Les agents n'étaient pas armés et ne pouvaient pas procéder à des arrestations. Grâce à son action le Congrès donna son accord pour la création du Federal Bureau of Investigation (FBI) en 1935. Les agents pouvaient maintenant agir contre le crime et la violence dans tout le pays et porter des armes.

Hoover s'attacha à faire du FBI une organisation de première classe mondiale dans la lutte contre le crime.

Il persuada le président Roosevelt de confier au FBI la tâche d'enquêter aussi sur l'espionnage d'origine étrangère aux États-Unis.

Hoover était aussi connu pour avoir établi des dossiers noirs concernant tous les hommes politiques importants de Washington. C'est grâce à cela qu'il détint le record de longévité au poste de Directeur du FBI. Kennedy voulait le remplacer mais il sauva sa peau en montrant à JFK qu'il possédait des preuves formelles de ses relations extra-conjugales.

Il se lia d'amitiés avec LBJ et avec l'aide de ce dernier obtint un salaire garanti à vie par une loi. Les deux hommes se partageaient les informations qu'ils obtenaient sur les hommes politiques les plus importants. Après l'assassinat de Kennedy Hoover avait aidé LBJ à le camoufler et à étouffer le scandale de Bobby Baker.

Le FBI sous Hoover collecta massivement les informations sur les politiciens américains qu'il utilisa probablement le cas échéant pour influencer leurs actions. La légende dit que sa stratégie avait bien fonctionné avec les 8 présidents qu'il avait servis pour lui éviter d'être sacqué par eux car il mourut en étant encore en poste à l'âge de 77 ans le 2 mai 1972.

Attitude curieuse de Hoover à propos de l'assassinat

"En 2017 le public apprit l'existence d'un mémorandum relatant l'état d'esprit d'Edgar Hoover le soir du meurtre de Lee Harvey Oswald : "Le point qui me préoccupe c'est de trouver quelque chose à proposer pour convaincre le public qu'Oswald est le véritable assassin."

Hoover n'avait rien trouvé de mieux que d'affirmer qu'il n'y avait pas l'ombre d'une preuve montrant l'existence d'un complot. Pourtant par la même occasion on apprit qu'un inconnu avait appelé une agence de presse à Cambridge en Angleterre 25 minutes avant l'assassinat pour prévenir qu'il fallait contacter l'ambassade américaine à Londres pour "des informations de la plus haute importance" avant de raccrocher.

Dans ce même mémorandum Hoover avait mentionné une menace précise contre Oswald : "Notre bureau de Dallas avait reçu hier soir un appel d'un homme qui parlant d'une voix calme avait revendiqué le fait qu'il appartenait à un groupe organisé pour tuer Oswald. Nous avons de suite notifié l'information au Chef de la Police qui nous a assuré qu'Oswald recevrait la protection adéquate. Nous avons répété notre appel au Chef de la Police ce matin et il nous a de nouveau donné l'assurance qu'Oswald était sous bonne protection. Cependant cela n'a pas été fait et le fait qu'Oswald soit tué après nos avertissements est inexcusable."

Sur Jack Ruby Hoover avait simplement dit : « Nous n'avons pas d'information sûre à part des rumeurs sur des activités clandestines avec le milieu de Chicago. »

Les rumeurs diront rapidement que Ruby fut payé par la pègre ou de riches supporters de la Birch Society pour réduire Oswald au silence et ce dernier avait tué Kennedy pour le compte de la Mafia ou des Communistes.'' [238]

LBJ

C'est le dernier de la liste car à priori comment croire qu'un Vice-président puisse se livrer à un complot contre son Président. Les gens avaient peur de faire face à une telle éventualité dont les implications étaient totalement inconnues. L'idée qu'une personne ayant grimpé aussi haut pouvant être aussi diabolique était tout simplement impensable et il était naturel de garder une certaine déférence envers l'homme qui était lui-même devenu président. Les journalistes hésitaient à colporter des histoires négatives à propos du Président en exercice et pratiquaient volontairement une espèce d'auto censure.

Tout ceci expliqua pourquoi les accusations contre LBJ ne furent prises au sérieux qu'au bout d'un certain temps malgré le fait que LBJ avait, outre le fait d'être principal bénéficiaire, infiniment plus de raisons pour vouloir tuer Kennedy.

---

[238] Dan Abrams, *Kennedy's Avenger : Assassination, Conspiracy and the Forgotten Trial of Jack Ruby*

CHAPITRE 13

Le président Kennedy, la victime

Kennedy devint 35ème Président des États-Unis à la suite d'élections très serrées. Il gagna avec une différence de 112827 voix soit 0.17%. Il fut reconnu que la Mafia de Chicago avait apporté la victoire à John Kennedy aux élections présidentielles de 1960 par les votes cruciaux de l'Illinois et de Chicago qui avaient fait la différence suite aux interventions de Sam Giancana et de Santos Trafficante à la demande expresse du père du futur président, Joseph Kennedy, qui fut dans le passé un associé de la Mafia.

Sur un nombre total record de votants de 69 millions seulement moins de 16000 électeurs avaient par leur vote désigné le gagnant des élections. Pour illustrer la faible marge donnant la victoire à Kennedy il suffirait d'imaginer que 4500 votants en Illinois et 24000 votants au Texas changent leur vote de Kennedy à Nixon pour faire gagner ce dernier.

Joe Kennedy et la Mafia

Les relations des Kennedy avec la Mafia étaient à la fois vieilles et profondes. Joe Kennedy fut un escroc. Il avait fait fortune en fournissant de l'alcol de contrebande à la Mafia pendant la Prohibition des années 1920. Il était obsédé par l'argent et disait : « Pour gagner de l'argent il faut aller le chercher où il se trouve. » A la fin des années 20 Joe Kennedy était profondément lié aux grands noms de criminels du moment : Lansky, Siegel et Frank Costello tous les deux étaient soient clients, rivaux d'affaires ou partenaires. Le truand notoire Sam Giancana se rappelant des jours grisants de la Prohibition dit : « Joe Kennedy était le plus grand escroc que j'aie jamais connu. » Venant d'un Don (chef de la Mafia) de Chicago qui avait passé toute sa vie dans le crime organisé ce fut un hommage remarquable à l'homme qui sera nommé plus tard ambassadeur en Grande Bretagne.

Le génie de Kennedy Senior fut dans sa capacité de relier en douceur affaire et crime dans sa poursuite du profit. Parfois ses méthodes paraissaient sortir directement d'un film sur les gangsters. En 1929 Joe Kennedy fit une offre pour une chaîne de cinémas de la côte Ouest détenu par le Grec Alexander Pantages. Pantages refusa de vendre à l'étonnement et la fureur de Joe.

Mais personne ne pouvait opposer un refus à Joe. Il utilisa les méthodes éprouvées de la Mafia : Une danseuse du nom d'Eunice Pringle fut envoyée dans les bureaux de Pantages. Elle en ressortit dénudée en criant au viol. Pantages fut interpellé et emmené en prison malgré ses protestations d'innocence.

Il fut condamné à 50 ans de prison pour viol et Eunice Pringle obtint un contrat pour un film. Plus tard la condamnation de viol fut rejetée en appel car Pantages utilisa une armée de détectives privés pour trouver une histoire de cupidité, de prostitution en amateur dans la personne de sa 'douce petite' accusatrice. Mais la réputation de Pantages fut atteinte et ses finances en souffrirent. Quand il mourut en 1936 d'une attaque cardiaque Kennedy racheta son business à un prix dérisoire.

La conclusion finale vint des années plus tard quand sur son lit de mort Eunice Pringle confessa avoir reçu 10000$ pour jouer son petit cinéma.

Quand en 1932 il apparut que la Prohibition n'était pas la bonne méthode Joe Kennedy sentit le vent venir et commença à stocker de grandes quantités d'alcool. Ce qui lui permit d'entrer triomphalement dans le nouveau marché du whisky légal et devenir multimillionnaire.

C'était à ce moment-là qu'il recherche l'influence politique à Washington en devenant bailleur et collecteur de fonds pour Roosevelt et les New Dealers du Parti Démocrate. Il fut récompensé en devenant ambassadeur des États-Unis en Grande Bretagne entre 1938 et 1940.

Il devint clair que son but ultime fut la présidence des États-Unis au moins pour un de ses fils. Et quand l'aîné Joe junior fut tué à la guerre ses espoirs se reportèrent sur John le fils suivant. Il ne fit aucun doute qu'il acheta à la Mafia, au sens propre du terme, le vote des habitants de l'Illinois pour John.

Héro de guerre JFK résista aux pourvoyeurs de guerre

Les biographes de Kennedy insistent souvent sur l'image d'un jeune homme riche vivant dans une union dysfonctionnelle qui fut l'aboutissement de la jeunesse dorée d'un playboy insouciant soumis à l'influence constante d'un père dominateur qui courait les femmes et d'une mère catholique austère et avare de ses émotions. Cette demi-vérité est trompeuse et n'explique pas pourquoi le président Kennedy avait résisté avec une volonté d'acier aux pressions d'une élite militaro-économique prompte à faire la guerre.

Selon James W. Douglass la vie de Kennedy fut modelée par le sentiment de mort que l'Ange de la Mort faisait planer sur lui. Il souffrait durant de longues périodes de maladie et voyait de façon répétitive la mort s'approcher de lui - comme la scarlatine quand il avait deux à trois ans en passant par une succession de maladies infantiles, comme une affection sanguine chronique pendant la période d'internat, une combinaison de colite et d'ulcère, une affection intestinale pendant ses années à Harvard, une ostéoporose et des problèmes invalidants au dos aggravés par des blessures de guerre qui avaient continué à le tourmenter tout le restant de sa vie et pour finir une insuffisance d'hormones surrénales due à la maladie d'Addison. Pour la famille et les amis Jack Kennedy paraissait toujours malade et sur le point de mourir.

Vivre intensément sa vie

Cependant il exultait ironiquement une joie de vivre certaine. Les faiblesses toutes comme les forces de son caractère avaient pour origine le fait qu'il croyait profondément que sa mort allait venir tôt. Il disait à un ami dans une longue discussion sur la mort : « L'important c'est de vivre chaque jour comme si c'était ton dernier jour sur terre. Et c'est ce que je suis en train de vivre. » Avec ce point de vue il pouvait être vraiment insouciant notamment pour ses incartades sexuels qui après sa mort attirèrent beaucoup l'attention des médias. Il pouvait être courageux jusqu'à l'héroïsme. La mort ne lui faisait pas peur. Comme Président il plaisantait souvent avec l'approche de sa mort. L'Ange de la mort était son compagnon. En souriant avec sa propre mort il était libre de résister à la mort pour les autres.

La 2ème Guerre Mondiale l'avait vu risquer sa vie pour sauver celle de ses camarades. Il était aux commandes du PT 109 (Patrol Torpedo 109) quand le bateau fut éperonné et coulé par un destroyer japonais. Il fit des efforts vraiment surhumains et héroïques pour sauver le reste de l'équipage rescapé du naufrage.''[239]

Homme politique convaincu des horreurs de la guerre

Après la guerre, décoré pour fait héroïque il entra en politique avec l'idée de se prémunir d'une autre guerre. Son discours de candidat du Massachusetts au Congrès le 22 avril 1946 ressembla plus à un discours pour une candidature à la présidence : « Ce que nous faisons maintenant va façonner l'histoire de la civilisation pour de nombreuses années à venir…Nous avons un monde dans lequel les terribles puissances de l'énergie atomique sont lâchées, un monde capable de s'autodétruire. Les jours à venir sont des plus difficiles mais par-dessus tout, jour et nuit et avec chaque once d'ingénuité et de technicité que nous détenons nous devons travailler pour la paix. Nous devons éviter une autre guerre. »

---

[239] James W. Douglas, *JFK and the Unspeakable : Why He Died and Why It Matters* (2010)

D'où venait-il que ce candidat de 28 ans au Congrès fasse sienne de cette vision de paix ?...

Il entra à la Chambre des Représentants entre 1947 et 1953 puis devint Sénateur du Massachusetts entre 1953 et 1960. Pendant son séjour au Sénat il publia *Profiles in Courage* qui reçut le prix Pulitzer.

Le journaliste Hugh Sidey qui avait écouté les réflexions sur la guerre du sénateur Kennedy en 1960 écrivit 35 années plus tard dans un essai rétrospectif : « Si j'avais à faire ressortir un seul élément plus que tout autre de la vie de Kennedy qui avait influencé son leadership ce serait son horreur de la guerre, sa totale révulsion contre le terrible tribut que la guerre moderne avait prélevé sur les individus, les nations et les sociétés et contre les pires perspectives que l'âge du nucléaire apporte. »

Populaire pour son style, son humour et son charisme, il gagna les élections présidentielles de 1962 et son élection suscita une grande ferveur au sein du public américain.

John F. Kennedy un Président prometteur, épris de paix

Mais c'était en plein Guerre Froide et les temps de la Guerre Froide étaient passablement favorables aux conflits poussés et souhaités par les institutions militaires.

Eisenhower en avait une certaine expérience ; il pensait vraiment que certains membres du Congrès et de l'Administration avaient été achetés et payés par l'industrie de l'armement pour maintenir un haut niveau de dépenses pour la Défense. Il se sentit obligé de faire une mise en garde, assez surprenante lors de son discours de départ le 17 janvier 1961, en s'adressant au peuple américain et à Kennedy pour prévenir solennellement du risque en provenance d'une influence injustifiée et vorace du complexe militaro-industriel : « Jusqu'à notre dernier conflit les États-Unis n'avaient pas d'industrie d'armements. Mais maintenant nous sommes obligés de créer une grande industrie permanente d'armements. Cette conjonction entre un immense établissement militaire et une grande industrie de l'armement est nouveau dans la vie de la Nation. Dans les instances gouvernementales nous devons nous prémunir de l'influence injustifiée exercée par le lobby militaro-industriel. »

Pas de troupes de combat à Cuba

Dès avril 1961 JFK dut faire face au premier défi se posant à lui en tant que président, l'opération de Débarquement de la Baie des Cochons à Cuba par des exilés Cubains soutenus par la CIA qu'il hérita de l'administration d'Eisenhower.

Il résista aux conseils qui lui suggéraient d'envoyer les troupes américaines pour envahir l'île et renverser Castro et l'opération devint un fiasco dramatique pour les exilés Cubains.

Par la suite Kennedy dut aussi résister aux tentatives de le persuader d'envoyer les troupes de combat au Việt Nam. Cette ligne politique qu'il suivit datait de l'époque de l'échec de l'opération de Débarquement de la Baie des Cochons à Cuba. Il avait dit à l'assistant du Secrétaire d'État Roger Hilsman : « Le Débarquement de la Baie des Cochons m'a appris un certain nombre de choses. La première c'est de ne pas faire confiance aux généraux ou à la CIA et la deuxième c'est que si le peuple américain ne veut pas utiliser les troupes pour éliminer un régime communiste situé à 90 miles de nos côtes, comment puis-je leur demander l'utilisation de troupes pour un autre situé à 9000 miles de chez nous ? »

Pas de troupes en Asie du Sud Est, dès le début avec le Laos

Lors du pic de la crise au Laos en avril 61 la pression fut grande sur le président Kennedy avec la crainte que Ventiane puisse tomber, une question d'heures seulement. L'amiral Burke représentant les chefs d'état-major était venu pour présenter les options militaires. Il offrit le choix entre une Amérique sans guerre et perdant le Sud-Est Asiatique ou une Amérique obligée de faire une longue guerre avec même possiblement l'utilisation de l'arme nucléaire. Burke pressa pour le déploiement d'une large force sous couvert de l'OTASE à la fois au Laos et au Vietnam. Compte tenu des difficultés logistiques apportées par la situation géographique du Laos les chefs d'état-major n'étaient pas unanimes. Johnson, le vice-président, donna une deuxième chance à la proposition en suggérant un tour de table par écrit mais l'assemblée fut presque unanime en faveur d'un non. Johnson fut le seul à soutenir Burke.[240]

Même décision au tour du Việt Nam

La situation au Laos s'apaisa avec l'accord des parties pour des négociations. Burke ne s'avoua pas vaincu et joua de son influence sur la Vietnam Task Force pour faire apparaître la recommandation : ''Nous devrions considérer l'idée de nous joindre aux Vietnamiens dans une alliance nettement définie qui impliquerait le stationnement des forces américaines sur le sol vietnamien.''[241]

---

[240] John M. Newman, *JFK and Vietnam*, p.16-18
[241] Doc42. Memorandum From the Deputy Secretary of Defense (Gilpatric) to the President. *Washington, May 3, 1961*. Attached A Program of Action To Prevent Communist Domination of South Vietnam

"Le 10 mai 61 les chefs d'état-major firent de nouveau un appel emphatique pour l'envoi de troupes au Vietnam. Mais Kennedy dans le NSAM-52[242] se contenta de réaffirmer l'objectif des États-Unis qui était d'empêcher la domination communiste au Sud Viêt Nam et ne tint aucunement compte des propositions sur l'envoi de troupes de la 'Task Force'."

Même sous couvert d'une mission humanitaire

Kennedy refusa encore une fois une proposition de son conseiller militaire Taylor vers la fin d'octobre 1961 pour l'envoi de 8000 hommes sous le prétexte d'une mission humanitaire, proposition cette fois-ci acceptée par Diệm '*à cause de la situation au Laos*' avait-il dit à Lansdale. Mais "le Président n'aimait toujours pas l'idée d'envoyer les troupes de combat au Viêt Nam pour remonter le moral des personnes en Asie du Sud Est. « Ils [les militaires] veulent une force constituée de troupes américaines. » dit Kennedy en novembre. « Ils disent que cela est nécessaire pour restaurer la confiance et maintenir le moral. Mais c'est tout juste comme pour Berlin. Les troupes vont entrer au pas, aux sons d'airs de marche ; la foule va applaudir et au bout de quatre jours tout le monde aura oublié. Puis on nous dira qu'il faudra envoyer encore plus de troupes. C'est comme prendre un verre. L'effet se dissipe et vous aurez un autre à reprendre. »"[243]

À l'encontre des intérêts du lobby militaro-industriel

"Il n'y eut pas de doute que la CIA vit JFK comme quelqu'un qui les avait trahi. Le crime de JFK fut de changer ses vues en politique étrangère en venant au pouvoir. Il était sur une ligne dure de combattant de la Guerre Froide en 1960 mais avait beaucoup changé en 1963. Ironie du sort il était toujours perçu comme un guerrier de la Guerre Froide. Cette réputation fut renforcée par la crise des Missiles de Cuba car le public ignorait l'accord secret que JFK avait conclu avec les Soviétiques, retirant les missiles américains d'Italie et de Turquie."[244]

Beaucoup en avaient déduit que JFK avec sa politique anti-belliqueuse était allé à l'encontre des intérêts du lobby militaro-industriel. Car pour la Grande industrie américaine, la Guerre Froide signifiait aussi la course aux armements et était source importante de profits. Dwight Eisenhower n'avait-il pas vu et prévenu des dangers d'un pouvoir concentré dans les mains d'un groupe se consacrant à favoriser les dépenses en armement dont leurs intérêts propres en dépendaient largement.

---

[242] National Security Action Memorandum-52
[243] William Rust, *Kennedy in Vietnam* p. 50
[244] John Simkin, *L'assassinat de JFK Forum* (11 octobre, 2007)

Président, Kennedy fit preuve d'une grande conscience de la responsabilité que devaient endosser les États-Unis comme grande nation.

James Douglass souligna, un fait ignoré du public, le grand changement qui s'était opéré chez Kennedy quand il fut confronté en tant que Président avec la possibilité et le pouvoir de déclencher une guerre nucléaire fatale pour l'humanité toute entière. Horrifié par le spectre d'une annihilation totale il prit conscience de l'absurdité d'une guerre dans les conditions technologiques modernes, tourna le dos aux croyances du guerrier de la Guerre Froide qu'il fut et devint un adepte convaincu de la paix. Mais pour le lobby de l'armement comme pour les militaires et les agences de Renseignement qui se nourrissaient et prospéraient de la Guerre Froide il devint leur ennemi mortel. Ce fut la raison pour laquelle certains membres de son gouvernement l'avaient considéré comme un traître dangereux et voulurent sa mort.'' [245]

En 1963 JFK veut se retirer du Việt Nam

En 1963 on se souvient très certainement encore de la déclaration tonitruante de Nhu au début du mois de mai réclamant le départ de la moitié des conseillers américains. Questionné à ce propos lors d'une conférence de presse le 23 mai Kennedy déclara : « Nous retirerons nos troupes. N'importe quel nombre et à n'importe quel moment si le gouvernement du Sud Việt Nam le souhaite. Dès le jour suivant une telle suggestion nous aurions un certain nombre de nos troupes sur le chemin du retour. Ceci est le premier point. Le deuxième est que nous sommes dans l'espoir que la situation au Sud Việt Nam va permettre un certain retrait en tout état de cause à la fin de l'année. » Il ajouta : « En vérité je suis dans l'impossibilité de pouvoir donner un jugement au moment présent sur si nous pouvions commencer à retirer des troupes à la fin de l'année car la lutte reste longue et difficile. Mais je dirais que si on nous le demandait nous le ferions immédiatement. »

Un désengagement américain à la fin de 1965

De fait la réaction apaisée de Kennedy à l'égard de la remarque provocante de Nhu illustra bien son état d'esprit ouvert vis à vis de l'idée d'un désengagement américain. En effet c'était lors de la 6eme conférence du SECDEF (Secrétaire à la Défense) en juillet 1962 que cette nouvelle orientation de la politique américaine fut officialisée. ''Le général Harkins avait commencé la réunion par dire : « Il n'y a pas de doute que nous sommes du côté gagnant. Si nous poursuivons nos programmes nous pouvons nous attendre à un déclin

---

[245] James W. Douglass, *JFK and the Unspeakable: Why He Died and Why It Matters* – October 19, 2010

des actions du Việt cộng. 2400 hameaux stratégiques sont achevés et ils seront au nombre de 6000 à la fin de l'année. » Les programmes pour l'ARVN, la Garde Civile et les Corps d'Auto-Défense étaient en avance par rapport aux plans ce qui enchantait McNamara qui nota que "six mois auparavant nous n'avions rien et depuis nous avons fait des progrès considérables". Il déclara « Il est temps de passer des 'interventions à court terme et en urgence' à un programme bien conçu pour le long terme pour équiper et entraîner les forces sud-vietnamiennes et éliminer progressivement les principales activités de combat, de conseil et de support logistique américaines. »

D'où la naissance du CPSVN (Comprehensive Plan for South Việt Nam-Plan Complet pour le Sud-Vietnam) et son adoption en mars 1963. Le plan visait un désengagement total du Việt Nam à terme et se basait sur 3 hypothèses : L'insurrection serait maîtrisée au bout de trois ans par les Sud Vietnamiens ; un soutien américain intensif serait nécessaire pendant cette période et les plafonds des financements actuels seraient relevés en conséquence. "[246]

Conformément à cette stratégie "Kennedy déclara en septembre de la même année : « En dernière analyse c'est leur guerre. Ils sont ceux qui doivent la gagner ou la perdre. Nous pouvons les aider, nous pouvons leur fournir les équipements, nous pouvons y envoyer nos hommes comme conseillers, mais c'est à eux, le peuple vietnamien, de la gagner contre les communistes. »"[247] Et en octobre 1963 il approuva un plan de McNamara matérialisé dans le NSAM 263 qui annonça le retrait de 1000 militaires du Sud Vietnam et de tout le personnel américain pour la fin de 1965 après sa réélection.

Deux anecdotes semblèrent montrer que l'assassinat de Diệm avait profondément troublé Kennedy et lui donna probablement l'occasion de remettre en question ses idées à propos du Việt Nam.

Le 20 novembre il décida d'envoyer Forrestal au Cambodge, le fit venir dans le Bureau Ovale et lui demanda de dire à Sihanouk, peut-être pour rassurer ce dernier, qu'une "chose terrible s'était produite à Saigon mais que les États-Unis continuaient de penser que Diệm était toujours la meilleure solution pour son pays." Et alors que Forrestal s'apprêtait à partir il ajouta : « Attendez une minute. Quand vous serez de retour je voudrais que vous me prépariez une étude exhaustive de toutes les options possibles à notre disposition sur le Việt Nam, incluant l'option comment en sortir. Nous devons revoir complètement l'affaire de fond en comble. »

---

[246] John Newman, *JFK and Vietnam*, p. 286, 287
[247] Rust, *Kennedy in Vietnam* p. xi

Le 21 novembre juste avant son voyage au Texas on lui remit une liste des dernières victimes américaines au Việt Nam on entendit Kennedy dire à l'adjoint au Chargé de Presse : « Cela va changer à mon retour du Texas. Le Việt Nam ne vaut pas la perte d'une nouvelle vie américaine. »

Assassinat et camouflage

Malheureusement Kennedy fit l'objet d'un assassinat suivi de son camouflage par des éléments de son propre gouvernement. Douglass fit une démonstration brillante, montrant clairement qu'un nombre d'agents de la CIA entraînés particulièrement pour organiser un assassinat furent utilisés contre Kennedy dans un complot plus vaste car Kennedy avait planifié le retrait du Việt Nam, s'était engagé dans un processus de réchauffement des relations avec l'URSS et aussi dans une normalisation avec l'existence du régime de Castro.

Cela l'enquête du HSCA ne l'avait pas fait apparaître car elle fut limitée. Elle n'avait pas cherché à déterminer les forces qui étaient derrière l'assassinat car aller plus loin aurait conduit inévitablement à se poser la question du pourquoi cela s'était produit. Il s'ensuivrait la reconnaissance qu'il existait au sein du gouvernement une forte opposition aux efforts du Président pour arrêter la Guerre Froide. Son désir de se retirer du Việt Nam serait aussi révélé ainsi que le rôle de ceux qui nous avaient entraînés dans 9 années de guerre au Việt Nam.

CHAPITRE 14

Découvertes des enquêteurs

Qu'avaient donc découvert les enquêteurs? Ces longues années de recherche avaient produit suffisamment de matière pour alimenter près de 600 livres. Une recherche axée sur des livres encore en vente sur Amazone avec comme thème 'Assassinat de Kennedy' fait apparaître, même en se limitant à ceux parus depuis 2003 c'est-à-dire au 40ème anniversaire de la mort de Kennedy, une liste d'une trentaine de livres.

	Année	Auteur	Titre
1	2003	Billie Estes	JFK. Le dernier témoin
2	2003	Jerry Kroth	Conspiracy in Camelot
3	2003	Barr McClellan	Blood, Money & Power: How L.B.J. Killed J.F.K.
4	2007	Howard Hunt	American Spy: My Secret History in the CIA, Watergate and Beyond
5	2007	Pamela Ray	Interview with History : The JFK Assassination
6	2010	Craig Zirbel	The Texas Connection
7	2010	James Douglas	JFK and the Unspeakable
8	2010	Mark Collom	The Men on the Sixth Floor: The "Must Have" JFK Assassination
9	2011	Mark North	Act of Treason: The Role of J. Edgar Hoover
10	2013	Mark Lane	Plausible Denial - Was the CIA Involved in the Assassination of JFK
11	2013	Christian Masey	Overthrow: America's Century of Regime Change from Hawaii to Iraq
12	2013	Jachim Joesten	The dark Side of LBJ
13	2013	Jerome Corsi	Who Really Killed Kennedy? : 50 Years Later: Stunning New Revelations
14	2013	Jerry Kroth	Coup d'état : The Assassination of President Kennedy'
15	2013	John H. Wilson	JFK - An American Coup: The Truth Behind the Kennedy Assassination
16	2013	Mark Lane	Rush to Judgment

17	2013	Mark North	Betrayal in Dallas: LBJ, the Pearl Street Mafia, and the Murder of President Kennedy
18	2013	Phillip Nelson	LBJ : The Mastermind of the JFK Asassination'
19	2014	Barr McClellan	Blood, Money, & Power: How LBJ Killed JFK
20	2014	Craig Roberts	Kill Zone: A Sniper Looks at Dealey Plaza
21	2014	Joseph Farrell	LBJ and Conspiracy to Kill Kennedy: A Coalescence of Interests
22	2014	Robert Murdoch	Ambush in Dealey Plaza
23	2014	Roger Stone	The Man Who Killed Kennedy: The Case Against LBJ
24	2015	Patrick Nolan	CIA Rogues and the Killing of the Kennedys
25	2016	David Talbot	The Devil's Chessboard: Allen Dulles, the CIA, and the Rise of America's Secret Government
26	2018	Alex Serritella	Johnson did it : LBJ's Role in the JFK Assassination'
27	2018	Ralph Thomas	Wall Of Secrecy - Inside The JFK Assassination
28	2018	Tim Fleming	Inside the Allen Dulles/LBJ Plot That Killed Kennedy
29	2019	Homberger	The Kennedy Autopsy 2: LBJ's Role In the Assassination
30	2019	William Lewis	LBJ's Bagman Malcolm Wallace, Corrupt Associate Billie Sol Estes: Dirty Deep State
31	2020	Pamela Ray	How the Cia Used the Chicago Mob to Kill the President
32	2021	H. P. Albarelli	Coup in Dallas: The Decisive Investigation
33	2021	Jerome Corsi	Who Really Killed Kennedy? : 50 Years Later Stunning New Revelations
34	2021	V. Palamara	Honest Answers about the Murder of Pres JFK

Le fait remarquable est que sur les 34 livres en vente sur Amazon et parus plus de 30 ans après la mort de Kennedy, 17 ou 50% traitent de l'implication probable de LBJ, 10 ou 29% pointent du doigt la CIA, 5 20% révèlent un complot et sa disimulation et les 2 derniers se focalisent sur un sujet d'intérêt particulier.

Avec le temps les indices s'étaient accumulés contre LBJ, conséquence de la dé-classification de documents auparavant tenus au secret mais aussi en même temps de la révélation d'un deuxième complot, celui qui avait servi à masquer et à camoufler la vérité. Tout cela avait conduit nombre d'enquêteurs à s'intéresser de plus près aux thèses impliquant la CIA et LBJ.

CIA, Mafia et exilés Cubains de concert ?

Après le désastreux fiasco du Débarquement cubain dans la Baie des Cochons et le rapport de Maxwell Taylor Kennedy fut furieux de constater que la CIA échappait au contrôle gouvernemental. Il s'était juré de casser la CIA en mille morceaux. Il demanda illico la démission du Directeur A. Dulles et les 2 principaux responsables du Débarquement de la Baie des Cochons, réduisit le budget de la CIA en 1962 puis de nouveau en 1963.

Dans son mandat écourté JFK entreprit de réformer l'institution en redéfinissant son mandat, en réduisant son pouvoir par les NSAM 55 et 57 qui enlevèrent des mains de la CIA les actions à caractère militaire. Le NSAM 55 précisa aux Chefs d'état-major Interarmes qu'il leur appartenait de conseiller le Président en temps de paix comme de guerre et non pas la CIA. Ce qui fut vu par Fletcher Prouty, un connaisseur de la maison, comme une attaque directe contre A. Dulles.

Dulles mis à la retraite anticipée garda une haine farouche contre Kennedy. Ceci fut confirmé plus tard par Willie Morris qui avait révélé dans 'The Confessions of Allen Dulles' que ce dernier avait eu un commentaire étonnant au sujet de Kennedy : « *Ce petit Kennedy*, avait dit Dulles, *il se croyait être un Dieu* ».

Dulles avait continué à bénéficier d'une autorité indéniable sur nombre de ses agents et notamment sur ceux du groupe qu'il avait constitué avec Bissel (lui aussi puni par Kennedy) en vue des opérations contre Castro et portant le nom d'Opération 40.

Après l'assassinat de JFK les observateurs assistèrent cependant à un curieux retour en grâce de Dulles car il fut nommé membre de la Commission Warren alors qu'on aurait pu s'interroger sur son implication possible dans le crime. De ce fait on lui aurait évité la curieuse et anormale position d'avoir à enquêter sur ses propres actes !

Opération 40

Les enquêtes concernant le groupe Opération 40 donnèrent des résultats particulièrement intéressants. Il fut créé par A. Dulles et devait comprendre au départ 40 membres mais fut ensuite étendu à 70 membres. Le groupe était présidé par Richard Nixon avec Tracey Barnes comme directeur exécutif. La 1ere réunion fut tenu le 18.01.1960 sous la direction de Barnes en présence de David Atlee Phillips, E. Howard Hunt, Jack Esterline et Frank Bender.

En 1960 Richard Nixon mobilisa un important groupe d'hommes d'affaires menés par George Bush (Sr.) et Jack Crichton, tous deux magnats Texans du pétrole, pour collecter les fonds nécessaires au fonctionnement du groupe. Ceci suggèrerait que les agents d'Opération 40 fonctionnaient en freelance.

L'investigateur Paul Kangas établit en 1990 que parmi les agents de la CIA recrutés par George Bush figuraient Frank Sturgis, Howard Hunt, Bernard Baker et Rafael Quintero. D'autres noms comme Richard Bissell, David Morales, David Atlee Phillips, E. Howard Hunt, Rip Robertson, Henry Hecksher, Ted Shackley, Tom Clines, William Harvey, Edwin Wilson, Barry Seal, William Seymour, Frank Sturgis, Gerry Hemming seront par la suite identifiés comme faisant partie du groupe.

Des agents d'origine cubaine comme Eladio del Valle, Roland Masferrer et Hermino Diaz Garcia furent cités par Tony Cuesta dans sa confession, avouant leur participation dans l'assassinat de Kennedy.

Peu avant sa mort en 1975 John Martino confia au journaliste John Cummings du Miami Newsday que deux exilés cubains Hermino Diaz Garcia et Virgilio Gonzalez furent des tireurs à Dallas et que lui-même avait pour rôle d'être un facilitateur et fournisseur d'argent. Martino révéla que les anti-Castro avaient enrôlé Lee Harvey Oswald qui ne savait pas pour qui il travaillait. Oswald devait rencontrer son contact dans le Texas Theatre. On devait le sortir du pays et l'éliminer. Mais il y eut une faute dans le scénario et on l'avait fait tuer par Ruby.

La femme de Martino refusa de confirmer ces détails de l'histoire mais en 1994 elle raconta que son mari lui avait dit le matin du 22 novembre 1963 : « Flo, ils vont le tuer. Ils vont le tuer quand il viendra au Texas. »

Un autre témoignage impliquant les exilés Cubains vint de Gene Wheaton qui s'était lié d'amitié avec un haut gradé de la CIA qui était chargé d'entraîner et d'introduire à Cuba des exilés Cubains pour constituer des groupes rebelles contre Castro. Son ami et des amis Cubains confirmèrent à Wheaton qu'ils considéraient Kennedy comme un traître après le Débarquement de la Baie des Cochons et souhaitaient sa mort. L'ami de Wheaton s'appelait Carl E. Jenkins et avait formé Rafael Quintero. Dans une interview en 2005 Wheaton déclara qu'il pensait que les deux furent impliqués dans le meurtre de Kennedy.

Les agents de la CIA cités par les enquêteurs

La liste des noms d'agents supposés de la CIA donnée par les différents enquêteurs comme suspects d'avoir participé à l'assassinats de Kennedy est longue :

- David Atlee Phillips cité par Gaeton Fonzi dans *The Last Investigation* (1993 puis 2018)

- Marita Lorenz citée par Gaeton Fonzi

- Davis Morales, Carl Elmer Jenkins cité par John Simkin dans john@spartacus-educational.com .

- David Morales, John Roselli raconté par Gaeton Fonzi dans une interview mêlant Ruben Carbajal

- David Morales cité par Larry Hancock dans son livre '*Someone Would Have Talked*' paru en 2006.

- Lee Harvey Oswald cité par Matthew Smith dans *JFK: The Second Plot* (1992). Smith avait ajouté les noms de J. D. Tippit et Roscoe White dans le complot.

Les noms de David Morales, Theodore Shackley, Grayston, Lynch, Felix Rodriguez, Thomas Clines, Gordon Cambell, Rip Robertson, Edward Roderick et Tony Sforza, furent donnés par Bradley E. Ayers qui considérait que ces 9 personnes en savaient beaucoup sur l'affaire.

L'enquêteur Gaeton Fonzi

En 1975 le Sénateur Richard Schweiker demanda à Gaeton Fonzi de rejoindre la Commission du Sénat sur les Renseignements pour enquêter sur l'assassinat de Kennedy. Deux ans après il fut aussi invité dans la Commission d'enquête sur les assassinats.

Le livre *The Last Investigation* de Fonzi fut un acte d'accusation du travail des Commissions d'enquête. Fonzi souligna le refus de la CIA de fournir les documents demandés par la Commission et critiqua le président de la Commission de s'être plié sous la pression et de se montrer trop déférent envers la CIA.

Fonzi fut un critique sévère du rapport de la Commission Warren : ''C'est un mensonge délibéré. Les preuves apportées par la Commission Warren elle-même prouvent qu'il y a complot pour tuer le président Kennedy.''

Plus important son livre est le fruit du travail qu'il avait effectué quand il suivit à la trace les activités obscures des agents de la CIA David Atlee Phillips et David Morales ce qui le plongea dans le milieu des exilés cubains anti-Castro qui haïssaient Kennedy et lui permit de révéler les aspects de l'assassinat impliquant les exilés anti-Castro et les officiers de la CIA.

Fonzi avait livré le plus de noms d'agents de la CIA dans son livre *The Last Investigation.*

Les agents de la CIA cités par eux-mêmes

Les noms donnés par des agents de la CIA eux-mêmes peuvent probablement être considérés comme plus certains :

- David Atlee Phillips, Cord Meyer, Frank Sturgis et David Sanchez Morales cités par E. Howard Hunt dans son testament laissé à son fils.

- E. Howard Hunt, Frank Sturgis et Gerry Patrick Hemming cités par Victor Marchetti dans *Spotlight*

- Frank (Fiorini) Sturgis et Lee Harvey Oswald cités par Marita Lorenz dans sa déposition auprès du HSCA
- Edward Lansdale cité par Leroy Fletcher Prouty dans The Secret Team (1973)
- Rafael Quintero qui se vantait d'en savoir beaucoup sur l'affaire Kennedy.
- Lee Harvey Oswald cité virtuellement par David Atlee Phillips dans le manuscrit d'un roman non paru.

On constate qu'il y a pas mal de recouvrements dans les deux listes ce qui tend à prouver que les enquêteurs avaient fait du bon travail. Mais plus important encore est le fait qu'une majorité de ces noms sont les noms d'anciens du groupe Opération 40 pour les opérations contre Castro.

Ces gens-là n'avaient pas à priori de raisons logiques pour en vouloir à Kennedy. Ceci valide à contrario la thèse d'une vengeance d'A. Dulles, de Charles Cabell et de Richard Bissell qui étaient en situation de pouvoir mobiliser des membres de cette ancienne équipe en dehors du circuit officiel.

Il apparaît ainsi clairement que certains membres du groupe Opération 40 anti-Castro, formés et entraînés pour assassiner Castro se seraient impliqués dans l'assassinat de Kennedy. La thèse qui dit que l'assassinat serait une opération freelance à la suite d'un contrat avec des millionnaires Texan, repose donc sur des éléments concrets et est parfaitement plausible.

Ce fut aussi l'opinion de Larry Hancock dans son livre 'Someone Would Have Talked' paru en 2006 qui cita nommément Morales comme un des principaux responsables.

Enfin la piste ayant mené au groupe Opération 40 conduisit aussi directement aux leaders de la Mafia étant donné que Dulles et Brissel avaient commencé en septembre 1960 à contacter Johnny Roselli et Sam Giancana puis ensuite Carlos Marcello et Santos Trafficante pour les associer à leurs projets de tuer Castro. [248]

Implication des agents de la CIA

Il est maintenant intéressant de chercher à avoir un peu plus d'informations sur l'implication présumée de ces agents de la CIA ; c'est une mission qu'on doit qualifier de 'mission impossible'. De fait on ne peut pas espérer trouver clairement d'élément accusateur sauf dans les cas d'aveu volontaire. Tout au plus, comme Oswald est dans le complot jusqu'au cou qu'il soit le meurtrier ou pas, un bon indicateur serait de trouver si l'agent avait à cette époque des liens solides avec ce dernier. Ce travail difficile et délicat fut effectué par John Simkin et présenté sur son merveilleux site www.spartacus-educational.com.

---

[248] John Simkin, *Executive Action*

On peut commencer par le célèbre E. Howard Hunt qui fut l'un des 'plombiers' ayant participé à l'opération Watergate. Il fut arrêté et condamné jusqu'à 8 années de prison mais n'en fit effectivement que 33 mois de ce total impressionnant.

E. Howard Hunt

Hunt fut l'agent de la CIA qui avait publié plusieurs livres autobiographiques *'Undercover : Memoirs of An American Secret Agent'* (1974) et *'American Spy : My Secret History in the CIA, Watergate and Beyond'* paru en 2007, et qui avait **reconnu d'avoir participé à l'assassinat de Kennedy** dans son testament audiovisuel laissé à son fils. Il avait cependant présenté son rôle dans l'affaire comme étant simplement celui d'un éventuel remplaçant, un joueur assis sur le banc de touche en quelque sorte. Ceci est en contradiction avec l'accusation portée contre lui par Paul Kangas dans un article publié dans *The Realist* qui suggéra qu'il était l'un des deux tireurs avec Sturgis à tirer sur Kennedy à partir du Grassy knoll.

Hunt accusa LBJ d'avoir ordonné l'assassinat de Kennedy dans ses mémoires. Il souligna qu'en liquidant le président, LBJ accéda au pouvoir suprême sans avoir à trimer pour le mériter, ce qui fut une action bien tentante et logique. LBJ avait les moyens et les connexions pour machiner un tel scénario à Dallas et avait convaincu Kennedy de l'intérêt d'une telle visite. Il avait essayé sans succès de s'immiscer dans le placement des passagers dans chaque véhicule en cherchant à éviter à son grand copain Connally la place qu'il savait dangereuse dans le véhicule de Kennedy.'

Hunt mourut en 2007 laissant à son fils un testament enregistré sur bande sonore accusateur pour LBJ.

Les agents impliqués dans l'assassinat cités par Hunt

Ce furent David Atlee Phillips, Frank Sturgis et David Sanchez Morales. Le cas de Cord Meyer n'est pas intéressant.

David Atlee Phillips

Phillips rejoignit la CIA en 1950 et avait participé aux opérations clandestines au Guatemala contre le président Arbenz. Avec Hunt il avait notamment fait fonctionner la radio "La Voix de la Libération" de la CIA.

Il fut en poste à Cuba dans les années 1959-1960, revint aux États-Unis en 1960 et participa à l'organisation du débarquement de la Baie des Cochons. Il fit partie de l'équipe de Hunt pour des tentatives de tuer Castro et fut nommé même par Helms Chef pour les Opérations Cubaines.

En 1976 Antonio Veciana le fondateur de l'organisation anti-Castro, Alpha 66, déclara à Fonzi qu'il travaillait avec la CIA par l'intermédiaire d'un correspondant du nom de Maurice Bishop. Il reconnut que Bishop avait organisé et fourni les fonds pour l'attaque par Alpha 66 des navires soviétiques mouillant à Cuba : « C'est Bishop qui a eu l'idée. Il croyait que Kennedy et Khruschev ont conclu un accord secret et que les États-Unis ne feront plus rien contre Castro. Il disait qu'il fallait mettre Kennedy le dos au mur pour le forcer à prendre des décisions contre le régime de Castro.»

Veciana admit avoir vu **Bishop et Lee Harvey Oswald** en août 1963 à Dallas.

Pour Fonzi il ne fait pas de doute que Phillips ait eu des relations avec Alpha 66 mais Fonzi ne réussit pas à savoir si Phillips et Bishop ne furent qu'une seule et même personne malgré le fait que Ron Crozier, un agent de la CIA ayant travaillé à Cuba à cette époque avait raconté que Phillips utilisait parfois Bishop comme nom de code.

Ce n'est que bien plus tard en 1995 à une conférence sur les officiels Cubains et les historiens de Nassau, que Gaeton Fonzi rencontre le général Fabian Escalante, ancien Chef de contre-espionnage de Castro qui l'invita à Cuba pour des discussions d'intérêts mutuels. Après cette visite, plusieurs mois après, Gaeton écrivit à un chercheur ''Escalante m'a confirmé sans aucun doute que Bishop était Phillips et m'avait fourni des détails supplémentaires sur le complot de Veciana et l'implication de Phillips. J'ai aussi parlé avec un officier du renseignement cubain qui avait infiltré la CIA à l'ambassade américaine et travaillé avec Moralès.''[249]

Quand en 1978 Phillips eut à témoigner devant la HSCA, il nia l'usage du pseudonyme Maurice Bishop tout comme le fait d'avoir rencontré Antonio Veciana.

Selon Larry Hancock, auteur de *Someone Would Have Talked*, juste avant sa mort Phillips avait déclaré à Kevin Walsh, un enquêteur de la HSCA « Mon point de vue sur l'assassination de Kennedy est qu'il y a eu complot impliquant des officiers du renseignement. »

En 1977 Phillips fit publier son autobiographie, *The Night Watch: 25 Years of Peculiar Service*. L'année suivante le roman *Carlos Contract*, qui traite des assassinats politiques et l'année d'après *The Great Texas Murder Trials: A Compelling Account of the Sensational T. Cullen Davis Case (1979)*.

David Atlee Phillips mourut le 7 Juillet, 1988 d'un cancer. Il laissa le manuscrit d'un roman qui raconte l'histoire d'un officier de la CIA vivant à Mexico. Dans le roman son personnage déclare : "J'étais l'un des deux officiers traitant de Lee Harvey Oswald... Nous lui avons donné mission de tuer Fidel Castro à Cuba... Je ne sais pas pourquoi il a tué Kennedy mais je sais qu'il a

---

[249] Gaeton Fonzi, *The Last Investigation*

appliqué exactement le plan que nous avons conçu contre Castro. Ainsi la CIA n'avait pas prévu l'assassinat du président Kennedy mais en est certainement responsable. Je partage cette culpabilité."

On peut penser que cet extrait du manuscrit d'un roman de Phillips est sa véritable confession sur son rôle exact qui fut celui d'officier traitant d'Oswald qu'il avait manipulé pour en faire le pigeon de l'affaire Kennedy. Ceci correspondrait bien au rôle d'officier opérationnel qu'il assurait fort bien et qui lui valut d'être considéré par le Directeur de la CIA Bill Colby comme un officier opérationnel exceptionnel.

Il paraît évident aussi que le court extrait n'avait pas raconté toute l'histoire et que cette partie de la vérité fut peut-être même embellie pour les besoins de la cause.

Frank Sturgis

En 1956 Sturgis vivait à Cuba et faisait de fréquents séjours dans les pays d'Amérique latine. Il rejoignit la CIA en 1958 et à l'arrivée au pouvoir de Castro participa à la création de la Brigade Anti-communiste et à l'organisation du débarquement de la Baie des Cochons.

Avec Marita Lorenz qui avait eu une liaison avec Castro il fomenta une tentative d'empoisonnement du Leader Maximo.

Sturgis fut condamné comme Hunt à la prison pour l'affaire du Watergate et fut libéré en 1974. En 1976 Sturgis donna une série d'interviews dans lesquelles il indiqua que l'assassinat de John F. Kennedy fut organisé par Fidel Castro et Che Guevara et que Lee Harvey Oswald était un agent Cubain travaillant aux États-Unis.

En novembre 1977 Marita Lorenz donna une interview au *New York Daily News* durant lequel elle dévoila qu'un groupe au nom d'Opération 40, incluant Sturgis et Lee Harvey Oswald avait été créé pour assassiner Fidel Castro et John F. Kennedy.

Déposant devant la HSCA elle raconta que Sturgis fut l'un des tireurs à Dallas. Ce qui fut démenti par Sturgis qui témoigna qu'il était ce jour-là à Miami, alibi confirmé par sa femme et son neveu. La Commission ne retint pas le témoignage de Lorenz contre Sturgis faute de preuves tangibles.

Sturgis expliqua à propos du groupe Opération 40 "qu'il fut créé pour effectuer des assassinats, sur ordre, des militaires ou des politiques de pays étrangers et si nécessaire même des membres de leur groupe qui seraient suspectés d'être des agents de l'étranger... Nous étions concentrés sur Cuba à ce moment particulier mais avions aussi opéré sur Mexico."

Il mourut le 4 décembre 1993.

David Sanchez Morales

Né en 1925 à Phoenix il rejoignit l'armée en 1946 et fut envoyé en Allemagne où il fut recruté par les services de renseignement. C'était à cette époque qu'il fit la connaissance de Ted Shackley et William Harvey.

Il devint agent de la CIA en 1951 tout en gardant sa couverture dans l'armée et revint aux États-Unis en 1953. Il fut envoyé en 1958 à Cuba pour soutenir le gouvernement de Batista.

En novembre 1961 William Harvey l'affecta au JM/WAVE l'antenne de la CIA à Miami et il devint le responsable des actions secrètes chargé de l'entraînement et de l'infiltration des agents qui seront envoyés à Cuba pour déstabiliser le gouvernement de Castro. Pendant cette période il travaillait de façon étroite avec David Atlee Phillips, Tracy Barnes, William Pawley, Johnny Roselli et John Martino.

Plusieurs chercheurs, notamment Gaeton Fonzi et John Simkin pensèrent que Morales était impliqué dans l'assassinat de Kennedy.

Selon son ami Ruben Carjabal, au printemps 1973 Morales commit une indiscrétion en parlant du Débarquement de la Baie des Cochons : « Kennedy fut responsable de la mort de nombreux hommes que j'avais recruté, entraîné et vu de mes propres yeux mourir. » Il ajouta « Nous avions bien pris soin de ce 'fils de putain', n'est-ce pas ? »

Cord Meyer

Il n'y a rien de probant à son sujet.

Robert Morrow et son aveu assez détaillé

Morrow fut un autre agent de la CIA ayant mis en cause soi-même.

En 1976 Morrow publia *Betrayal: A Reconstruction of Certain Clandestine Events from the Bay of Pigs to the Assassination of John F. Kennedy*. Son livre fut une demi-fiction basée sur son expérience entre 1958 et 1964. Il raconta que Lee Harvey Oswald fut envoyé en URSS en étant un agent de la CIA. A son retour il devint informateur pour le FBI.

Selon Morrow en 1963 Jack Ruby, Eladio del Valle, Guy Banister, David Ferrie et Clay Shaw organisèrent un complot pour tuer John F. Kennedy. Le groupe mit en scène une série d'évènements pour faire apparaître Oswald comme l'assassin. Le vrai tueur se fit passer pour Oswald. Il liquida J. D. Tippit quand celui-ci refusa de suivre le plan et de tuer Lee Harvey Oswald qui attendait dans le Texas Theatre. Quand Oswald fut capturé vivant Ruby fut forcé de le réduire au silence dans la Dallas Police Station.

Morrow présenta son livre suivant *First Hand Knowledge* (1992) comme une autobiographie pour dire tout ce qu'il savait sur l'assassinat de John F.

Kennedy. Il cita comme principaux acteurs du complot les noms de Tracy Barnes, Mario Kohly, William Harvey, Marshall Diggs, Carlos Marcello, Santo Trafficante, Guy Banister, David Ferrie, Clay Shaw, Eladio del Valle, Sergio Arcacha Smith, Rolando Masferrer, Michel Mertz et Thomas Davis.

Sur son rôle dans le complot il raconta "qu'il fut contacté par Tracy Barnes (Chef des Opérations Domestiques à la CIA) vers fin juin 1963. Celui-ci demanda à Morrow de lui procurer 4 fusils d'occasion Mannlicher 7.35 mm avec une requête particulière qu'ils soient modifiés pour pouvoir être démontés et réassemblés rapidement juste avant leur usage. Morrow comprit que c'était pour une opération clandestine et s'exécuta.

Le jour suivant il reçut un deuxième appel téléphonique. C'était Eladio del Valle qui demanda la fourniture de 4 émetteurs-récepteurs qui ne soient pas détectables par la technique des équipements de communication présents sur le marché. Del Valle demanda ensuite que les fusils et les émetteurs-récepteurs soient livrés à David Ferrie. "Je suis un peu surpris d'apprendre la participation de Ferrie dans la transaction car Barnes ne m'avait parlé ni de Clay Shaw de la Nouvelle Orléans à qui les fusils étaient destinés, ni de Ferrie qui serait la personne qui les collecterait. Del Valle m'expliqua que le matériel était pour son Free Cuba Committee et que Clay et Ferrie l'assistaient dans l'opération."

L'exécution de Kennedy serait opérée par plusieurs équipes choisies parmi les exilés Cubains formés par la CIA et les mercenaires de Miami et de la Nouvelle Orléans. Elle ne devait pas apparaître comme une exécution standard, œuvre de la Mafia mais idéalement comme l'œuvre d'un tueur isolé. Il fallait ainsi deux sites de tirs supplémentaires pour garantir un bon résultat.

David Ferrie qui connaissait Lee Harvey Oswald du temps où il était instructeur pour le pilotage d'avions en Louisiane suggéra le choix de Lee Harvey Oswald comme pigeon pouvant jouer parfaitement le rôle du tueur isolé. Il était supposé être un activiste politique de gauche qui n'avait pas de connexion avérée avec la pègre.

Morrow connaissait bien David Ferrie pour avoir effectué des vols avec lui dans plusieurs missions secrètes vers Cuba. Il pensait fortement que Ferrie qui travaillait pour Carlos Marcello et Guy Banister était le cerveau de l'opération Kennedy.

Morrow plaça Ferrie au centre de la toile d'intrigues impliquant deux chefs de la Mafia, des éléments de la CIA et des exilés Cubains dans l'assassinat de Kennedy. Mais son point important fut d'affirmer que les conspirateurs organisèrent l'assassinat de telle manière qu'il donne au public Américain l'impression que ce fut Castro le vrai auteur de toute la machination. Le but de ce subterfuge fut de soulever une grande indignation parmi le public, suffisante pour réclamer une nouvelle invasion de Cuba afin de renverser le régime.

Cette thèse fut partagée par de nombreux autres enquêteurs. A la conférence tenue les 28-30 juin 1991 à l'Université d'état de New York il fut dit que ''l'assassinat de Kennedy fut une provocation anti-Castro visant à mettre sur son dos le meurtre pour justifier une invasion punitive de l'île.''

La participation de Ferrie au complot fut confirmée par le témoignage de Jack Martin qui pensait que Ferrie était chargé d'évacuer l'assassin hors du Texas.

Garrison avait lui aussi des soupçons à propos de Ferrie et avait commencé à enquêter sur lui mais quand il apprit son apparent suicide il fit le commentaire suivant ''Je m'étais préparé à l'arrêter mais apparemment nous avons attendu trop longtemps.''

Garrison n'avait pas pu interviewer un autre suspect Eladio del Valle qui fut retrouvé mort dans un parking de Miami 12 heures après la découverte de Ferrie dans sa chambre. La Police rapporta que Valle avait été torturé, retrouvé avec une balle en plein cœur et le crâne fracassé par une hache. Son meurtre ne fut jamais éclairci et ce fut un de ses amis qui dira plus tard qu'il fut tué à cause de sa participation à l'affaire Kennedy.

Les noms cités par un agent de la CIA et ceux ayant cité un autre agent

Gerry Patrick Hemming

Hemming fut cité par Victor Marchetti dans son article pour *Spotlight* qui n'avait cependant fourni aucun élément probant pour étayer son accusation contre Hemmings.

Rafael Quintero

Phil Davidson écrivit dans *The Independent* (24 Octobre, 2006): ''Après l'assassinat de JFK, quand il émergea que Lee Harvey Oswald était pro-Castro et avait cherché à aller à Cuba, le groupe du nom Opération 40 et le nom de Rafael Quintero furent cités dans plusieurs théories conspirationnistes pendant des années. Selon une de ces théories les exilés Cubains n'avaient jamais pardonné à JFK d'avoir annulé le soutien aérien promis lors du Débarquement de la Baie des Cochons, les condamnant à une défaite et pour beaucoup d'entre eux à une exécution par le régime de Castro.

Si Quintero avait un quelconque secret il l'emporta dans sa tombe. Mais on l'avait entendu dire : « Si on m'avait accordé l'immunité pour m'obliger à témoigner sur les actions passées concernant Dallas et la Baie des Cochons cela aurait été le plus grand scandale de tous les temps propre à secouer les États-Unis. »

Carl Elmer Jenkins

Né en 1926 Jenkins s'engagea dans les Marines pendant la 2e Guerre Mondiale. Il rejoignit la CIA en 1952. Il fut enrôlé dans l'opération Mongoose et travailla sous la direction de Morales dans un rôle relativement mineur pour des missions individuelles à petite échelle. En juillet 1962 il fut envoyé à Danang comme Conseiller Spécial. Il revint en 1963 aux États-Unis pour retravailler avec les exilés Cubains.

Rien en apparence ne le relia vraiment à l'affaire Kennedy.

Marita Lorenz

Lorenz fut recruté par Sturgis pour travailler pour la CIA. En janvier 1960 elle prit part à une tentative d'empoisonnement de Castro qui échoua.

Elle donna une interview au *New York Daily News* en novembre 1977 et indiqua qu'elle avec d'autres membres du groupe Opération 40 dont Lee Harvey Oswald, Orlando Bosch et Frank Sturgis firent partie du complot contre Kennedy.

Elle se rappela d'une réunion pendant laquelle ils étudièrent sur une table une carte des rues de Dallas.

Ses compagnons de route entre Miami et Dallas furent Oswald, Sturgis, deux leaders des exilés de Cuba Orlando Bosch et Pedro Diaz Lan et deux Cubains qui étaient des frères dont elle ne connaissait pas les noms. Ils conduisirent à tour de rôle et mirent deux jours pour faire le trajet de 1300 miles.

Elle témoigna aussi devant la HSCA que Sturgis était l'un des tireurs sur Kennedy. Mais la Commission n'avait trouvé aucune preuve étayant ses dires.

On peut remarquer que Lorenz ne fut pas précise ni sur le rôle de Lee Harvey Oswald ni sur son propre rôle.

Richard Helms condamné pour ses mensonges

Helms occupa des postes importants à la CIA et fut Directeur Adjoint de la planification entre 1962-1965 ensuite Directeur Adjoint de la CIA de 1965-1966 puis Directeur de la CIA entre 1966-1973.

Il fut condamné pour avoir été coupable de parjure à une Commission d'enquête du Sénat et avait participé activement à l'entreprise de dissimulation.

Lors des auditions menées par le HSCA en 1978 et pendant une interruption de séance un reporter demanda à Helms s'il avait connaissance de relations entre Lee Harvey Oswald et la CIA ou le KGB. Helms répondit ''Je ne m'en souviens pas.'' Et ajouta ''Vos questions sont aussi stupides que celles de la Commission.''

Le langage belliqueux de Helms et sa pratique d'aller à l'offensive étaient les outils qu'il utilisait pour se protéger et protéger ses secrets car il était homme à avoir beaucoup à cacher.

Il écrit dans son autobiographie que les actions clefs de la CIA étaient toujours menées avec l'approbation du président. En vérité Helms gardait de façon routinière tout une succession de présidents dans l'ignorance de ces actions.

L'utilisation non autorisée de la Mafia dans des opérations variées, en particulier dans des tentatives d'élimination de Castro étaient les parfaits exemples pour lesquels cette information restait cachée de Kennedy et du Directeur de la CIA John McCone. Robert Kennedy l'apprit en mai 1962 et fut assuré que les opérations étaient terminées mais en fait le coordonnateur sur le terrain de ces opérations William Harvey continuait d'utiliser la Mafia jusqu'en 1963.

Questionné en 1975 par l'enquête du Sénat sur ces assassinats organisés avec la Mafia, Helms raconta qu'il ''était très surpris de n'avoir pas discuté de cela avec le Directeur McCone''. Selon son assistant George McManus la principale raison pour laquelle Helms n'avait pas parlé avec son patron de l'implication de la Mafia c'était parce que ce dernier aurait considéré cela comme 'moralement répréhensible'.

L'action la plus substantielle de Helms pour tromper la Commission Warren était ses réponses. Les enquêteurs avaient découvert depuis que la plupart des preuves que Helms leur avait fournies était de la documentation fabriquée. Par exemple tout le voyage qu'aurait fait Oswald pour aller à l'ambassade cubaine à Mexico dans les semaines précédant le 22 novembre 1963 était fabriqué par le subordonné de Helms, David Phillips. L'opération avait pour but d'établir une liaison entre Lee Harvey Oswald et les communistes cubains et soviétiques. Helms donna cette information à la Commission Warren pour brouiller les pistes et faire croire en apparence qu'Oswald avait l'intention de travailler avec le KGB. Plus tard les films de l'Agence, les témoignages, les photos et les enregistrements sonores tous échouèrent à identifier le vrai Oswald comme ayant été à Mexico.

Helms fit d'autres mensonges à la Commission Warren en disant qu'Oswald n'était pas agent de la CIA et n'était pas en contact avec l'Agence. La vérité était que son subordonné David Phillips, aussi connu sous le nom de Maurice Bishop avait rencontré Oswald 2 mois avant l'assassinat. Après avoir étudié les activités d'Oswald et ses relations depuis l'époque des Marines, les séjours en URSS, en Nouvelle Orléans et à Dallas le Sénateur Schweiker conclut qu'Oswald était ''en relations avec le milieu du renseignement et la marque de ces activités était fortement imprimée sur lui''.

En 1977 Helms fut accusé de parjure sous 8 chefs d'accusation ; il plaida coupable et fut condamné à deux ans de prison avec sursis et une amende de 2 mille dollars.'' [250]

Victor Marchetti

Victor Marchetti fut recruté par la CIA en 1955 en tant qu'expert pour les questions militaires soviétiques. Il devint un assistant spécial pour Richard Helms par la suite. Mais désillusionné par les pratiques de l'Agence il démissionna en 1969.

Il raconta ses expériences avec la CIA dans un roman *The Rope-Dancer* paru en 1971 et commença à travailler avec John Marks pour un livre sur la nécessité de réformer la CIA. Le manuscrit de *The CIA and the Cult of Intelligence* ne reçut le feu vert de la CIA qu'à la condition de supprimer 300 passages ce qui constituait un cinquième du livre. Après de longues négociations avec la CIA les auteurs purent faire paraître le livre avec 168 passages laissés en blanc et avec les 171 autres apparaissant en gras.

En août 1978 Marchetti écrivit un article dans Spotlight sur l'assassinat de Kennedy dans lequel il révéla que la HSCA avait obtenu un mémorandum de la CIA qui indiquait que Howard Hunt, Frank Sturgis et Gerry Patrick Hemming étaient dans le complot contre Kennedy. Il confirma ce que Marita Lorenz avait fourni comme informations sur le complot.

Il y eut un procès intenté par Hunt qui fut débouté en appel par un jury qui décida en janvier 1995 que Marchetti n'était pas coupable de diffamation quand il avait écrit que Kennedy fut assassiné par des agents de la CIA. La défense de Marchetti menée par Mark Lane aboutit à la victoire ; Lane s'était appuyé sur les documents déclassifiés disponibles pour démontrer l'existence du complot auquel les agents de la CIA avaient participé. Après le verdict la présidente du jury commenta que Lane ''nous a demandé de faire une chose très difficile. Il nous a demandé de croire que John Kennedy fut tué par des gens faisant partie de notre propre administration. Cependant à l'examen des preuves produites nous sommes obligés de conclure que la CIA a effectivement tué le président Kennedy.'' [251]

---

[250] Patrick Nolan, *CIA Rogues and the Killing of the Kennedys : How and Why US Agents Conspired to Assassinate JFK and RFK*
[251] Mark Lane, *Plausible Denial - Was the CIA Involved in the Assassination of John F. Kennedy?*

Le fait remarquable fut que Mark Lane avait réussi à prouver devant une cour de justice que Howard Hunt était directement impliqué dans l'assassinat de Kennedy.

George Bush

Un document du FBI récemment récupéré permit de penser que George Bush fut directement impliqué dans le meurtre de John Kennedy. Le document établit que Bush travaillait avec Felix Rodriguez, l'autre fameux agent de la CIA, recrutant les exilés Cubains de Miami pour organiser une invasion de Cuba. Les Cubains étaient entraînés par la CIA pour devenir des tireurs. Bush vivait à cette époque (1960 et 1961) au Texas et faisait toutes les semaines le trajet Houston-Miami. C'était là qu'il fit la connaissance de Felix Rodriguez.

Le jour de l'assassinat Bush était au Texas, mais déclara qu'il ignorait où il se trouvait exactement ce jour-là. Comme il fut le superviseur depuis 1960 de l'équipe secrète de Cubains menée par l'ancien chef de la police cubaine Felix Rodriguez, il était probable qu'il fut présent à Dallas. Plusieurs Cubains de l'équipe secrète furent filmés dans le film de Zapruder.

Selon Paul Kangas d'autres membres de la CIA enrôlés par Bush et qui devinrent plus tard connus dans l'affaire Watergate étaient Frank Sturgis, E. Howard Hunt, Bernard Barker et Rafael Quintero. Quintero qui comme vu ci-dessus, avait publiquement déclaré que s'il lui arrivait de dire tout ce qu'il savait à propos de Dallas et de la Baie des Cochons "Ce serait le plus grand scandale qui secouerait la nation."

Dallas fut l'endroit le plus favorable pour le complot car le maire était le frère du général Cabel, blâmé pour l'échec de l'invasion de Cuba. L'itinéraire fut modifié et le cortège de voitures passa près du Grassy Knoll à la vitesse de 7 miles à l'heure ce qui permit à Hunt et à Sturgis d'ajuster facilement leurs tirs sur JFK à partir du Grassy Knoll. Ils furent arrêtés, photographiés et vus par 15 témoins. Mais les médias furent tenus dans l'ignorance de ces photos et pendant 25 années le monde continua à rechercher la vérité.

En 1988 dans une émission spéciale de Télévision, Jack Anderson montra sans l'ombre d'un doute que deux des hommes arrêtés à Dallas derrière le Grassy Knoll étaient Hunt et Sturgis.'' [252]

***

Malgré l'absence de preuves probantes il est clair que l'implication d'agents de la CIA dans l'assassinat de Kennedy ne peut faire l'objet d'aucun doute.

---

[252] Paul Kangas, *The Realist* (1990)

Même de nos jours la CIA continue ses efforts pour masquer son rôle dans l'assassinat de Kennedy. Selon Joan Mellen dans son livre *A Farewell to Justice* (2005), en 2000 un Comité d'archivistes et de bibliothécaires était réuni et chargé d'examiner des documents confidentiels relatifs à l'assassinat de Kennedy pour déterminer s'ils pouvaient être déclassifiés. Le groupe reçut la visite d'un homme qui s'identifia comme un représentant la CIA ; il prévint les membres du groupe qu'en aucune circonstance ils ne devraient révéler à quiconque ce qu'ils avaient appris des documents. La menace de l'homme fut terrifiante car personne n'avait osé parler.

Vingt-cinq ans auparavant en 1975 le Sénateur de Pennsylvania, Richard Schweiker qui fut membre de la Commission Church avait conclu : « Nous ne savons pas ce qui s'était passé à Dallas mais nous savons avec certitude qu'Oswald avait beaucoup de liens avec les services de renseignements. Partout où nous le suivons il y a la trace des renseignements. »

Schweiker confirma aussi mais bien plus tard en 2007 à l'auteur David Talbot que l'ex Marine Oswald ''fut le produit d'un programme de défection factice de la CIA'' et qu'il ne fut jamais convaincu que la CIA avait raconté à la Commission la totalité de l'histoire.

Ce qui est encore plus stupéfiant c'est qu'en 1979 la HSCA avait conclu ses 3 années d'investigations qu'il y avait eu probablement complot, remettant donc en cause le fondement même du Rapport Warren de 1964. Et malgré sa recommandation pour des enquêtes plus approfondies par le Département de la Justice rien ne fut mis en œuvre excepté la décision que les dossiers les plus sensibles seront tenus au secret jusqu'en 2029.''[253]

---

[253] Peter Janney, *Mary's Mosaic : The CIA Conspiracy to Murder JFK, Mary Pinchot Meyer and Their Vision for World Peace.*

CHAPITRE 15.

A. Dulles, partenaire de circonstance du complot

De tout ce qui précède concernant la CIA la conclusion est évidente. Mais parler d'une implication de la CIA dans l'assassinat de Kennedy n'est pas tout à fait exact. On doit dire plus précisément que des agents de la CIA ayant appartenu au groupe Opération 40, avaient formé et entraîné des exilés Cubains et s'étaient associés avec la Mafia pour des opérations contre Castro et même l'assassiner. Ces mêmes agents furent mobilisés pour une opération contre Kennedy. Or ce groupe Opération 40 n'avait apparemment pas de raison particulière et impérieuse pour projeter la mort de Kennedy. Qui d'autres que les deux anciens chefs de la CIA, A. Dulles et C. Bissell pouvaient le faire et avaient une bonne raison pour le faire?

La CIA un État dans l'État grâce à Dulles

Truman avait fondée en 1947 la CIA en rassemblant les différents organismes préexistants s'occupant du Renseignement comme l'OSS, le NIA et le CIG.

Allen Dulles fut nommé Directeur Adjoint pour les Plans (1950-51), Directeur Adjoint de l'Agence (1951-53) puis Directeur de l'Agence (1953-61).

Avec la liberté sans borne de conduire le combat dans l'ombre de l'administration contre le Communisme que lui donna Eisenhower, Dulles stupéfia Harry Truman car il transforma l'Agence en un colosse de la Guerre froide beaucoup plus puissante et meurtrière que tout ce que Truman avait imaginé. L'Agence était devenue avec A. Dulles un outil puissant à la disposition des États-Unis, presque un état dans l'État avec des moyens considérables, n'hésitant pas à se mêler aux milieux du crime et de la drogue. Seulement, avec un principe de fonctionnement laissant place à la faculté de permettre un démenti sur ses actions toujours louches, elle échappa, du coup et de fait, à un contrôle total du gouvernement.

Elle devint célèbre au travers d'opérations secrètes comme de coups tordus et de coups d'état pas tous réussis : en Syrie, en Indonésie, en Iran en 1953, au Guatemala en 1954, les assassinats de Lumumba au Congo, de Trujillo en République Dominicaine en 1960…[254]

---

[254] Wikipedia, The Free Encyclopedia. *Central Intelligence Agency*

À la fin de son mandat Eisenhower conclut que Dulles lui avait volé sa place dans l'histoire comme 'artisan de la paix' en lui laissant un "héritage de cendres". Dulles sapa ou trahit chaque président qu'il avait eu à servir."

Dulles mis à la retraite forcée

Dulles n'aura servi Kennedy que pendant moins d'un an mais leur brève histoire commune aura des conséquences énormes. Clairement surpassé par le futé 'espion en chef' qui le dupa dans le désastre de la Baie des Cochons, Kennedy démontra qu'il était quelqu'un qui apprenait vite dans le jeu des pouvoirs de Washington. Il devint le premier et le seul Président qui osa dépouiller Dulles de son formidable autorité. Mais la retraite forcée de Dulles ne dura pas longtemps après qu'il fut débarqué de la CIA en novembre 1961. Et au lieu d'entrer tranquillement dans ses années de fin d'activité Dulles continua de fonctionner comme s'il était encore le Chef des Renseignements des États-Unis en prenant pour cible le Président qui avait mis fin à son illustre carrière. La lutte souterraine entre ces deux emblèmes du pouvoir ne fut rien moins [intense] que la bataille pour la Démocratie en Amérique.

Marchant à travers Georgetown en cette agréable soirée de septembre Willie Morris fut rempli de perplexité devant l'éruption de mépris que manifesta Dulles à l'évocation du simple nom de Kennedy. Il y avait une raison à cela même deux ans après la fin sanguinolente de Kennedy : l'emprise de Kennedy dans l'imagination du public irritait Dulles qui savait qui était le 'véritable Dieu' et ce n'était pas Jack Kennedy.

Après leur petite promenade les deux hommes revenaient au logis de Dulles pour le dîner et ensuite pour travailler sur l'article que Dulles projetait de publier avec comme titre 'My Answer to the Bay of Pigs'. Mais finalement même avec l'aide de Morris, Dulles n'avait pas pu se débattre avec son manuscrit, il abandonna le projet dont la publication ne verra jamais le jour. Le maître-espion sembla avoir conclu qu'il avait en même temps beaucoup trop et pas assez dit sur ce qui s'était passé entre lui et Kennedy.

Quand l'opération de la Baie des Cochons avait débuté et que les 'dés furent jetés', selon Dulles 'il était confiant que JFK se sentirait obligé de faire la seule chose juste qui était d'envoyer l'effrayante puissance militaire américaine au secours de l'invasion. C'était ce que la CIA escomptait comme réaction de la part de la Maison Blanche en utilisant une certaine dose de tromperie et de manipulation pour faire entrer le Président dans les rangs. Mais cette fois ci le Président malgré sa jeunesse résista à la pression de l'intimidation collective que ses ministres aux cheveux grisonnants cherchaient à lui imposer. Kennedy dit non à l'extension d'une opération qu'il avait sentie comme sordide depuis le début. Et le long règne de Dulles vola en éclats. En tout cas c'était l'histoire de Dulles racontée dans les biographies et les histoires de la CIA. En vérité le règne de Dulles continua, recouvert d'un manteau, vers une conclusion encore plus catastrophique.

Dans les premiers jours et les premières semaines après son départ de la CIA le monde de Dulles s'effondra. Il parut être un homme de tragédie, se traînant dans les alentours de sa maison à Georgetown. Mais cela ne dura pas longtemps et il commença à rencontrer un étonnant éventail d'officiers de la CIA, des hommes des échelons les plus élevés de l'Agence jusqu'aux agents de terrain ordinaires. On les voyait aller et venir au manoir en briques de Q Street.

Le siège d'un gouvernement anti-Kennedy

Le programme de ses journées était rempli de réunions dans ses clubs favoris, l'Alibi Club et le Metropolitan Club, où il dînait avec les mêmes généraux et les mêmes sages personnes dans le domaine de la sécurité nationale avec lesquels il avait affaire quand il était à la CIA. C'était comme s'il n'avait jamais quitté l'Agence.

Dulles aurait transformé sa maison de Georgetown en siège d'un gouvernement anti-Kennedy en exil. Et le temps passant les hommes du cercle de Dulles devinrent encore plus désenchantés avec la politique étrangère des États-Unis qu'ils considéraient comme une conciliation avec l'ennemi communiste. Dulles s'enhardissait dans son opposition. Il fit connaissance avec un leader controversé d'exilés Cubains, Paulino Sierra Martinez, ancien homme de main du dictateur déposé Batista. Sierra, dont les activités anti-Castro étaient soutenues par la Mafia et les renseignements américains, sera suspecté par le Service Secret de comploter contre le président Kennedy. Le but d'une réunion qui s'était produite en avril 1963 entre Dulles et Martinez demeurera un mystère.

En octobre 1963 Dulles se sentit suffisamment confiant pour attaquer en public la politique étrangère de Kennedy oubliant délibérément l'étiquette selon laquelle il était inconvenant de faire la critique d'un Président qu'on venait de servir. Il déclara que la présidence de Kennedy souffrait d'un 'grand désir de se faire aimer par le reste du monde'. ''Cette faiblesse n'était pas la marque d'une puissance globale et je préférerais que le monde nous respecte plutôt que d'essayer de nous faire aimer par eux.''

Dans les semaines avant l'assassinat les réunions chez Dulles s'intensifièrent. Parmi les gens de la CIA qui venaient et partaient de Q Street, certains furent soumis à enquête plus tard par le HSCA et d'autres investigations pour leur éventuelle connexion avec le meurtre de Kennedy.

Un rôle clef dans la Commission Warren

Dulles fut ensuite tellement impliqué dans la Commission Warren qu'un observateur fit la remarque qu'elle aurait pu s'appeler commission Dulles. Il travailla activement dans les coulisses avec ses anciens collaborateurs de la CIA pour éloigner les enquêtes loin de l'Agence et surtout pour prouver la culpabilité du tueur solitaire Lee Harvey Oswald.

Pourquoi un rude ennemi politique de Kennedy fut-il amené à jouer un rôle prépondérant dans l'enquête officielle de son meurtre ? Ce n'était qu'une énigme de plus dans cette affaire remplie de mystères tout comme la question qui lui était liée 'Pourquoi la presse ne s'était-elle pas intéressée à cet intriguant sujet ?

Mais il était impensable dans ces arènes médiatiques où les discours étaient soigneusement contrôlés d'explorer la suspicion à l'égard de Dulles - qui était l'un des piliers de l'establishment- de penser qu'il aurait pu jouer un rôle dans le crime épique contre la démocratie américaine ce jour-là à Dallas. C'est encore un des nombreux tabous et domaines secrets de la vie de Dulles que Talbot va tenter d'explorer dans son livre.

Dulles et l'histoire d'un pouvoir secret

Selon Talbot 'l'histoire de Dulles continuera de hanter ce pays. Les pratiques prenant leur origine pendant le règne fondateur de Dulles à la CIA continueront de provoquer des sursauts d'examens de conscience de l'Amérique. Expérimentations du contrôle des esprits, tortures, assassinats politiques, surveillance à grande échelle des citoyens américains et alliés étrangers, furent les moyens largement utilisés pendant le règne de Dulles.

Dulles était capable d'une grande cruauté personnelle envers ses proches comme envers ses ennemis. Derrière ses yeux pétillants était une personnalité de froide amoralité. Allen n'était pas troublé par des sentiments de culpabilité ou de doute. Il aimait dire -par fanfaronnade- qu'il était parmi les rares personnes de Washington qui pouvaient envoyer des gens à leur mort.

Mais Dulles n'était pas imprudent, c'était un calculateur froid. Et il ne se lancerait jamais dans une opération à grands enjeux sans avoir le soutien des hommes de grande influence de Washington et de Wall Street qui dominaient tranquillement les prises de décisions de la nation.

C'est ainsi que Talbot raconta l'histoire d'Allen Dulles dans son livre, l'histoire d'une aventure d'espionnage remplie d'actions d'importance capitale qu'on a peine à retrouver dans les romans d'espionnage. C'est aussi l'histoire d'un pouvoir secret en Amérique.'' [255]

***

Un demi-siècle plus tard beaucoup de questions sur la fin violente de JFK demeuraient 'inexprimables' dans les termes du biographe James W. Douglas du moins dans l'arène soigneusement sous contrôle du discours médiatique. Il était encore plus impensable dans ces milieux d'explorer la suspicion selon laquelle Allen Dulles lui-même - ce pilier de l'establishment - puisse avoir joué un rôle dans le crime épique contre la Démocratie qui eut lieu à Dallas. Mais c'est juste encore un de ces nombreux tabous et domaines secrets de la vie de Dulles.

L'histoire de Dulles continue de hanter ce pays. Beaucoup de pratiques qui provoquèrent des crises d'examen de conscience de l'Amérique prenaient leur origine sous le règne fondateur de Dulles à la CIA : Expérimentation du contrôle des esprits, torture, assassinat politique, surveillance massive des citoyens d'Amérique comme de leurs alliés, tous ces outils étaient largement utilisés.[256]

---

[255] David Talbot, *The Devil's Chessboard: Allen Dulles, the CIA, and the Rise of America's Secret Government* (2015)
256 David Talbot, *The Devil's Chessboard: Allen Dulles, the CIA, and the Rise of America's Secret Government*

CHAPITRE 16.

L'implication des leaders de la Mafia

En 1961 William Harvey fut chargé d'arranger avec Sam Giancana, Santo Trafficante, Johnny Rosselli et Robert Maheu une opération d'empoisonnement de Castro qui échoua.

Certains chercheurs avaient allégué que Harvey aurait pu être mêlé à l'affaire Kennedy mais n'avaient pas pu apporter de preuves.

Sam Giancana

Dans les années 50 Giancana était devenu le parrain de la Mafia de Chicago. En 1960 il fut mis en liaison avec A. Dulles pour tuer Fidel Castro. Il est connu qu'il usa de son influence en Illinois pour faire gagner Kennedy contre Nixon en 1960.

Devenu Président, Kennedy et son frère entreprirent de s'attaquer au crime organisé et Giancana devint la cible d'investigations visant à le mettre sous les verrous.

Kennedy fut assassiné en novembre 63 et les rumeurs commencèrent à circuler mettant en cause les principaux leaders mafieux comme Giancana, Santos Trafficante, Carlos Marcello et Johnny Roselli.

En 1975 Frank Church découvrit par l'intermédiaire de son comité *Select Committee to Study Governmental Operations with Respect to Intelligence Activities* que Judith Campbell fut la maîtresse commune de Giancana et John F. Kennedy. Elle servit de messager entre les deux hommes et John lui aurait même dit que les messages contenaient des renseignements pour un complot contre Castro.

Giancana fut appelé à témoigner devant la Commission Church mais avant qu'il ait pu le faire il fut assassiné dans sa maison le 19 juin 1975. Apparemment il était en train de préparer à manger avec une personne qu'il avait invitée. On le retrouva avec une grosse blessure derrière la tête et 6 balles entourant sa bouche signe qu'on voulait le réduire au silence.

Carlos Marcello

Il devint le leader incontesté de la Mafia de la Nouvelle Orléans mais subit une déportation au Guatemala suite à la diligence du Ministre de la Justice

Robert Kennedy en mars 1961. Il revint peu de temps après et selon divers informateurs ne cessait de proférer des menaces à l'encontre de Kennedy. Edward Becker rapporta qu'il lui disait « Un chien peut continuer à te mordre si tu lui coupes la queue. Il cessera de t'importuner si tu lui coupes la tête » et plus précisément « je vais m'arranger pour que le président Kennedy soit tué d'une façon ou d'une autre ». Et à un autre informateur « Je dois me couvrir par une assurance pour l'assassinat en trouvant un cinglé sur qui mettre la faute».

On trouvera la trace d'une visite de Jack Ruby à Marcello et Santos Trafficante avant l'assassinat de Kennedy. Cet été-là il fut vu à la Nouvelle Orléans tout comme le présumé assassin Lee Harvey Oswald.

Après l'assassinat une enquête du FBI avait conclu que Marcello n'était pas une figure importante du crime organisé ce qui avait conduit la Commission Warren à dire qu'il n'y avait pas de lien direct entre Ruby et Marcello.

Cependant Robert Blakey, conseiller principal et chef de cabinet de la HSCA fit publier *The Plot to Kill the President* en 1981 dans lequel il argumenta qu'il y a eu complot, que Lee Harvey Oswald en fait partie et qu'il y a au moins un autre tireur posté sur le Grassy Knoll. Il conclut même à l'organisation du complot par Marcello.

Le 14 janvier 1992 le *New York Post* annonça que Marcello, Jimmy Hoffa et Santos Trafficante furent tous les trois impliqués dans l'assassinat de Kennedy. L'article cita Frank Ragano comme porteur d'un message, au début de 1963, de Hoffa à Trafficante et Marcello, relatif à un plan pour tuer Kennedy. A cette réunion Ragano dit aux deux hommes : « Vous n'allez pas croire ce que Hoffa m'a chargé de vous dire. Jimmy veut que vous fassiez la peau au président. » Les deux hommes lui donnèrent l'impression qu'ils avaient bien l'intention d'exécuter l'ordre.

Dans son autobiographie *Mob Lawyer* Frank Ragano précisa qu'il fut envoyé à la Nouvelle Orléans en juillet 1963 par Jimmy Hoffa pour rencontrer Marcello et Trafficante concernant le complot. Il leur répéta ce que Hoffa lui avait dit après l'assassinat: « Je t'avais bien dit qu'ils pouvaient le faire. Je n'oublierais jamais ce que Carlos et Santos ont fait pour moi. » et ajouta : « Ceci veut dire que Bobby comme Garde des Sceaux c'est fini ». Marcello lui aurait répondu : « Quand tu verras Jimmy, dis-lui qu'il me doit gros ». [257]

---

[257] John Simkin (*john@spartacus-educational.com*)

Johnny Roselli

Rosselli avait travaillé pour Al Capone dans les années 20. Il devint un boss des criminels de Las Vegas à la fin de la 2e guerre mondiale et en 1947 fut considéré comme un proche associé de Santos Trafficante.

Il participa très activement aux complots de la CIA contre Castro après avoir été contacté par Richard Bissell et Allen Dulles en septembre 1960.

En 1975 Rosselli fut interviewé par la Commission Church sur ses relations avec les services de renseignements. Des informations furent données concernant les complots contre Castro. Rosselli parla même d'une équipe de tueurs destinée à tuer Castro qui fut détournée pour tuer Kennedy.

L'année suivante la Commission Church décida de rappeler Rosselli pour témoigner de nouveau en juillet 1976. Mais il disparut subitement sur le trajet le conduisant à son club de golf. On retrouva 10 jours plus tard son corps découpé dans un fût de pétrole flottant dans la baie de Miami.

Jack Anderson du Washington Post avait pu interviewer Roselli avant sa mort. Le 7 septembre 1976 le journal cita Roselli comme ayant déclaré « Quand Oswald fut arrêté les conspirateurs craignirent qu'il se mette à parler pour donner des informations pouvant faire remonter les enquêteurs jusqu'à eux. Ce qui pouvait conduire à une massive répression sur la Mafia. Aussi Jack Ruby reçut l'ordre d'éliminer Lee Harvey Oswald. »

La Commission Church obtint plus tard une bande d'enregistrement sonore du FBI dans laquelle on peut entendre Trafficante dire : « Maintenant les deux personnes qui savent qui a tué Kennedy ne peuvent plus parler ».

Santos Trafficante

Son père Santos Trafficante Senior fut un éminent leader de la Mafia de Floride des années 40 qui s'était associé avec Lucky Luciano, Frank Costello et Meyer Lansky pour installer les maisons de jeux à Cuba. Le dictateur du moment à Cuba, Batista, fut largement bénéficiaire des profits de ces jeux.

Trafficante fut envoyé à Cuba en 1953 pour s'occuper de certains casinos de la Mafia et il en prend le plein contrôle en devenant le grand patron à la mort de son père en août 1954.

Ses casinos furent fermés avec l'arrivée au pouvoir de Castro et il passa un certain temps en prison avant de revenir aux États-Unis.

Il participa aux complots de la CIA pour assassiner Castro en travaillant étroitement avec William Harvey.

Concernant le meurtre de Kennedy il fut noté qu'à son ami Jose Aleman il avait confié « Crois-moi, cet homme, Kennedy, est dans le pétrin et il va trouver ce qui lui revient. Ça va lui arriver d'ici les élections. Il va être tué. »

Pour terminer avec Trafficante on peut répéter les paragraphes déjà écrits ci-dessus pour Marcello à propos de Ragano et de Hoffa, car ils concernent tout aussi bien et de la même façon Trafficante. Fut rappelé le rôle joué par Frank Ragano comme porteur de messages de Hoffa à Marcello et Trafficante leur transmettant l'ordre d'exécuter Kennedy et une fois l'opération réussie l'expression de ses sentiments reconnaissants.

Trafficante continua à travailler avec la CIA et fut ensuit mêlé à l'affaire Iran-Contra. Il mourut le 19 mars 1987.

Robert Kennedy fut une grande menace pour la Mafia de Dallas

Dallas, Texas le 22 Novembre, 1963. Le président Kennedy gisait allongé, sans vie. Le Vice-président Lyndon Johnson, sauvé d'une mort politique et d'un emprisonnement par un meurtre exécuté dans le style de gangsters, fut soulagé et investi des pouvoirs suprêmes. Son étroite alliance avec le procureur de Dallas Henry Wade et le truand local Civello avait donné ses fruits.

Dans les premières heures suivant l'assassinat LBJ s'attacha à neutraliser le frère de JFK, le procureur général Robert Kennedy, considéré comme le 'Némésis' de Civello, patron de la Mafia de Pearl Street. LBJ ordonna au juge Sarah Hughes qu'il avait placé au tribunal fédéral, de procéder à la cérémonie d'investiture dans l'avion Air Force 1.

A ce moment Hughes était le juge principal dans l'enquête et les poursuites contre la Mafia de Dallas pour des opérations de paris illégaux qu'avait initiées Robert Kennedy. Mais Hughes était un allié de longue date de la Mafia italienne et avait toujours fermé ses yeux sur les activités criminelles de la Mafia de Pearl Street. LBJ fit arrêter ces poursuites à la satisfaction de tout ce beau monde.

Il y avait aussi peu de crainte du côté d'une enquête fédérale. La puissante agence de Washington D.C. le FBI était sous contrôle car son Directeur, Edgar Hoover était voisin et confident de Johnson. Hoover fut lui-même sauvé par le meurtre de Kennedy car les frères Kennedy voulaient le remplacer à la tête du FBI depuis des années et s'apprêtaient à le réaliser avant la fin du premier mandat de JFK. Un décret-loi de Johnson permit à Hoover de garder le pouvoir pour dix années supplémentaires et le FBI fit tout pour empêcher tout effort pour aller vers la vérité dans le meurtre de Kennedy.

Mais selon Nelson pourquoi encore un livre sur cette histoire ? Parce que de nouvelles preuves révélées dans le livre apportaient une certitude légale à la plupart des choses déjà connues. Il est trop tard pour poursuivre les meurtriers mais il n'est jamais trop tard pour connaître la vérité. L'histoire avait rattrapé LBJ, Edgar Hoover et la Mafia de Dallas.

Toujours selon Phillip Nelson ''J'avais commencé mon enquête sur le mystère du meurtre du président Kennedy 30 années auparavant après avoir visionné le film séquestré de Zapruder. Etant historien et avocat j'ai pu réaliser que le rapport Warren ne fut qu'un subterfuge conçu pour brouiller les esprits du public américain et éviter au Département de la Justice d'avoir à enquêter et à poursuivre les responsables.

Dans quel but ? Pourquoi permettre aux comploteurs de rester impunis ? Devant l'évidence d'un tel complot pourquoi sacrifier à un tel point la crédibilité du gouvernement ?

Ce ne fut qu'après les morts du président LBJ, du Directeur du FBI Hoover et du ministre de la Justice Robert Kennedy que le Congrès avait pu réexaminer la mort de Kennedy. En 1979 le HSCA inversa la conclusion de la Commission Warren en admettant qu'un complot fut à l'origine du meurtre de Kennedy. Selon Blakey l'avocat en chef du HSCA ''le Crime organisé fut derrière le complot pour tuer Kennedy''. Malgré cela le Département de la Justice refusa toujours de mener sa propre enquête et d'engager des poursuites. Une partie des découvertes du HSCA fut classée comme éléments sensibles et gardée sous le sceau du secret.

Les efforts de Nelson avaient rendu deux faits indéniables : Un, Hoover avait eu connaissance des menaces de mort contre le président Kennedy avant le meurtre mais les avait gardées dans l'ignorance du Service Secret. Deux, il fut un confident politique de Johnson depuis de longues années.

En 1992 le Congrès vota l'AMDA (Assassination Materials Disclosure Act) mais de nouveau le Département de la Justice refusa d'avancer dans la recherche de la vérité.

Toujours selon Nelson ''Personnellement je n'étais pas soumis à de telles restrictions et après des années d'enquête j'ai découvert pourquoi JFK fut assassiné et pourquoi le Département de la Justice avait refusé de poursuivre les meurtriers.

Les preuves fournies dans ce livre ont pour objet de forcer le Département de la Justice à publier les enregistrements secrets, ordonnés par RFK, des conversations entre gens de la Mafia dans les mois qui précédèrent l'assassinat de Kennedy. Les enregistrements comprennent des conversations compromettantes entre Jack Ruby et d'autres gangsters, portant sur les poursuites prochaines engagées par RFK contre eux. Et les noms des personnes responsables du meurtre de Kennedy seraient pour la première fois dévoilés.

Un rapport secret de l'agent du FBI à Dallas pour Hoover que j'ai pu obtenir via le FOIA (Freedom of Information Act) révéla que fin 1961 RFK avait mis en œuvre un plan visant à éradiquer la Mafia de Dallas. L'opération secrète de RFK avait aussi comme but de mettre en évidence la relation basée sur la corruption entre la Mafia et LBJ. Poussés le dos au mur Johnson et la Mafia de Dallas allaient rester debout ou tomber ensemble.

Et RFK avait eu cette réflexion ''Nos opposants sont impitoyables, vicieux et plein de ressources. Ils utiliseraient toutes les armes à leur disposition.''[258]

---

[258] Phillip F. Nelson, *LBJ : The Mastermind of the JFK Assassination.*

CHAPITRE 17

Lyndon Baines Johnson, comploteur en chef ?

Dallas, destination fatale

L'idée d'un voyage de Kennedy au Texas était considérée depuis l'année précédente et il fut déjà annoncé par LBJ dès avril 1963. Le 5 juin 1963 la décision finale sur le voyage fut prise lors d'une réunion à l'hôtel Cortez au Texas entre Kennedy, LBJ et Connally. Au départ il fut suggéré que le voyage au Texas se fasse au moment de l'anniversaire de LBJ en août mais après discussion le Président accepta la proposition de Connally de faire le voyage plus tard dans l'année.

Vers septembre le voyage prit une importance plus grande et devint une affaire de plusieurs journées au lieu d'une seule. Une fois l'idée approuvée par la Maison Blanche, Connally suggéra la traversée du centre de Dallas par le cortège de voitures. Il fit les plans pour le cortège, la date et la place pour un déjeuner. Il prévoya une visite séparée d'Austin et même la visite du ranch de LBJ.

Le 4 octobre Connally vint à la Maison Blanche pour discuter personnellement avec le Président de détails pour la visite. Selon certaines sources certains aides de Kennedy voulaient qu'il laisse tomber entièrement ce voyage et Kennedy lui-même évoqua quelques réserves mais accepta finalement de le faire.

Le même jour de la visite de Connally à Washington Lee Harvey Oswald revint de Mexico à Dallas alors qu'il n'avait aucune perspective pour y trouver du travail. Le 6 octobre il commença un nouveau travail à la TSBD. Par coïncidence (?) le bâtiment se trouvait sur le parcours que les organisateurs du voyage de Kennedy avait prévu pour la parade dans la ville.

Le jeudi 21 novembre le Président s'envola vers le Texas pour commencer son voyage. Il participa à des réceptions à San Antonio, Houston et Fort Worth où il finit sa journée. L'arrivée à Dallas était prévue pour le lendemain.

Le 22 novembre, il prit son petit déjeuner à la Chambre de Commerce avant d'aller à l'aéroport pour un court vol vers Love Field à Dallas qu'Air Force 1 atteignit à 11h37 avec un soleil brillant dans de bonnes conditions météorologiques.

Le cortège présidentiel était précédé d'une escouade de policiers en motos suivie par la première voiture dans laquelle se trouvaient le chef de la Police de Dallas et deux agents du Service Secret qui devaient scruter du regard la foule à mesure que le cortège s'avance.

Juste derrière vint la limousine présidentielle conduite par l'un des deux agents du Service Secret et transportant le couple Connally puis dans la dernière rangée le couple présidentiel. Elle était suivie de près par une voiture d'agents du Service Secret puis par la voiture dans laquelle se trouvaient le Vice-président LBJ et le Sénateur Ralph Yarborough sans leurs épouses qui étaient dans la voiture suivante.

Le cortège descendit la rue principale Main Street dans une grande ambiance de fête avec une grande foule chaleureuse amassée sur les trottoirs et regroupée dans les fenêtres des buildings bordant la rue, en faisant de grands signes d'accueil enthousiaste.

A l'intersection de Main Street avec Houston Street le cortège fit un tournant sur la droite longea un bloc d'immeubles avant de tourner sur la gauche dans un virage très serré pour entrer dans Elm Street. La limousine présidentielle venait de dépasser le TSBD de quelques dizaines de mètres quand le premier coup de feu retentit suivi rapidement de plusieurs autres.

Lyndon B. Johnson, un homme capable de tout

LBJ naquit à Stonewall, Texas en 1908 d'une famille pauvre. Il commença sa carrière professionnelle en enseignant au Sam Houston High School. Il participa à l'activité politique locale comme membre du Parti Démocrate. En 1932 il monta à Washington D.C. pour être un assistant en législation pour le parlementaire Richard M. Kleberg.

En 1936 LBJ réussit à se faire élire dans le 10e district d'Austin grâce au soutien de Charles Marsh. Pendant cette période il fit la connaissance d'Edward Clark qui travaillait pour le Gouverneur du Texas.

Johnson et Clark une association féconde à tout point de vue

L'association entre Johnson et Clark remontait en ce début des années 30 au plus fort de la grande dépression quand les deux étaient venus à Austin, l'un obsédé par l'accès au pouvoir politique et l'autre nourri d'un appétit vorace pour la richesse inestimable des champs de pétrole du Grand Est Texan. Ils devinrent inséparables comme des jumeaux dans leur caractère et leur conduite, agissant comme faire-valoir pour l'un et l'autre. C'est Clark qui sortit Johnson de ses années difficiles du début car en 1935 Johnson était un bavard cherchant son chemin pour monter dans la société, en ayant échoué dans ses études de droit, obtenu une charge d'enseignant dans un modeste collège Texan, puis devenu un modeste assistant sans le sou d'un parlementaire.

En 1937 Clark sauva Johnson d'une mauvaise campagne électorale et Johnson trouva son faiseur de roi, son maître à penser. Mais aucun ne contrôlait l'autre, savait chacun ce qu'ils voulaient et agissaient ensemble, jumeaux dans cette association de malfaiteurs.

Les deux devinrent de très bons amis. Clark fut un bon guide pour LBJ dans sa carrière politique et continua à l'être quand il devint avocat à Austin. Clark introduisit LBJ aux importantes figures du secteur du pétrole comme Clint Murchison et Haroldson L. Hunt. Ces deux magnats du pétrole contribuèrent généreusement par la suite aux campagnes électorales de LBJ.

Johnson fut lancé dans sa carrière politique grâce à cette victoire volée dans ces élections de 1937 et grâce à un système de valeurs n'excluant pas la corruption et le crime Johnson avança de parlementaire en 1937 à sénateur en 1948 avec des élections soumises à contestation pour fraude.

Il fut chargé de la discipline du Parti Démocrate au Sénat en 1951 ; il impressionna les leaders de son parti par son aisance pour traiter avec les gens d'un avis politique différent pendant 4 ans. Il fut récompensé en devenant le leader de la majorité démocrate en 1955.

Il réussit à devenir Vice-président en 1961. Le 22 novembre 1963 il devint Président à la suite du plus grand crime qu'un complot puisse générer.

Kennedy pas assez méfiant

En 1960 JFK fut choisi par le parti Démocrate pour être son candidat à la présidentielle contre le candidat républicain Nixon, Vice-président sortant. Kennedy se fit 'imposer' LBJ comme colistier pour le poste de Vice-président avec l'espoir de gagner des votes conservateurs du Sud des États-Unis.

Il dit à son assistant Kenneth O'Donnell : « J'ai 43 ans et ne vais pas mourir avant la fin de mon mandat. Aussi la vice-présidence n'a pas beaucoup d'importance. »

Kennedy gagna les élections contre Nixon avec la plus petite marge dans l'histoire des États-Unis et certains commentateurs n'hésitèrent pas à dire qu'il aurait perdu si LBJ n'avait pas été là. Mais LBJ eut ensuite un rôle très effacé dans l'équipe gouvernementale de Kennedy. Il était même détesté par le Garde des Sceaux Robert Kennedy.

En 1963 des rumeurs commencèrent à circuler comme quoi LBJ serait mêlé aux scandales de Billie Sol Estes et de Bobby Baker. D'après James Wagenvoord, à la fin de l'été, le magazine *Life* avait en préparation sur la base d'informations en provenance de Robert Kennedy et du Ministère de la Justice un numéro qui allait révéler les activités malhonnêtes de LBJ avec Billie Sol Estes. A sa publication LBJ risquerait de se retrouver devant la cour de justice.

Le fait que Bob Kennedy fut à l'origine des fuites sur LBJ données à *Life Magazine* fit penser que le Président avait l'intention de laisser tomber LBJ de son ticket pour la nouvelle vice-présidence. Ceci fut confirmé par la secrétaire de Kennedy, Evelyn Lincoln, dans son livre *Kennedy and Johnson* (1968). Kennedy lui aurait dit en novembre 1963 qu'à cause du scandale naissant de Bobby Baker il allait remplacer Johnson par Terry Sanford pour les élections de 1964.

A la mort de Kennedy le magazine abandonna le projet contre LBJ devenu président. Le numéro phare fut consacré au film de Zapruder.

Que devint Clark ?

Comme Johnson, Clark n'avait jamais assez de toute chose représentant le pouvoir. Il était toujours prêt à se saisir de tout avantage qui se présentait s'il le pouvait et typiquement en contrôlant les hommes politiques. En 1950 au travers du sénateur Johnson et du Gouverneur adjoint Ben Ramsey il détenait un pouvoir total et était reconnu comme l'homme le plus puissant du Texas ; il fut appelé le 'patron secret' de l'état du Texas par *Reader's Digest.*''[259]

En 1968 après deux années passées comme ambassadeur en Australie il avait bien vu le besoin de retrouver le pouvoir au Texas une fois Johnson parti de la Maison Blanche et tenta de se faire élire comme Gouverneur mais échoua dans la tentative. Les jumeaux montèrent ensemble et tombèrent aussi ensemble.

Selon McClellan ''J'ai pu établir qu'en 1969 Clark avait pu réclamer un complément de récompense pour ses efforts dans l'assassinat qui avait occasionné à 'Big Oil' des profits exorbitants. Il reçut de la part d'Exxon deux millions de Dollars taxes déduites....

Il m'avait fallu plus de dix années pour reconstituer les preuves car j'ai dû laisser mes dossiers à la firme après mon départ. Mon avantage c'est de savoir où les chercher...

L'empreinte de doigt fut la preuve ultime permettant de relier Dallas à Johnson. Au travers de l'identification de l'empreinte j'ai pu relier Mac Wallace aux forces qui s'étaient jointes au tireur Lee Harvey Oswald dans le building du TSBD, building dont le propriétaire était un associé de Muschinson, D. H. Byrd un membre du complexe militaro-industriel et faisant

---

[259] Barr McClellan, *Blood, Money & Power : How LBJ Killed JFK*

partie du Big Oil de Dallas. Clark avait aussi fait venir deux autres participants un tireur en réserve et un garde déguisé en agent du Service Secret…''[260]

Bobby Baker

Un autre personnage ayant joué un rôle important dans le succès de Johnson dans sa carrière politique fut Bobby Baker.

Selon Ronnie Dugger, LBJ passa deux heures à interroger Bobby Baker quand en décembre 1949, jeune sénateur du Texas, il appela Baker : ''M. Baker j'ai compris que vous savez où se trouvent les 'corps enterrés' au Sénat. Pourriez-vous venir à mon bureau.'' Il demanda à Baker ''Je voudrais savoir qui détient le pouvoir ici, comment faire pour faire avancer les choses, les meilleurs groupes de travail, les travaux, etc…''

Les deux se lièrent très rapidement et quand Johnson devint le leader de la majorité au Sénat en 1955 il fit de Baker le Secrétaire de la majorité.

Au début des années 1950 Baker travaillait étroitement avec Fred Black. Il fut mêlé avec l'Intercontinental Hotels Corporation pour l'établissement de casinos en République Dominicaine. Baker arrangea pour qu'Ed Levinson, un associé de Meyer Lansky et de Sam Giancana, devienne partenaire dans cette affaire. Quand le premier de ces casinos fut inauguré en 1955 Baker et Johnson furent invités comme invités officiels.

Bobby Baker avec Walter Jenkins, Edward A. Clark et Clifford Carter furent les collaborateurs de Johnson sur qui il se reposait pour masquer ses relations avec les criminels. Ces hommes étaient chargés de traiter les affaires de Johnson avec Irving Davidson, Clint Murchison, James Hoffa et Carlos Marcello. Davidson était très impliqué dans les escroqueries de Baker. Murchison avait payé Baker pour obtenir un contrat avec le gouvernement pour une compagnie d'emballage de viande qu'il avait en Haïti.

En 1960 Johnson devint vice-Président; il garda Baker comme secrétaire et conseiller politique. Baker continua de faire des affaires avec Ed Levinson, Sam Giancana et Benny Siegelbaum (un associé de Jimmy Hoffa) en République Dominicaine. Baker disait que la République Dominicaine pourrait devenir un remplacement de Cuba pour la Mafia. Cependant ces projets cessèrent quand le dictateur militaire Rafael Trujillo fut tué sur ordre de la CIA. Et quand il vint à la Maison Blanche en Décembre 1962 le président Kennedy soutint alors Juan Bosch .

Les rumeurs commencèrent à circuler concernant les activités frauduleuses de Baker. Officiellement il n'avait que le salaire d'un secrétaire de la majorité au Sénat mais il menait la vie d'un homme très riche. Selon *The New York*

---

[260] Barr McClellan, *Blood, Money & Power : How LBJ Killed JFK*

Times "Pendant qu'il était fonctionnaire Baker fut en même temps un entrepreneur dans l'immobilier, les hôtels, les distributeurs automatiques. En 1963, un de ses associés dans les affaires de distributeurs automatiques déposa une plainte contre lui et cette publicité involontaire attira l'attention du Département de la Justice et d'autres services d'enquête du gouvernement qui se demandaient comment avec un salaire annuel de 20000 $ Baker pouvait devenir un millionnaire.

En 1961 Baker fonda le Quorum Club. C'était un club privé dans l'Hôtel Carroll Arms sur le Capitol Hill. "Ses membres comprenaient des sénateurs, des députés, des lobbyistes, des membres des équipes du personnel des parlementaires, et d'autres personnes liées aux activités du Congrès qui souhaitaient se divertir, profiter de leurs boissons, repas ou parties de poker et partager leurs secrets dans des locaux privés et bien équipés ".

Ellen Rometsch fut une serveuse au Quorum Club. "Elle était étonnamment attirante avec une beauté et un physique d'Elizabeth Taylor. Elle fut née en 1936 à Kleinitz, un village situé en Allemagne de l'Est après la 2ème Guerre Mondiale. En 1955 elle s'enfuya avec sa famille en Allemagne de l'Ouest et vint aux États-Unis avec son deuxième mari, un sergent de l'USAir Force qui fut affecté à l'ambassade d'Allemagne à Washington."

Baker admit qu'il avait présenté Rometsch "à Jack Kennedy à sa demande". Selon Baker il arrangeait souvent des rencontres entre femmes et politiciens. Ceci incluait Kennedy qui ''semblait avoir un goût pour partager les détails de ses conquêtes''.

Baker informa Lyndon B. Johnson sur la liaison de Kennedy avec Rometsch qui le fit savoir à son ami J. Edgar Hoover. En juillet 1963, des agents du FBI interrogèrent Rometsch sur son passé. Ils arrivèrent à la conclusion qu'elle fut probablement une espionne pour l'Union Soviétique. Hoover donna l'information au journaliste Courtney Evans, que Rometsch travaillait pour Walter Ulbricht, le leader communiste de l'Allemagne de l'Est.

Selon une rumeur Baker possédait des vidéos et photos des activités sexuelles de JFK avec Rometsch. Il était aussi au courant des liaisons précédentes de JFK avec Maria Novotny et Suzy Chang, toutes deux originaires de pays communistes et qui furent citées parmi le cercle d'espions qui avait compromis John Profumo, le ministre de la Guerre de Grande Bretagne dans un scandale célèbre. Quand Robert Kennedy apprit cette nouvelle il donna l'ordre de la déporter. "Hoover coopéra avec RFK à cette occasion -non pas pour protéger le Président- mais c'était pour protéger le Vice-président que des enquêtes pourraient révéler comme étant mêlé avec une prostitué de Baker. "

Robert Kennedy découvrit que Baker avait des relations avec Clint Murchison et plusieurs leaders de la Mafia. Des preuves furent trouvées concernant Lyndon B. Johnson pour des pots de vins versés dans l'attribution à la General Dynamics du contrat du chasseur F-111 d'une valeur de 7 milliards de dollars.

Le 7 Octobre, 1963, Bobby Baker fut forcé de démissionner de son poste de Secrétaire. Peu après Fred Korth, le Secrétaire de la Navy, dut démissionner aussi à cause du contrat pour le F-111.

Quel homme fut LBJ ?

Même si la Bibliothèque présidentielle LBJ avait fait un gros travail pour édulcorer l'image publique de Johnson il n'empêche que selon Roger Stone "LBJ fut un personnage grossier, vicieux, fourbe, lâche et qui mentait même quand il était plus facile de dire la vérité. Pour comprendre pleinement son rôle dans l'assassinat de Kennedy on doit savoir que Johnson fut aussi narcissique, sadique, tyrannique aimant intimider.

L'enquêteur de longue date Robert Morrow l'avait considéré comme fonctionnant comme un 'cinglé'.

Même avant qu'il ne devienne Président les aides et les agents du Service Secret étaient d'accord entre eux pour dire que Johnson était connu pour faire ce qu'il voulait, quand il voulait simplement parce qu'il le pouvait. Le Service Secret, le FBI et la CIA firent un travail louable pour dissimuler la vraie personnalité de Johnson, ses côtés mesquin, agressif, arrogant, abusif, obsédé sexuel.

Johnson utilisait l'intimidation de manière coutumière pour faire plier les autres à sa volonté. Ce comportement fut appelé 'traitement' par les journalistes Rowland Evans et Robert Novak qui utilisèrent le mot pour qualifier les nombreuses conquêtes féminines de Johnson : "Elles auraient reçu le "traitement de Johnson". Sur ce point Johnson était particulièrement jaloux des performances de JFK et déclarait volontiers qu'il avait par accident plus de femmes que Kennedy en aurait eues de manière intentionnelle.

Ses nombreuses affaires avaient commencé quand il devint Vice-président mais très peu de ces maîtresses étaient là pour une longue durée. Une d'entre elles qui avait retenu ses attentions plus que les autres et pour qui il avait des sentiments plus profonds, eut à se marier peut-être pour masquer une relation de longue durée incompatible avec la vice-présidence, nous apprit George Reedy le Chargé de Presse de la Maison Blanche de 1964 à 1965.

Johnson ''mangeait, buvait et fumait à l'excès et aimait courir les femmes. Ses conquêtes sexuelles lui donnaient le change et le répit de se sentir un être non désiré, non aimé, ne faisant pas l'objet d'attentions.''

''Ce fut le premier Président que j'ai vu ivre.'' dit de lui le chef de la division des agents en uniforme du Service Secret à la Maison Blanche.

Un agent chargé de sa sécurité raconta que le Président était ''grossier, méchant et souvent ivre.'' Il poursuivit son histoire avec une anecdote : ''Un jour Johnson fut surpris en pleine action avec une secrétaire dans le Bureau Ovale par Lady Bird ; il donna l'ordre au Service Secret d'installer un buzzer pour le prévenir de l'arrivée éventuelle de sa femme. Mais selon l'agent Lady Bird connaissait l'existence de ce buzzer et n'était pas naïve au sujet des liaisons de son mari.

Les membres d'équipage d'Air Force 1 vécurent des expériences similaires avec Johnson qui souvent s'enfermait à clef avec une jolie secrétaire dans la cabine présidentielle même quand Lady Bird était à bord.

Il y a encore plus de détails révoltants à propos de ce personnage dans le livre de Roger Stone mais on peut en rester là et terminer avec la réflexion de Johnson sur sa vie à la Maison Blanche : ''Si je ne peux pas avoir de la gnôle, du sexe et des cigarettes alors à quoi bon vivre.'' [261]

LBJ mis en cause très tôt

La première personne à suggérer l'implication de LBJ dans le meurtre de Kennedy fut l'historien James Evetts Haley. Dès 1964 dans son best-seller relatif '*A Texan Looks at Lyndon*' Haley exposa les activités louches de LBJ pour grimper en politique et aussi ses relations juteuses avec Billie Sol Estes grâce à une pratique généralisée de la corruption. Il souligna que les 3 seuls témoins pouvant mettre en cause devant la Justice les activités illégales de Billie Sol Estes moururent tous les 3 d'un empoisonnement par monoxyde de carbone s'échappant d'un moteur de voiture.

Haley expliqua que LBJ pouvait bien être responsable de la mort de Kennedy car il avait toujours nourri durant toute sa vie le rêve de devenir Président. En restant Leader de la Majorité Démocrate au Sénat après son échec pour être désigné comme candidat du parti et compte tenu de son âge il n'aurait plus beaucoup de chance de devenir président. Sa seule dernière chance fut de devenir tout de suite Vice-président pour ensuite compter sur ou donner un coup de pouce à un destin favorable. Il réussit à se mettre sur le ticket de Kennedy par chantage.

---

[261] Roger Stone, *The Man Who Killed Kennedy: The Case Against LBJ*

Best-seller au Texas le livre reçut peu d'audience en dehors de cet État car Haley n'avait pas recouru à un éditeur national. Le journaliste d'investigation, Joachim Joesten s'intéressa au livre et s'appuya dessus pour mener sa propre enquête et publier 'The Dark Side of Lyndon Baines Johnson' en 1968 dans lequel il impliqua clairement Lyndon B. Johnson et Bobby Baker dans le meurtre de Kennedy. Joesten détailla comment LBJ fut emmêlé dans les scandales de Bobby Baker et de Billie Sol Estes. ''Le scandale touchant Baker fut la clef cachée menant à l'assassinat ou plus exactement le facteur déclenchant la mise œuvre de vagues plans visant à éliminer Kennedy qui existaient déjà. Le scandale menaçait de révéler les affaires louches et illégales qu'auraient réalisées LBJ et Baker et obligea LBJ de donner l'ordre d'exécution aux comploteurs. D'ailleurs Kennedy, mis au courant par son frère Robert, commençait à manifester son intention d'écarter LBJ comme colistier pour les élections de l'année prochaine. Il fallait pour LBJ stopper à tout prix une tournure désastreuse des évènements.''

Joesten fit le portrait d'un politicien des plus corrompus et des plus fourbes, qui avait volé sa première élection qui remontait à l'année 1948 et qui progressa avec succès sans jamais refuser d'avoir recours aux pots de vin et à la corruption pour arriver à ses fins ; il s'allia avec la Mafia tout comme avec les magnats du Texas.

Selon Joesten Kennedy fut le dernier obstacle sur le chemin de LBJ au Bureau Ovale. Et comme les premiers ennuis de Billie Sol Estes risquaient de révéler ses propres activités criminelles Lyndon Baines Johnson finit par utiliser la méthode radicale déjà maintes fois utilisées avec son homme lige Mac Wallace et l'aide de ses nombreux amis et influents Texans de la Droite extrême.'' [262]

Le livre de Joesten ne trouva pas d'éditeur aux États-Unis et il dut tenter sa chance avec un petit éditeur en Grande Bretagne tant le contenu était sujet à controverse pour les éditeurs aux États-Unis car il traitait du 36ème Président des États-Unis et de son goût démesuré pour le pouvoir quoi qu'il en coûte qui domina toute sa vie.

Joesten fut attaqué comme travaillant pour le KGB, pour avoir été membre du parti communiste en Allemagne avant de s'expatrier à l'arrivée au pouvoir d'Hitler. L'extrême droite américaine avait prétendu que son livre servait à couvrir le rôle du KGB dans l'assassinat.

La mise en cause de LBJ par Joachim Joesten s'était faite progressivement. Dans son premier livre Oswald, Assassin or Fall Guy? publié aux États-Unis en Juillet 1964 Joesten s'était attaché à innocenter Oswald. Il émit la thèse

---

[262] Joachim Joesten, The Dark Side of Lyndon Baines Johnson – April 4, 2013

d'une conspiration organisée par la Central Intelligence Agency, le Federal Bureau of Investigation, le Département de la Police de Dallas et un groupe de pétroliers Texans millionnaires pour tuer Kennedy. Il accusa ouvertement le Chef de Police Jesse Curry pour avoir été une figure clef dans l'assassinat.

Joesten avança l'idée que l'assassinat fut financé par les barons du pétrole Texan Haroldson L. Hunt et Clint Murchison car Kennedy allait supprimer l'avantage fiscal accordé au secteur pétrolier. De fait l'avantage ne fut pas changé sous la présidence de LBJ mais il sera réduit de près de moitié sous Nixon.

Cette dernière idée de Joesten fut partagée par le Procureur Garrison qui, dans sa déclaration le 21 Septembre, 1967, révéla que l'assassinat du président Kennedy fut commandité et payé par une poignée de magnats du pétrole texan. Il ne nomma aucun nom mais parmi tout le bon peuple de Dallas, ceux qui avaient eu le privilège d'entendre l'information, avaient tout de suite pensé à leur concitoyen Haroldson Lafayette Hunt, le patron immensément riche de la firme nommée Hunt Oil Company de Dallas.

Hunt était non seulement et de loin le plus riche de tous les pétroliers Texans millionnaires mais il était aussi celui qui avait l'humeur la plus noire et la plus vicieuse qui soit. Et par-dessus tout il était celui qui haïssait le plus Kennedy.

Il se trouvait que H. L. Hunt était aussi un ami de longue date, un admirateur et bienfaiteur financier du plus important politicien texan du moment LBJ. L'homme qui était destiné à devenir automatiquement Président s'il arrivait un malheur à Kennedy. C'était d'ailleurs peut-être la raison pour laquelle Garrison se garda d'être trop précis dans son accusation.

L'enquête du procureur Jim Garrison

Jim Garrison fut élu procureur de la Nouvelle Orléans en 1961. Il se fit une bonne réputation en gagnant tous ses réquisitoires durant ses deux premières années. Il porta un intérêt particulier au dossier de Lee Harvey Oswald.

Trois jours après l'assassinat de Kennedy il interrogea David Ferrie sur une information donnée par l'enquêteur privé Jack Martin qui considérait Ferrie comme un suspect. David Ferrie raconta à Garrison qu'il était parti à Houston le 22 novembre 1963 pour faire du patinage. Garrison pensa que Ferrie lui mentait et transmit son cas au FBI mais il fut rapidement relâché.

En 1965 Garrison apprit de Hale Bloggs un membre du Congrès de Louisiane et ancien membre de la Commission Warren qu'il avait de sérieux doutes sur la thèse d'Oswald tueur solitaire. Cela encouragea Garrison à lire en détail le rapport de la Commission Warren et les livres de Mark Lane, Edward Jay Epstein et Harold Weisberg sur l'assassinat.

Après enquête Garrison devint convaincu qu'un groupe d'activistes d'extrême-droite incluant Clay Shaw, Guy Banister, David Ferrie et Carlos Bringuier étaient impliqués dans un complot mêlant la Central Intelligence Agency (CIA) pour assassiner John F. Kennedy. Selon Garrison c'était en représailles des efforts déployés par Kennedy pour établir un règlement pacifique à Cuba et au Vietnam.

Garrison devient quelqu'un qui dérange

Les enquêtes de Garrison déclenchèrent un vent de panique à Washington DC. Le 1er avril le Directeur de la CIA Richard Helms lança une campagne secrète à l'échelle de la planète pour contrer les critiques du rapport Warren, avec les journalistes et les éditoriaux de la presse en cherchant à discréditer les théories dites conspirationnistes sur la mort de Kennedy.

James Angleton le Directeur Adjoint de la CIA établit un comité secret pour suivre les investigations de Garrison. Les documents déclassifiés montrèrent que les sources et les résultats des enquêtes de Garrison firent l'objet de suivis et d'examens attentifs par le 'Garrison Group' d'Angleton et que le groupe avait des réunions régulières avec Richard Helms jusqu'au jugement de Clay Shaw accusé de participer à un complot. Selon Marchetti Helms demandait souvent à ses agents ce qu'ils pouvaient faire pour aider à la défense de Shaw et des autres ciblés par Garrison. La priorité fut de faire l'impossible pour que Garrison ne puisse pas rendre un verdict de culpabilité à l'encontre de Shaw.

Le 17 février 1967 *The New Orleans States Item* annonça que Garrison enquêtait sur l'assassinat de Kennedy et qu'un des suspects était Davis Ferrie. 5 jours plus tard Ferrie fut retrouvé mort dans son appartement. Malgré la découverte de deux notes de suicide le coroner ne prononça pas tout de suite la mort par suicide car il apparut que Ferrie avait subi une hémorragie cérébrale.

Un autre suspect Eladio del Valle fut retrouvé mort dans un parking de Miami 12 heures après la découverte de la mort de Ferrie. Le rapport de police indiqua que Valle fut torturé avant d'être abattu par un tir à bout portant en plein cœur. Son crâne fut fracassé par un coup de hache.

Le 2 mars, 1967, Jim Garrison annonça l'arrestation de Clay Shaw pour conspiration dans le but d'assassiner le président John F. Kennedy. Le ministre de la Justice Ramsay Clark déclara que le FBI avait déjà effectué une enquête "en Novembre et Décembre de 1963" et blanchit Shaw de tout soupçon de "participation à l'assassinat". Garrison fit la remarque que : ''La déclaration que Shaw fut soumis à une enquête par le gouvernement fédéral est intrigante car son nom n'apparaît nulle part dans les 26 volumes du rapport de la Commission Warren. Si Shaw n'avait pas de lien avec l'assassinat alors pourquoi fut-il soumis à enquête ?'' Dans les jours qui suivirent Clark dut admettre qu'il avait fourni une information inexacte et qu'il n'y avait pas eu d'enquête sur Shaw.

Un enquêteur efficace

Jim Garrison fut quelqu'un disposant de beaucoup d'atouts pour mener une enquête sur l'assassinat de Kennedy avec son passé dans l'armée, le FBI puis enfin comme Procureur de la New Orleans.

Grâce à son travail professionnel il nous livra de nombreux détails fort intéressants comme par exemple l'existence de bases secrètes où la CIA entraînait en secret des forces paramilitaires pour une invasion de Cuba. Une de ces bases illégales était implantée dans la Nouvelle Orléans et les efforts de Kennedy pour les faire fermer ne lui firent pas d'amis supplémentaires.

Garrison nous révéla que beaucoup de preuves furent détruites, cachées ou falsifiées de manière flagrante.

Par exemple le shérif adjoint Roger Craig vit Lee Oswald et plusieurs individus quitter le bâtiment du TSBD dans une voiture reconnue comme appartenant à Ruth Paine, une autre figure suspecte dans cette affaire. L'un de ces individus paraissait être Malcom Wallace l'homme de main et tueur personnel de Lyndon Johnson. L'autre shérif adjoint Buddy Walthers fit une petite enquête et confirma que le véhicule vu appartenait bien à Ruth Paine. Walthers et Roger Craig moururent de manière violente et suspecte.

Le Capitaine Will Fritz chargé des cas d'homicide de Dallas prétendit que Roger Craig ne fut jamais présent au Quartier Général de la Police pour faire ses déclarations. Mais des photos découvertes plus tard montrèrent que Fritz avait menti.

Roger Craig avait vu le mot 'Mauser' inscrit sur le fusil allemand découvert initialement dans la chambre des snipers. Celui décrit comme ayant appartenu au présumé tueur Oswald était un surplus de la 2ème guerre mondiale de fabrication italienne. On ne l'avait même pas testé pour savoir s'il pouvait tirer droit. En tout cas il ne disposait pas de chargeur ce qui impliquait que le tireur devait le charger manuellement et ne pouvait donc tirer qu'un nombre très limité de balles sur Kennedy dans le temps disponible.

On sut aussi que l'officier de police J. D. Tippit fut tué par deux armes distinctes car les balles retirées du corps de Tippit furent analysées par le FBI qui donna cette information.

Bien d'autres détails concourèrent à mettre à mal la version officielle de l'assassinat présentée dans le Rapport Warren que Garrison qualifia de conte de fées absurde. Ainsi concernant l'autopsie pratiquée à l'hôpital militaire de Bethesda le docteur militaire avait inscrit dans un formulaire qu'il avait trouvé une balle dans le corps de Kennedy ce qui contredisait formellement l'idée qu'Oswald avait tiré 3 balles sur le président. Il ne s'était pas beaucoup intéressé à la trajectoire de la balle qui venait de l'avant et avait atteint Kennedy à la gorge car un haut gradé dans la salle d'opération lui avait dit que la famille de Kennedy ne souhaitait pas qu'on s'intéressât à cette blessure.

La guerre du Việt Nam fut l'enjeu

Garrison avait conclu que le seul groupe disposant de moyens et de pouvoir pour réaliser le complot et ensuite le camoufler devait être parmi les niveaux les plus hauts dans le gouvernement. Son sentiment fut que le jour où Kennedy fut assassiné les États-Unis d'Amérique devint un état fasciste. L'Allemagne Nazi avait eu Hitler and Goebbels. Les États-Unis eurent Lyndon Johnson et Allan Dulles. Cependant après la 2ème Guerre Mondiale les Nazis furent arrêtés et jugés pour crime de guerre alors que justice ne fut pas faite pour les architectes de la guerre du Việt Nam.

Le Việt Nam par malchance fut choisi pour cette guerre injuste et dépourvue de sens. Elle aurait pu se produire dans d'autres places où la CIA pouvait essayer d'exporter l'agression américaine pour faire résonner la caisse enregistreuse de la guerre.

Brisé par le gouvernement

Jim Garrison raconta : ''Quand j'avais essayé d'amener à la lumière ces intrications profondément perturbantes, le gouvernement des États-Unis comme les majeurs médias du pays s'étaient précipités pour me tomber dessus. Je fus traité de politicien en quête de publicité, de charlatan et de communiste.

Le gouvernement fédéral apporta de fausses accusations de corruption à mon égard et réussit à m'écarter de mon poste de procureur en me faisant perdre de peu ma réélection.

Les choses ne changèrent qu'au bout d'une vingtaine d'années après la fin de la guerre du Việt Nam, Watergate et l'affaire Iran-Contra. Nous avons beaucoup appris sur nos agences de renseignements, sur ce qu'ils avaient fait en nos noms. Les assassinats par notre CIA n'étaient plus inconcevables mais sont des faits historiques parfaitement établis. L'existence d'opérations secrètes du gouvernement fut reconnue dans les salles d'audience du Congrès et sur les télévisions nationales. Dans cette atmosphère plus ouverte le temps est venu pour moi de donner toute l'histoire sur mes enquêtes et permettre à une nouvelle génération de la connaître.''[263]

---

[263] Jim Garrison, *On the Trail of the Assassins*

***

Les quelques rares mises en cause de LBJ dans les années 60 furent vite réprimées et n'eurent que peu d'impact. C'est d'une part le résultat de la formidable entreprise de dissimulation pratiquée par le gouvernement de Johnson. C'est d'autre part la conséquence de la réponse simple à la question "LBJ aurait-il fait tuer Kennedy ?" qui exprima une opinion quasi unanime de la population : "Mais c'est impensable ! Un Vice-président ne tuerait jamais le Président. Cela est impossible."

"Cette réaction assez naturelle et logique provient du fait qu'instinctivement il existe une volonté inconsciente de protéger la nation et sa présidence compte tenu du symbole que cette charge représente. C'est une forme de respect pour la charge la plus haute de la nation. Et LBJ est devenu président. Du coup même si on peut désapprouver la personne détenant cette charge il est assez difficile de faire la distinction subtile entre la personne et la charge qu'on honore et respecte, ce qui conduit souvent à l'acceptation du déni."[264]

Aussi la faible campagne désignant LBJ comme derrière l'assassinat n'éveilla aucun intérêt et s'éteignit d'elle-même vers la fin des années 60. Il avait fallu attendre qu'un homme du nom de Clint Peoples, impliqué dans l'enquête sur le 'suicide' d'Henry Marshall et du coup dans une enquête sur Billie Sol Estes, la fasse revivre **en 1984**. Peoples réussit à persuader Billie Sol Estes de venir témoigner au Grand Jury du comté de Robertson. Le témoignage d'Estes fut d'une grande importance car il connaissait bien LBJ et lui fut très lié dans de nombreuses affaires.

---

[264] Barr McClellan, *Blood, Money, &Power : How LBJ Killed JFK*

CHAPITRE 18

Les premiers témoignages accablant pour LBJ

Par Billie Sol Estes en 1984

Billie Sol Estes avait bien réussi et tôt dans le milieu de l'élevage et dans les affaires avec les fermiers du Texas en vendant des engrais chimiques, des pompes à eau pour les planteurs de coton. Ensuite grâce ses relations avec les politiciens comme LBJ il s'enrichit facilement avec des contrats avec le Ministère de l'Agriculture.

Les affaires devinrent plus difficiles quand le Ministère de l'Agriculture commença à contrôler la production du coton. Il fit appel à Johnson et au bout de deux ans en 1958 on le vit bénéficier de grosses sommes d'argent en provenance du Gouvernement Fédéral. Il se vantait de gagner jusqu'à 21 millions de $ par an en plantant des cotonniers virtuels et en faisant la cueillette du coton virtuel.

Estes, fut ensuite pendant de nombreuses années l'un des financiers de Lyndon Johnson.

En 1960 Henri Marshall fut chargé d'enquêter sur les activités de Billie Sol Estes. Il découvrit que Billie Sol Estes avait acheté irrégulièrement à 116 fermiers différents, 3200 acres de terrain pour plantation de coton.

Le 3 juin Marshall fut retrouvé mort dans sa ferme, gisant à côté de sa voiture et de son fusil lequel avait été utilisé pour tirer 5 coups. L'enquête conclut à son suicide.

Au début de l'année 62 Billie Sol Estes fut arrêté pour fraude et corruption. En 1963 avec 3 partenaires il fut poursuivi pour fraude et escroquerie par un jury fédéral et condamné à 8 ans de prison. Il n'avait même pas fini de purger sa première peine qu'il fut frappé ensuite d'une condamnation de 15 ans par d'autres tribunaux pour fraude sur un emprunt de 24 millions de $.

Révélation : Mc Wallace, meurtrier, homme de main de LBJ

Sorti de prison en 1983 Billie Sol Estes fut appelé à témoigner devant le Jury du comté de Robertson pour la mort de Marshall. Il accusa Mac Wallace du meurtre de Marshall et le présenta comme homme des basses besognes de LBJ. Selon Estes sur ordre de LBJ Mac Wallace aurait tué 6 autres personnes et serait parmi les tueurs de Kennedy, la dernière victime de la série.

Estes attesta que Marshall fut exécuté sur ordre de Johnson car ce dernier ne voulait pas que la vérité éclate sur son propre rôle dans l'affaire des cotonniers virtuels. Estes déclara avoir eu plusieurs réunions avec LBJ, Mac Wallace et Cliff Carter pour discuter de l'enquête que menait Marshall contre les activités de LBJ avec lui-même et trouver un moyen pour l'arrêter de poursuivre son enquête. D'après Billie Sol Estes c'était lors d'une réunion à laquelle participaient lui-même, LBJ et Carter que LBJ suggéra ''qu'il va falloir liquider Marshall'' après une tentative infructueuse pour le faire muter à Washington avec une promotion. Mac Wallace fut chargé de la sale besogne.

Estes ajouta qu'une fois la mission accomplie Mac Wallace était venu chez lui à Pecos où l'attendait Carter. Wallace voulait déguiser la mort de Marshall comme un suicide au monoxyde de carbone mais ce dernier s'était défendu l'obligeant à le tuer avec son propre fusil. Johnson dut certainement intervenir auprès des autorités locales pour faire étouffer l'affaire.

Le Jury nota les déclarations de Billie Sol Estes mais ne fit rien de plus car les trois personnages impliqués, Carter, Wallace et LBJ étaient tous décédés. Il modifia simplement l'intitulé de la mort de Marshall de 'mort par suicide' en 'mort par balles'.

En août 1984 l'avocat de Billie Sol Estes envoya au nom de ce dernier une lettre au Ministère de la Justice dans laquelle Billie Sol Estes se proposa de fournir les preuves mettant directement en cause LBJ pour 8 meurtres, le premier étant celui de Marshall et le dernier celui de JFK contre une immunité et le bénéfice d'une grâce.

Mais en fin de compte l'affaire ne s'était pas conclue car à la dernière minute Billie Sol Estes prit probablement peur et renonça à l'arrangement.

Billie Sol Estes publia ensuite un livre écrit avec un auteur français William Reymond 'Le dernier témoin' dans lequel il accusa LBJ d'être impliqué dans l'assassinat de Kennedy.

De ce meurtre il clama qu'il en connaissait les clés et détenait les preuves. Il confia à Reymond que ''le principal motif de l'assassinat est simple et repose sur le fait que Johnson entretenait l'ambition maladive d'entrer dans le bureau ovale de la Maison Blanche. « Ne te complique pas la vie. Comment aurais-tu réagi si tu t'étais trouvé à un cheveu de la Maison-Blanche et que, soudain, on t'avertissait que tu allais tout perdre? LBJ n'avait pas de cœur et aurait tué sa propre mère pour réussir ».

Estes ajouta que Kennedy avait aussi parlé de réforme fiscale ce qui aurait directement touché les richissimes texans. ''En voulant diminuer de moitié les avantages fiscaux dans le secteur pétrolier, il allait amputer de trois cents millions de dollars les magnats du pétrole de Dallas! Trois cents millions de dollars par an! Soit largement le prix de la vie d'un homme, qu'il soit Président ou pas».[265]

Billie Sol Estes mourut tranquillement de vieillesse dans sa maison à Granbury, Texas le 13.05.2013.

Accusation d'Oliver Stone avec son film JFK

Oliver Stone s'inspira de Jim Garrison, de son enquête et de son livre *On the Trail of the Assassins* pour camper son personnage joué par Kevin Costner dans son film à grand succès *JFK* en 1991.

Un complot élaboré mêlant les hauts services de l'état

Le film orienta les soupçons vers Lyndon Baines Johnson [LBJ], alors Vice-président au moment du meurtre et popularisa la thèse comme quoi JFK serait assassiné pour avoir voulu planifier un retrait des Américains du Việt Nam. À la sortie du film de Stone de nombreux historiens et médias lui tombèrent dessus pour crier au scandale. L'estimable *'The Nation Magazine'* écrivit : « Il est notoire que JFK est un faucon.»

Seulement plus tard, après la divulgation de documents gardés secrets, à la consternation des détracteurs d'O. Stone, une toute autre vision de Kennedy émergea. En mars 2005 *'The Nation Magazine'* dut reconnaître que le vrai personnage de Kennedy était très loin du *'va-t'en guerre'* qu'il avait colporté jusque-là et ajouta « Nous savons aussi maintenant que Kennedy en ce printemps de 1963 avait donné l'ordre au Pentagone de planifier un retrait de toutes les troupes hors du Việt Nam en 1965 après sa probable future réélection et avait ordonné ensuite un début de ce retrait à la fin de l'automne 63 de 1000 hommes. »

'The Nation' avait un peu tardivement rejoint le milieu des historiens et journalistes dans lequel régnait un consensus croissant sur le fait que Kennedy s'était opposé plusieurs fois à ses conseillers presque unanimes à leurs propositions d'envoyer un nombre conséquent de troupes de combat au Laos et au Việt Nam.

''Les enregistrements et documents autrefois tenus secrets avaient donné raison à Stone. Kennedy n'était pas homme à changer d'avis, à céder sous la pression de la CIA et des militaires, sur le Laos, la guerre au Việt Nam, l'invasion dans la Baie des Cochons, la crise des missiles à Cuba. Et précisément parce que Kennedy n'était pas un faucon qu'il fut une menace pour

---

[265] William Reymond et Billie Sol Estes, *JFK. Le Dernier Témoin*

'l'Establishment'. Il incarnait une *'menace de bouleversement du business'* jusqu'au moment où des coups de feu claquèrent sur la *Dealey Plaza.''*[266]

Un certain M. 'X'

Dans le film d'Oliver Stone un certain monsieur 'X' expliquait comment et pourquoi le complot pour assassiner Kennedy prenait son origine au-delà des plus hauts niveaux du gouvernement. Ce personnage existait dans la réalité ; son nom est L. Fletcher Prouty un ancien militaire, agent secret de haut rang de la CIA. Il fut l'auteur de *JFK : The CIA, Vietnam & the Plot to Assassinate John F. Kennedy* dans lequel il révéla le plan de Kennedy de changer le cours du conflit vietnamien en projetant de retirer du Viêt Nam tout le personnel militaire américain à la fin de 1965. Ce faisant Kennedy avait provoqué une énorme inquiétude au cœur du complexe militaro-industriel ce qui mena à son assassinat.

Une vision de l'intérieur du système

Prouty nous livra dans son ouvrage un regard de l'intérieur, de quelqu'un ayant vécu presque 20 ans dans le milieu du pouvoir à Washington et tout particulièrement comme chef des Opérations spéciales pour le Pentagone pendant les dernières années jusqu'à 1964. Sa version insolite pour expliquer l'évènement était d'autant plus fascinante qu'elle fut étayée par sa connaissance intime du fonctionnement du système. L'assassinat de Kennedy n'était rien d'autre qu'un coup d'état, une spécialité de la CIA, orchestré de ses mains de maître.

La commission Church qui avait enquêté sur les assassinats de leaders étrangers était arrivé à la conclusion que les agents américains avaient encouragé ou étaient dans le secret des coups qui avaient conduit à la mort de Rafael Trujillo (République Dominicaine), Ngô Đình Diệm (Vietnam) et le général Rene Schneider (Chili).

Elle révéla dans son rapport la faible responsabilité des agents de la CIA vis à vis de la Maison Blanche et de sa direction et que des complots d'assassinats pouvaient être entrepris sans aucune autorisation expresse. Des subordonnés pouvaient cacher leurs plans et opérations à leurs supérieurs et ces supérieurs n'avaient pas exclu les assassinats comme moyen de la politique extérieure. Le rapport reconnaît toutefois que ces actions se déroulaient en pleine Guerre froide et que les agents impliqués pensaient que les assassinats faisaient partie des actions permises.

Toujours selon le colonel retraité « la grande histoire dans l'assassinat de Kennedy c'est sa dissimulation». Le jour de l'assassinat il était en service à la

---

[266] Gary Aguilar, *JFK, Vietnam, and Oliver Stone*, November 2005

Nouvelle Zélande. Il rapporta de là-bas, avec lui, un journal qui racontait l'évènement et découvrit à sa surprise que le journal qui avait paru avant l'heure de l'arrestation d'Oswald offrait déjà sa biographie transmise par le réseau international de distribution d'informations. De ce moment il devint un des plus persévérants et persuasifs critiques du rapport Warren.[267]

La parole de Barr McClellan avocat d'un cabinet travaillant pour LBJ

Un autre témoignage accablant pour LBJ car aussi effectué par quelqu'un de l'intérieur fut celui de Barr McClellan dans son livre '*Blood, Money, & Power : How LBJ Killed JFK*' publié en 2003. Lui aussi comme Billie Sol Estes désigna Mac Wallace comme l'un des tireurs sur Kennedy.

McClellan, avocat, avait travaillé dans l'administration de LBJ. Il rejoignit en 1966 le cabinet d'avocat d'Edward Clark et Associés qui avait pour client LBJ et le parti démocrate d'Austin et s'était occupé des intérêts financiers de LBJ à Austin de 1966 à 1971. McClellan devint associé du cabinet en 1972 et fut mis au courant des pratiques illégales de la firme. Il découvrit un peu plus tard qu'Edward Clark avait trempé dans l'organisation de l'assassinat de Kennedy. Il démissionna du cabinet en 1977.

En 2003 il publia son livre '*Blood, Money, & Power : How LBJ Killed JFK*' dans lequel il désigna Mac Wallace comme l'un des assassins de Kennedy avec LBJ et Edward Clark comme auteurs du complot. Selon lui le crime fut financé par les magnats du pétrole Clint Murchison et Haroldson L. Hunt et Clark reçut 2 million de $ pour son travail. Devenu président LBJ remercia Clark en le nommant Ambassadeur des États-Unis en Australie en 1965.

En campagne de promotion pour son livre McClellan déclara que « LBJ avait déjà tué avant. Il savait comment s'y prendre et se sentait confortable avec cela.» Interrogé par son hôte « Pensez-vous que le Président fut un meurtrier récidiviste ? » il répondit simplement « Oui, il le fut. »

Il commenta : « Mon livre révèle un complot qui dura une vie entière entre LBJ et Clark, un meurtre qui fut révélé en 1961 (celui de Marshall perpétré en 1951) pour lequel LBJ n'a jamais été inquiété. D'autre part je prouve la concordance entre l'empreinte de doigt trouvée dans le TSBD qui était celle de l'un des trois meurtriers et celle de Mac Wallace.»

McClellan n'hésita pas à dire « J'ai été un des avocats de LBJ. Je sais qu'il a fait tuer Kennedy pour devenir Président et éviter d'aller en prison ; je n'ai aucun doute à ce sujet.

---

[267] *HIGH TIMES* September 1991

La plupart des Américains n'aiment pas qu'un Vice-président assassine leur Président. Mais ce sont des citoyens patriotes qui soutiennent l'institution présidentielle et qui sont réticents pour condamner l'occupant du poste. Mon livre présente les dures pièces à conviction montrant non seulement que cela peut arriver mais que cela arrive vraiment.

Qui en profite ? Depuis son enfance LBJ a un besoin maladif de devenir Président et il a été heureux de l'être. Le meurtre de Marshall révélé en 1961 l'a obligé à agir. Il voulait agir, il devait agir et il l'a fait.

A mesure que cette bataille entre la censure et les révélations se déroule, gardez vos yeux ouverts sur les faits. Je n'ai cessé de parler de ce que je sais depuis 1984. Même Earl Warren a admis que le Rapport fut sa plus grande erreur. Même LBJ a admis qu'il y a eu complot mais n'a pas agi. Nous entrons dans une enquête vieille de plus de 40 ans, des faits nouveaux vont apparaître. Ignorez les censeurs et continuez d'observer. La vérité se fera jour. »

McClellan avait aussi cité Madeleine Brown qui le 24.02.92 avait donné une interview dans l'émission de télévision *A Current Affair*. Selon elle le 21.11.63 elle se trouvait dans la maison de Clint Murchison. Dans la soirée une réunion eut lieu et parmi les invités se trouvaient J. Edgar Hoover, Clyde Tolson, John J. McCloy, Richard Nixon et Haroldson L. Hunt. Lyndon B. Johnson n'arriva que tard dans la soirée et la tension monta soudainement dans la salle ; le groupe s'en alla aussitôt dans une salle sous portes fermées. Peu de temps après Lyndon ressortit avec un air anxieux sur sa figure rougeâtre par l'émotion. « Je savais comment il fonctionnait avec ses secrets. Aussi je ne disais rien, même pas que j'étais heureuse de le voir. » Serrant ma main avec force, il grommela à mon oreille dans un grinçant murmure non pas un message d'amour mais un message dont je m'en souviendrais toujours « Après demain ces Kennedys de malheur cesseront à jamais de me gêner- ce n'est pas une menace c'est une promesse. »

L'histoire racontée par Brown fut soumise à une enquête par Gary Mack dont les conclusions mirent en doute la réalité de ses dires: '' LBJ aurait-il pu être à la réunion chez Murchison? Non. LBJ fut vu et pris en photo au Houston Coliseum pour un discours de JFK et un dîner. Ils s'envolèrent vers 22h et arrivèrent à la base aérienne de Carswell au nord-ouest de Fort Worth à 23h07. Leurs voitures arrivèrent au Texas Hotel vers 23h50 et LBJ fut de nouveau pris en photos. Il gagna la suite Will Rogers au 13e étage et selon William Manchester – auteur de '*The Death of a President*' il se réveilla tard le matin suivant.''

A l'inverse le témoignage de Brown au sujet de la réunion fut corroboré par l'ancien agent de la CIA Robert D. Morrow qui écrivit dans son livre *First*

Hand Knowledge: How I participated in the CIA-Murder of President Kennedy : "La veille de l'assassinat Hoover et Nixon participèrent à une réunion dans la maison à Dallas du baron du pétrole Clint Murchison. Les futurs politiques de Hoover et de Nixon dans le cas où le président Kennedy serait assassiné figuraient parmi les sujets discutés."

Un indice capital l'empreinte de doigt trouvée au 6ème étage du TSBD

Les recherches de McClellan le conduisirent à faire identifier une empreinte digitale que la police avait retrouvée sur le carton d'une boîte de livres déposée au 6e étage du TSBD. Le building appartenait à D. H. Byrd membre du complexe militaro-industriel, du Big Oil du Texas et associé de Murchison.

Cette empreinte fut comparée à celles de Lee Harvey Oswald et des autres employés du TSBD, mais on ne trouva pas de correspondance. En Mai 1998 Walt Brown, dans une conférence de presse pour présenter les nouveaux résultats de la nouvelle recherche, annonça une correspondance avec Mac Wallace, un condamné pour meurtre. L'identification fut établie par l'expert A. Nathan Darby qui possédait une certification par l'*Internal Association for Identification.*

McClellan avait réussi à établir une liaison entre le 6e étage du TSBD et le tueur Mac Wallace et donc du coup avec LBJ. Il avait pu conclure que Clark avait introduit deux hommes, un tireur et un garde déguisé en agent secret dans le TSBD.

McClellan expliqua la motivation qui le travaillait pour rompre avec le cabinet d'avocat, cette association malsaine : ''Avec ma participation à ce système dédié à la corruption la question de l'éthique de l'avocat se posait gravement. Nous avions été formés pour nous imprégner du sens de la Justice, pour que le travail légal et honnête devienne notre seconde nature et pour que le travail d'avocat soit de faire la chose juste. Avec Clark j'étais plongé dans un conflit inconciliable. La loi me dicte que j'avais pour obligation de défendre les intérêts de mes clients quel que soit leur crime éventuel. Mais dans ce cas particulier cela signifiait dissimuler le crime le plus terrible de l'Histoire des États-Unis. Le conflit était fondamental. J'étais quelqu'un d'engagé politiquement et je devais substituer mon admiration pour Kennedy, ses idées et son gouvernement pour les idées noires et les politiques vénales que représentait Johnson. Je me retrouvais avocat et partenaire avec l'homme qui avait tué Kennedy. Cela avait bien évidemment un effet débilitant sur ma personne. A la longue je ne pouvais plus le supporter car j'étais soumis à un déni permanent." [268]

Accusation sans détour de Roger Stone

Roger Stone, fut très direct avec son livre '*The Man Who Killed Kennedy*' paru en 2013, livre particulièrement intéressant qui figura dans la liste des best sellers du New York Times pendant la semaine du 50ème anniversaire de l'assassinat de Kennedy. Le long portrait que Stone fit de LBJ suffit à nous convaincre instantanément du bien-fondé de l'accusation portée contre Lyndon avant même qu'il ne nous développe ses arguments percutants pour montrer de façon convaincante que LBJ avait la motivation, les moyens et l'opportunité d'orchestrer le meurtre de Kennedy.

Stone rappela que LBJ avait utilisé le chantage pour être mis avec Kennedy sur le ticket démocrate en 1960 et devenir vice-Président. En 1963 il risquait d'avoir à faire face à des poursuites pour corruption diligentées par le ministre de la Justice Robert Kennedy.

Stone avait travaillé pour Nixon pendant 15 ans et cita ce dernier sur le sujet. "La première fois que je l'avais questionné il me répondit « Il vaudrait mieux pour vous de ne pas savoir. » Il n'aimait pas parler de ce qu'il considérait comme du loin passé, mais après plusieurs cocktails il devenait très loquace. Une autre fois il lui vint un air glacé dans les yeux pour répondre « Texas ! Texas ! ».

Selon Roger Stone, Nixon considérait la Commission Warren comme 'le plus grand canular jamais monté' et lui avait glissé « La différence entre LBJ et moi c'est que nous voulions tous deux être Président mais je ne tuerais pas pour l'être. »

Stone pensait qu'Oswald n'était qu'un pigeon manœuvré par la CIA et présenta le vrai tueur parmi d'autres comme étant Malcolm Wallace, un type déjà reconnu comme coupable de meurtres et avait agi pour le compte de Johnson en connivence avec la CIA et la mafia.

Curieusement LBJ entretenait lui-même l'idée d'un complot dans l'assassinat de Kennedy en répétant à de multiples occasions « qu'il croyait que le meurtre de Kennedy fut la revanche de l'implication de la CIA dans l'assassinat du chef de l'Etat sud-vietnamien.»" [269]

Ce détail fut confirmé par le directeur de la CIA, Richard Helms, qui avait déclaré dans une déposition à Langley le 23 avril 1975 : "« Le président Johnson répétait souvent autour de lui que la raison pour laquelle le président

---

[268] Barr McClellan, *Blood, Money & Power: How L.B.J. Killed J.F.K.*, 2003
[269] Roger Stone '*The Man Who Killed Kennedy*'

Kennedy fut assassiné était qu'il avait assassiné le président Diệm et ce ne fut que justice. Il disait cela au début de sa présidence. Je ne sais pas d'où il avait pu avoir cette idée. » Helms ne dit pas si jamais Johnson avait expliqué pourquoi il pensait de la sorte.''[270]

[270] Eli Watkins, edition.cnn.com, *JFK File Release: Mob hits on Castro, a threat on Oswald.* November 4, 2017.

CHAPITRE 19

Les tireurs

D'autres tireurs que Lee Harvey Oswald au 6ᵉ étage ?

Grâce aux témoignages venant 'de l'intérieur' de Billie Sol Estes et de McClellan, l'homme de main de LBJ pour les meurtres, Mc Wallace, avait pu être identifié comme étant probablement un troisième tireur qui avait laissé une empreinte sur un carton de livres laissé au 6ᵉᵐᵉ étage du TSBD. McClellan put ainsi faire la liaison entre une preuve matérielle et LBJ et avait conclu que c'étaient les scandales causées par les enquêtes sur Billie Sol Estes et Bobby Baker qui décidèrent LBJ et Edward Clark à agir. Ces enquêtes devaient cesser car si elles se poursuivaient LBJ serait mis en cause et poursuivi. Mac Wallace fut donc une fois encore utilisé par LBJ et Clark pour supprimer ces difficultés menaçantes et naissantes.

Une fois devenu président LBJ réussit à s'arranger pour que les enquêtes du Congrès sur Billie Sol Estes et Bobby Baker fussent arrêtées.

Malcom (Mac) Wallace

Mac Wallace fut un activiste de gauche quand il était étudiant dans les années 40. Sa vie changea quand il fut présenté à LBJ par Edward Clark un peu avant 1950. En Octobre 1950, LBJ lui trouva un travail dans l'antenne au Texas du Département de l'Agriculture des États-Unis.

Mac Wallace eut une liaison avec Josefa Johnson la sœur de LBJ. En même temps Josefa qui avait des mœurs que condamnait LBJ, entretenait aussi une liaison avec un autre homme John Kinser. Kinser était propriétaire d'un golf compact pour l'entraînement à Austin. Il avait demandé à Josefa d'intervenir auprès de son frère Lyndon pour une aide financière. LBJ le prit comme du chantage et refusa.

Le 22 octobre 1951 Mac Wallace alla au golf de Kinser, le trouva au golf shop et l'abattit froidement de plusieurs balles. Il quitta les lieux avec sa voiture dont le numéro fut relevé par un client présent au golf à ce moment-là. Il fut arrêté pour avoir tué Kinser et son avocat expliqua son geste en arguant que c'était un acte de vengeance car Kinser couchait avec sa femme. A son procès en février 1952 le jury le déclara coupable de meurtre avec préméditation. Onze des jurés étaient pour une peine capitale, le 12ᵉ pour un emprisonnement à vie.

Le juge prononça une peine d'emprisonnement de 5ans qu'il transforma ensuite en 5 ans avec sursis. Mac Wallace fut libéré et échappa à la prison pour ce meurtre.

Il avait bénéficié d'appuis très haut placés probablement en provenance des amis influents de Lyndon Johnson.

Le 3 juin 1961, le corps de Henry Marshall était découvert sur son ranch de Franklin, Texas. Malgré de multiples blessures par balles le shérif Howard Stegall classa l'affaire en concluant qu'il s'agissait d'un suicide sans qu'aucune enquête ne soit ouverte.

Ce n'est qu'en 1984 que Clint Peoples parvint à faire réexaminer l'affaire et à faire témoigner Billie Sol Estes. Dans sa déposition Billie Sol Estes accusa Mac Wallace d'être le meurtrier de Marshall sur ordre de LBJ. Mais comme tous les acteurs, liés à l'affaire et notamment Mac Wallace, n'étaient plus de ce monde la cour se contenta de changer le verdict de suicide de Marshall en celui de meurtre.

Vers la fin des années 60 Mac Wallace travaillait chez Harry Lewis et L&G Oil. En 1970 il revint à Dallas et commença à presser Clark pour plus d'argent pour sa part dans le meurtre de Kennedy. ''Il devait alors être éliminé et le pot d'échappement de sa voiture fut trafiqué pour qu'une partie des gaz pénètre dans l'intérieur de sa voiture.'' Le 7.01.71 Mac Wallace fut tué quand sa voiture s'écrasa sur la culée d'un pont en sortant de la route. Apparemment Mac Wallace s'était endormi ; il mourut suite à de graves blessures à la tête.

Un autre tireur possible au 6ᵉ étage du TSBD, Loy Factor

Le hasard fait que Mac Wallace fut formellement identifié comme étant l'un des tireurs qui tua Kennedy par un dénommé Loy Factor.

Loy Factor était un Indien Chickasaw qui purgeait une peine de 44 années pour meurtre. Mark Collom fit connaissance avec l'amérindien dans la prison. Factor confia à Collom qu'il avait participé à l'assassinat de Kennedy en secondant Mac Wallace lors des tirs du TSBD.

L'histoire très particulière de Loy Factor fut racontée plus tard par Mark Collom et l'écrivain Glen Sample dans 'The Men on the Sixth Floor' (1995). Factor savait qu'il n'avait rien à gagner en racontant son histoire et il ne l'avait fait qu'avec réticence peu de temps avant sa mort. Ce qui tendrait à montrer qu'il fut sincère. D'ailleurs il donna sans le savoir la preuve de sa présence au TSBD en faisant état de détails d'une incroyable précision sur l'endroit.

Factor raconta à Mark Collom et Glen Sample l'histoire des funérailles de Sam Rayburn qui furent l'occasion et sa chance de le faire rencontrer par hasard un étranger inconnu lors d'une séance d'entraînement au tir. L'inconnu qui était Mac Wallace apprécia ses talents de tireur et se proposa d'utiliser ses services contre une bonne somme d'argent pour une future mission.

Factor fut recruté par l'étranger et c'est ainsi qu'on vint le chercher pour l'amener à Dallas deux jours avant l'assassinat dans une petite maison qui servit de base à l'opération et où il rencontra deux hommes qu'on lui présenta comme étant Jack Ruby et Lee Harvey Oswald.

Le matin du 22 novembre il fut amené au TSBD (Texas School Book Depository) pour être l'un des trois tireurs avec Lee Harvey Oswald et Mac Wallace [Factor ne connaît pas Lee Harvey Oswald et ne fait que répéter le nom que Mac Wallace lui a donné]. Loy balbutia une explication assez peu convaincante pour dire qu'il avait assisté le groupe en ne jouant en fait qu'un rôle de suppléant, un rôle de soutien et de secours en quelque sorte. Etait aussi présente une femme d'origine espagnole, Ruth Ann, qui avait pris part au complot et tenait le rôle d'opérateur radio.

Après les tirs le groupe sauf Oswald s'enfuit par une porte arrière du bâtiment emmené par la jeune femme.'' [271]

Trois tireurs possibles au 6ᵉᵐᵉ étage

Finalement des noms de tireurs possibles à partir du TSBD on en dispose de trois : le tireur désigné 'officiellement' Lee Harvey Oswald, le tireur Mac Wallace accusé par Billie Sol Estes et McClellan et identifié par son empreinte digitale et le tireur Loy Factor qui s'était confessé mais seulement pour un rôle de roue de secours. Il avait cependant 'confirmé' en quelque sorte la présence des deux autres tireurs, en principe Mac Wallace et d'un autre homme au nom de Lee Harvey Oswald.

Mais en matière de détails et de preuves on n'en saura rien de plus sur les tireurs du 6ᵉᵐᵉ étage. L'unique preuve fut le fusil retrouvé sur les lieux d'où partirent des tirs. Et en fait même cette preuve importante fit l'objet d'une contestation. Le procureur de Dallas Henry M. Wade avait annoncé à la télévision que le fusil retrouvé par les détectives de la Police était un Mauser 7.65. Le FBI annonça peu après que les détectives s'étaient trompés et que le fusil retrouvé était un 6.5 Mannlicher-Carcano de fabrication italienne. C'était ce fusil qui appartenait à Oswald.

D'autres tireurs du côté du Grassy Knoll

Mais la liste des tireurs ne s'arrêta pas là car il faut y ajouter les tireurs du côté du Grassy Knoll, ceux qui s'étaient confessés comme James Files et Roscoe White et ceux des agents de la CIA cités par Paul Kangas comme

---

[271] Glen Sample, Loy Factor et Mark Collom, *The Men on the Sixth Floor*

Sturgis et Hunt. Sturgis fut encore nommé par Lorenz, mais lui et Hunt nièrent et comme on pouvait s'y attendre il ne peut y avoir de confirmation dans leur cas.

James Files

Le cas de James Files est un cas très particulier car il s'était accusé d'être l'auteur du tir qui avait atteint Kennedy à la tête et son histoire à première vue paraît bien articulée.

Selon John Simkin James Files 'après avoir effectué ses services dans l'armée au Viêt Nam rencontra Charlie Nicoletti et avait ensuite participé à l'opération Baie des Cochons. Il fut recruté en 1963 pour l'assassinat de Kennedy par Nicoletti qui prétendit que l'opération fut organisée par Sam Giancana, Johnny Roselli et David Atlee Phillips.

Files affirma que Lee Harvey Oswald faisait partie du complot et prétendit qu'Oswald avait pour mission d'apporter le fusil Mannlicher et les cartouches dans le TSBD.

Selon Files le 22 novembre 1963 il roula jusqu'à Fort Worth pour rencontrer Johnny Roselli, Jack Ruby et Jim Brading. A la réunion Ruby remit une enveloppe contenant les badges d'identification du Service Secret et une carte routière récente pour le trajet jusqu'à Dallas.

Files et Nicoletti arrivèrent à la place Dealey Plaza vers 10h du matin. Il était convenu que Files utiliserait son Remington Fireball de derrière la clôture bordant le Grassy Knoll et que Nicoletti se positionnerait dans le Dal-Tex Building.

Après les tirs Files pensa que les balles de Nicoletti avaient touché à la fois Kennedy et Connally et que c'était son coup qui avait touché Kennedy à la tête. Apparemment il aurait touché 30000$ pour son tir.

Files continua à travailler pour Charlie Nicoletti jusqu'en 1977 quand ce dernier fut tué le 29 mars.

Files fut arrêté le 5 août 1991 et condamné à 30 d'emprisonnement pour tentative de meurtre sur un policier. Il purgeait sa peine dans la prison de Stateville en Illinois.

En 1994 Files raconta son histoire en vue de publication à Joe West mais ce dernier décéda soudainement et le projet fut repris par Bob Vernon qui fit publier ses aveux dans la vidéo *The Murder of JFK : Confession of an Assassin* en 1996 et le livre *Files on JFK : Interviews with Confessed Assassin James E. Files* en 2008.

Pamela Ray visionna la vidéo en 1998 et lui écrivit une lettre de remerciements quand il était toujours en prison. Et ce fut le début de leur histoire commune. Ray publia trois livres au total basé sur la confession et le témoignage de Files : *To kill a Country* (2006), *Interview with History : The JFK Assassination* (2007) et *Primary Target : JFK- How the CIA Used the Chicago Mob to Kill the President* (2020).

La confession de Files fut contestée par un chercheur du nom Edward Jay Epstein qui avec l'aide d'un détective privé Jules Kroll, établit à partir d'enregistrements téléphoniques que Files était à Chicago et non à Dallas le 22 novembre, 1963.

Un autre chercheur John R. Stockwell releva aussi que l'histoire ne devait pas être vraie à cause de fautes factuelles faites pas Files dans sa confession à propos de Lee Harvey Oswald, Sam Giancana et David Atlee Phillips. Selon Stockwell il était improbable que la Mafia soit encore en train de planifier un assassinat de Kennedy au 22 novembre 1963.

La principale faute fut commise quand Files raconta qu'il s'était fait promener dans Dallas par Oswald pour une reconnaissance des lieux alors que le témoignage de Marina fut formel : ''Son mari ne savait pas conduire''.

Stockwell avait aussi relevé que les états de service de Files dans l'armée ne purent pas être corroborés par le FBI et tout particulièrement ses services dans la 82ème compagnie aéroportée.

L'entraînement normal pour une recrue avant une mission à l'étranger était d'un an. L'entraînement pour être qualifié comme conseiller dans l'utilisation d'armes automatiques, le maniement d'explosifs et de détonateurs demanderait des années. Il était évident que les poignées d'Américains choisies pour conseiller et travailler avec les Laotiens étaient des hommes expérimentés et non pas un jeune petit et maigre de 17 ans, nouvellement recruté.

Mais pour ajouter à la confusion Wim Dankbaar et d'autres qui soutenaient la confession de Files firent connaître leur désaccord profond avec les trouvailles de Stockwell et firent savoir leur point de vue sur le site JFK Murder Solved.'' [272]

Roscoe White et son journal

Roscoe White un ancien des Marines rejoignit la Police de Dallas en septembre 1963. Peu après sa femme Geneva White l'entendit avec Jack Ruby comploter pour assassiner Kennedy. Il quitta la police pour travailler dans l'entreprise du nom de M&M Equipment. Le 23 septembre 1971 lui et un collègue furent gravement brûlés dans un incendie industriel. Le collègue s'en réchappa mais il mourut un jour après.

Le 4 septembre 1990 son fils Ricky révéla à une réunion à l'Université du Texas que son père fut impliqué dans le meurtre du Président : « Dans son

---

[272] John Simkin, *James Files*, www.spartacus-educationnal.com

journal on peut lire qu'après son tir sur le Président il tendit son 7.65 Mauser à l'homme à ses côtés, se jeta par-dessus la clôture pour se saisir du film d'un militaire puis contourna à vive allure la clôture pour aller sur le parking.»

Après cela White s'en alla tuer Tippit. Il ajouta que Lee Harvey Oswald avait participé au complot mais n'avait tiré aucun coup de feu.

Ricky White dit détenir ces informations à partir du journal de son père qui avait été saisi par le FBI.

Son récit fut confirmé par sa mère Geneva White interviewée par Harrison Edward Livingstone pour son livre *High Treason* (1990). Elle raconta que son mari avait écrit dans son journal qu'il était l'un des snipers qui avait tiré sur Kennedy. Il fut un contractuel de la CIA et avait tué au moins 10 fois pour l'Agence sur des cibles au Japon et aux Philippines. Le journal saisi par le FBI raconte des détails de l'opération qui fut organisée par la CIA pour motif que Kennedy était un risque pour la sécurité nationale.

Geneva ajouta que White dut tuer Tippit car quand il demanda à Tippit d'emmener Oswald à l'aéroport Redbird celui-ci se regimba, se doutant que les deux hommes étaient liés au meurtre de Kennedy dont il venait d'avoir des nouvelles.

Jusqu'à 5 tireurs selon Murdoch

Robert Murdoch qui douta qu'on puisse savoir un jour exactement qui avaient appuyé sur les gâchettes, signala cependant que Eugene Brading un homme de la Mafia fut arrêté juste après le meurtre dans le bâtiment Dal-Tex un endroit très bien situé pour un tireur au commencement de Elm Street.

Murdoch pensait que Howard Hunt était l'auteur de tout le plan d'attaque et fut l'un des deux hommes qui se trouvaient sur la facade Est au 6ème étage du TSBD à 12h15 soit 15 minutes avant les tirs. Hunt avait donné le signal de déclenchement des tirs. Les autres tireurs étaient des exilés cubains anti-Castro. Quant au sniper posté sur le Grassy Knoll il pourrait être le tueur professionnel Lucien Sarti embauché par un contrat par Carlos Marcello. Le sniper placé dans la bouche d'égout fut un assassin de l'US Army.

Carlos Marcello avait déclaré au FBI avant de mourir qu'il avait mis un contrat sur Kennedy.

Robert Murdoch voulait démontrer dans 'Ambush in Dealey Plaza' que Lee Harvey Oswald n'avait pas tué Kennedy et s'était attaché à reconstituer comment Kennedy fut tué. En se basant sur les analyses de films et d'enregistrements sonores et surtout en reconstituant les trajectoires des balles à partir de leurs impacts il arriva à déterminer jusqu'à un minimum de 5 tireurs postés à 5 endroits différents :

- à une fenêtre au 6ème étage de la façade Est du TSBD
- à une fenêtre au 6ème étage de la façade Sud-Est du TSBD
- à une fenêtre du Dal-Tex Building
- de derrière la palissade du Grassy Knoll
- d'une bouche d'égout d'Elm Street en bas du Grassy Knoll

***

Il faut reconnaître qu'en ce qui concerne les tireurs il n'y a pas de certitude quant à leur identité et leur nombre. Les seules certitudes sont qu'ils furent plusieurs, certains à l'arrière de la limousine présidentielle et d'autres à l'avant.

CHAPITRE 20

Convergence d'Intérêts pour de multiples acteurs

Une abondance de théories

Toutes ces enquêtes ont en commun le but de chercher la vérité dans ce crime odieux en faisant vivre des témoignages qui parfois ont des faiblesses comme tout témoignage humain. Elles ont cependant le mérite de faire apparaître de multiples aspects d'une réalité complexe car on ne peut disposer de preuves tangibles. Certaines de ces enquêtes ont aussi fait ressortir une autre réalité, celle d'une volonté de masquer la vérité. Il s'avéra clairement que la Commission Warren au lieu de chercher à expliquer se borna au contraire à éluder, à nier, à masquer et surtout à imposer une thèse indéfendable, celle d'un tueur isolé sous l'emprise d'une phobie aveugle en la personne de Lee Harvey Oswald.

Les différentes théories examinées par Kroth

Dans son livre 'Conspiracy in Camelot' publié en 2003 Kroth avait discuté dans le détail le pour et le contre de chaque théorie existant à cette époque et dont on peut penser que leur liste était complète 40 ans après l'évènement. Bien évidemment il avait aussi réexaminé la théorie officielle mais c'est pour conclure qu'elle n'est pas crédible comme le pense 75 % du public américain qui penchait en faveur de la thèse d'un complot. Il n'avait pas cependant donné sa préférence pour une thèse ou des thèses qui seraient les plus proches de la vérité. Et le public qui avait aimé son livre à cause de son sérieux lui en avait fait le reproche. Ce qui l'amena à sortir en 2013 le livre au titre éloquent 'Coup d'état : The Assassination of President Kennedy' qui constitua en quelque sorte la synthèse de tous les éléments et faits révélés et connus au long de cinquante années après l'évènement.

Pour arriver à sa propre conclusion Kroth était reparti de ses analyses effectuées dans son livre précédant mais il prit en compte de nouveaux éléments que constituèrent notamment :

1. Les confessions de Howard Hunt à son fils sur son lit de mort. En janvier 2004 Howard Hunt remit à son fils l'enregistrement d'une interview dans lequel il reconnut sa participation au complot. Il avait désigné LBJ comme inspirateur

de l'assassinat et soutint qu'il fut organisé par Sturgis, Cord Meyer, David Atlee Phillips et David Sanchez Morales.

2. La participation d'agents de la CIA qui ne semblait plus faire de doute. C'était une conclusion du sénateur Richard Schweiker, un leader de la Commission Church, qui avait enquêté sur l'assassinat.

3. Les aveux du tireur du nom de James Files positionné sur le Grass Knoll (signifiant monticule gazonné et devenu un nom propre) pour étayer la participation conjointe de la Mafia et de la CIA. Files confessa qu'il avait travaillé pour Nicoletti et qu'il fut l'auteur du tir qui atteignit Kennedy à la tête.

La thèse de Kroth en définitive

Kroth resta cependant prudent pour souligner que la thèse qu'il défend bien que s'appuyant sur de nombreux faits concrets ne pouvait avoir 100% de preuves concrètes et n'était qu'une thèse solide, logique et convaincante. Il présenta la thèse d'une collusion entre LBJ, la CIA et la Mafia pour réaliser le plus grand crime de l'Histoire américaine. [273]

Sans détour Kroth commença l'histoire en invoquant une raison impérieuse pour LBJ : "LBJ fut le point central du complot. En 1963 sa carrière politique était menacée et il risquait de la terminer derrière les barreaux d'une cellule." Et Kroth la compléta par un petit secret d'alcôve : La maîtresse de Johnson, Madeleine Brown avait raconté qu'il lui aurait glissé à l'oreille le soir du 21 novembre 1963 «Après-demain ces Kennedys de malheur cesseront à jamais de me gêner- ce n'est pas une menace - c'est une promesse. »"

Les mensonges du Rapport de la Commission Warren furent démontés un à un par Kroth. La Commission elle-même fit partie de l'incroyable tentative de dissimulation effectuée par le FBI pour éloigner le crime de leurs véritables auteurs que Kroth nous fit découvrir.

L'idée intéressante de Kroth fut de réunir les différents acteurs que furent LBJ, la CIA avec la Mafia et le FBI dans une même entreprise ce qui rendit les choses plus cohérentes. Cette collusion par la même occasion innocenta Lee Harvey Oswald, valida l'idée qu'il ne fut qu'un pigeon destiné à être sacrifié et justifia le fait qu'il clama son innocence.

Plusieurs détails furent relevés et présentés par Kroth ; ils accréditèrent l'idée d'une machination complexe et le déploiement d'efforts inouïs pour étouffer la vérité. Les trois plus importantes et peut-être les moins connus du public sont :

---

[273] Jerry Kroth, 'Coup d'état : The Assassination of President Kennedy' 2013

a) Plus de cent personnes qui possédaient des informations sur l'assassinat ne vécurent pas assez longtemps pour les livrer. Meurtres, suicides ou décès mystérieux furent leur destin.

b) Oswald n'était jamais allé à Mexico pour essayer de contacter les autorités soviétiques.

c) LBJ s'était livré à de nombreux mensonges qui ne font qu'accentuer les soupçons pouvant peser sur lui.

Kroth rappela en passant qu'avant lui d'autres comme Phillip Nelson, Joseph Farrell, Mark North, Bar McClellan, Craig Zirbel et Roger Stone avaient déjà montré du doigt LBJ comme coupable probable. Mais si tous étaient arrivés à la même principale conclusion certains pouvaient présenter des aspects particuliers intéressants dans leurs points de vue.

Point de vue de Phillip Nelson un autre accusateur de LBJ

Pour Nelson après 40 ans passés il devint de plus en plus apparent que la plupart des preuves présentées par le FBI et la Commission Warren furent inventées ou altérées pour cadrer avec la thèse d'un tueur qui aurait agi seul en solitaire.

Le meurtre de Kennedy restait inexpliqué car le public avait accordé à LBJ le bénéfice du doute de son vivant et pendant plus de 40 ans le préservant de tout examen critique. Le doigt accusateur du gouvernement avait pointé dans d'autres directions empêchant tout examen du vrai suspect poussé par de réels motifs. La plupart des gens réalisèrent que le nouveau Président avait infiniment plus de motifs pour faire tuer Kennedy mais préféraient ne pas considérer cette conclusion car elle était inquiétante et pouvait donner lieu à des implications imprévisibles. L'idée qu'un Président puisse se faire tuer dans un complot par d'autres personnes de son administration et surtout par son Vice-président était tout simplement insupportable. Que quelqu'un d'aussi haut placé puisse être aussi maléfique était une idée extravagante et une telle pensée ne pouvait que relever de la paranoïa.

Nelson posa la question de fonds : ''Qui parmi les nombreux ennemis de JFK répond aux 5 critères suivants :

a) Il a le plus à gagner en cas de succès.

b) Il a le moins à perdre en cas d'échec.

c) Il a les moyens pour faire réaliser le crime.

d) Il dispose de tout un appareil en place pour masquer et recouvrir la réalité.

e) Il possède la personnalité d'un sociopathe narcissique capable de rationnaliser l'action en quelque chose d'acceptable et de nécessaire et ayant la détermination pour aller jusqu'au bout.

La seule personne qui répond complètement à tous les 5 critères fut LBJ qui occupait la place de Vice-président des États-Unis. C'est la place de celui qui pouvait aspirer à la présidence mais pour un futur mandat. Mais à son âge Johnson savait le peu de chance qu'il disposait pour un quelconque futur mandat. Aussi il avait fait une campagne agressive pour la vice-présidence même s'il savait que JFK avait déjà choisi le sénateur Stuart Symington pour cette place.

Johnson fut très spécial

Selon Phillip Nelson ''Beaucoup d'hommes rêvent et font des plans complexes pour devenir Président ; mais personne n'avait jamais été plus obsédé que Lyndon Johnson dont le désir fut tellement absolu qu'il était dans toutes ses pensées éveillées ou pas. Il considérait la présidence comme son destin et que rien ne pouvait l'arrêter. Un des avocats du bureau Ed Clark d'Austin, Barr McClellan, décrivit Johnson comme doté d'une détermination indomptable et qu'il ne pouvait accepter que quelque chose puisse se mettre en travers du chemin le menant à la présidence.

La capacité de Johnson de tromper les gens, de faire apparaître des évènements planifiés comme spontanés et sa volonté de vouloir prendre des risques pour sa personne afin de satisfaire son besoin de davantage de pouvoir avaient facilité sa quête pour devenir président.

Son autorité exceptionnelle sur les gens, surtout une fois devenu président, ne pouvait être détenue que par un homme en position de chorégraphier dans ses détails globaux 'le crime du siècle'.''

Selon Nelson cela explique pourquoi LBJ avait joué un rôle actif dans l'assassinat de Kennedy et qu'il avait commencé à planifier son accession à la Maison Blanche même avant d'être nommé Vice-président en 1960. Sa personnalité entachée de vices et ses traits de caractère restant ceux d'un enfant s'étaient développés sans contrôle pour le restant de sa vie alors qu'il était soumis à de sévères accès de psychose maniaco-dépressive. Il réussit à dissimuler ses troubles du comportement au public tout en manœuvrant habilement pour avancer dans le dédale des corridors du pouvoir sur le Capitol Hill.

Mais le passé corrompu et meurtrier de LBJ était en train de faire surface et si Kennedy était resté en vie LBJ se serait retrouvé aux côtés de son copain et bras droit Bobby Baker dans un pénitencier. Les frères Kennedy commençaient à nourrir la presse de révélations qui leur permettraient de débarquer Lyndon du ticket présidentiel en 1964.

Nelson nous fit aussi la démonstration en fournissant la preuve, photos à l'appui, que LBJ connaissait d'avance où et quand le meurtre se produirait. On pouvait voir Johnson subitement se baisser vivement sur lui-même quelques instants **avant** les coups de feu.

Le livre de Nelson conclut l'histoire avec la thèse d'une prise de contrôle des États-Unis par un gouvernement de l'ombre le 22 novembre 1963 et que LBJ fut le leader désigné de ce gouvernement de l'ombre grâce à sa main maléfique qui avait plongé si profondément dans nombre de gouvernements et d'institutions servant à faire appliquer et respecter la loi et la justice principalement au Texas mais aussi dans d'autres endroits comme la Nouvelle Orléans et Washington DC.

La fin du livre servit à Nelson de discuter de l'état mental de Johnson et de la possibilité de ce dernier de souffrir de maladies psychologiques comme la cyclothymie et la mentalité de psychopathe. Termes scientifiques utilisés pour décrire quelqu'un qui serait complètement aveuglé par la cupidité et l'ambition sans aucun souci pour les conséquences de ses actions.

A mesure que le nouveau Président devienne plus familier au public américain les gens découvrirent aussi de plus en plus de choses sur son background. Les histoires relatives au scandale du TFX qui avaient commencé à circuler depuis quelques années n'avaient pas encore cessé. Les scandales en relation avec Billie Sol Estes et Bobby Baker avaient émergé peu après que LBJ soit devenu vice-président, lorsqu'il était en mesure de se protéger des conséquences de ses relations frauduleuses et condamnables avec ces amis de longue date. LBJ avait cherché à se couvrir en maintenant qu'on ne devrait pas être jugé pour des actions menées par d'autres et prétendit qu'il connaissait à peine Billie Sol et Bobby alors qu'ils étaient de très proches amis et même associés dans le cas de Billie Sol Estes. Dans le cas de Bobby, avant le début du scandale, Johnson disait encore fièrement que s'il ne devait avoir qu'un fils ce serait Bobby Baker et ''qu'il était son puissant bras droit, la dernière personne qu'il voyait le soir et la première personne qu'il voyait le matin''.

Une fois LBJ devenu Président les enquêtes sur son passé criminel furent instantanément écourtées puis discrètement abandonnées.

De l'avis de Nelson Kennedy commit la faute fatale 3 années avant sa mort : celle d'avoir cédé douloureusement et contre son gré au chantage que lui avaient présenté LBJ et Edgar Hoover le 14 juillet, 1960 à la Convention Démocrate en acceptant LBJ comme son colistier. Cette décision permit à LBJ de franchir le premier pas essentiel dans son complot pour accéder à la présidence. [274]

Chez Farrell la thèse d'une coalescence d'intérêts est plus nettement affirmée

La principale idée de Joseph Farrell fut de considérer qu'il y eut coalescence des intérêts d'acteurs variés, donnant lieu à leur association dans la mise en œuvre d'un complot sophistiqué qui ne donna aucune chance à Kennedy de pouvoir s'en réchapper. L'union de la 'machine texane' que contrôlait LBJ, de la CIA et du lobby de l'armement fit des merveilles.

La participation de LBJ au complot apporta avec lui la puissante machine politique pourrie du Texas. Ainsi malgré une alerte sur les risques inhérents à une visite à Dallas les dispositifs de sécurité non seulement ne furent pas renforcés mais furent même relâchés. Le trajet du cortège de limousines au travers du centre de Dallas fut modifié quelques jours avant son passage sur Elm Street. L'aide du chef de la Police de Dallas mais aussi celle du milieu de la pègre dont Jack Ruby fut le représentant particulièrement remarqué, permirent un déroulement sans anicroche majeure de l'assassinat, le meurtre de Tippit n'étant peut-être qu'une légère anicroche.

Selon Farrell il fut clair que Johnson dans son comportement comme dans ses actions après l'assassinat faisait comme s'il savait exactement qui étaient derrière le meurtre et à tout moment agissait dans leurs intérêts et dans ses propres intérêts en supprimant toute preuve pouvant l'incriminer lui ou les meurtriers. Il le fit clairement dans son choix des membres de la Commission Warren.

Parmi les faits qui montrèrent une volonté de dissimulation flagrante mais qui furent peu connus du public Farrell souligna une série de curieuses coïncidences qui touchèrent de nombreux témoins ; ils furent atteints de 'suicide inexplicable' ou de 'mort pour cause naturelle' bien à propos. La plupart d'entre eux étaient sur le point de livrer des preuves importantes ou étaient perçus comme sachant trop. Dans beaucoup de cas c'était juste avant de comparaître devant une commission d'enquête ou une audience de tribunal.

Et Farrell de conclure : ''Le meurtre de John Kennedy fut un coup d'état aux États-Unis, entrepris par une toile complexe d'organisations et d'individus qui avaient tellement à gagner avec sa mort. Pour LBJ ce fut le moment où jamais, compte tenu du scandale de l'affaire Bobby Baker sur le point d'exploser et surtout de sa connaissance qu'il ne ferait plus partie du ticket

---

[274] Phillip Nelson, '*LBJ : The Mastermind of the JFK Assassination*', 2013

Démocrate en Novembre 1964. Le temps pressait pour lui car s'il n'était plus Vice-président à quoi bon tuer Kennedy ?'' [275]

Conclusions sur la culpabilité de Johnson

Comme ''finalement dans la dernière étape du plan après l'assassinat et la prise de pouvoir de Johnson toute la pleine puissance du gouvernement fédéral et de son appareil en matière de faire respecter la loi est entre les mains des conspirateurs''[276] la mise en cause de LBJ n'en sera que retardée.

Mais la perception du public va quand même dans l'autre sens du moment que l'existence d'un complot s'est imposée dans les esprits. Selon les sondages à propos de l'assassinat un solide total de 70% d'Américains pensent qu'il y a eu complot et que Johnson y avait participé d'une manière ou d'une autre, soit qu'il savait d'avance que cela allait arriver ou soit pour le moins qu'il avait contribué au camouflage.

En fait l'opinion du public américain était très subtile : Johnson était impliqué dans l'assassinat mais en apparence pas suffisamment pour une mise en examen et une condamnation. En tant que nation le problème se posait ainsi : 'Nous savons que Johnson était impliqué mais nous ne savons pas exactement comment. Était-il mêlé juste dans le camouflage ? Que savait-il à l'avance des plans ? Faisait-il partie de l'élaboration des plans ? Savait-il exactement où et quand Kennedy allait être assassiné ? Les différences étaient beaucoup plus importantes que purement sémantiques. Si Johnson avait connaissance de la moindre trace de l'affaire et qu'il s'était tu, il devenait complice du complot. Dit crument il devenait lui-même assassin.'

Les questions fondamentales méritent ainsi d'être posées : Les trois éléments basiques pour tout crime étaient-ils présents ? Johnson avait-il les motivations, les moyens et l'opportunité ?

Les motivations de Johnson comprenaient la détermination de tout faire pour devenir la personne la plus puissante du monde, la crainte de perdre tout pouvoir par suite d'une mise en examen et la volonté d'aller vers les limites et même au-delà.

Pour les moyens Johnson en avait aussi suffisamment. Le système légal au Texas était sous le contrôle de son avocat Edward A. Clark. Côté pratique lui et Clark disposaient d'un homme de main pour les sales besognes.

Et finalement quand Kennedy en juin 1963 inclut le Texas dans son programme de visites l'opportunité se présentait car il n'y avait pas mieux qu'à domicile, en terrain connu, pour commettre le crime. Là Johnson et Clark

---

[275] Joseph P. Farrell, *LBJ and Conspiracy to Kill Kennedy: A Coalescence of Interests* (2014)
[276] Barr McClellan, *Blood, Money, &Power : How LBJ Killed JFK*

pouvaient contrôler aisément l'enquête et le camouflage. Aussi Johnson suggéra, poussa et soutint l'idée du voyage au Texas.

Tous les éléments nécessaires au crime étaient ainsi entre les mains de Johnson.

McClellan sut enfin pour sa part qu'il était temps de dire ce qu'il savait et pouvait prouver. « Je fus déterminé à briser le mythe qu'un Vice-président ne pouvait jamais tuer son Président. Je montrerais qu'un Vice-président ambitieux, corrompu, amateur de sensations fortes, aux prises dans les dynamiques de sa personnalité diabolique et déterminé à devenir une figure historique de pouvoir et de richesse ne se limiterait pas uniquement à considérer le remplacement du Président des États-Unis. Il allait le réaliser. »''[277]

Pas de preuves mais de très fortes présomptions

Des millions de personnes avaient déjà réalisé que l'histoire officielle n'était qu'un mensonge. De nombreux chercheurs avaient démontré qu'Oswald ne fut qu'un bouc émissaire, qu'il y avait au moins 4 tireurs ce jour-là et que c'était Johnson l'homme-orchestre du complot. Ce fut de la haute trahison mais cela fut difficile pour les Américains patriotes d'accepter cette idée extrême. La plupart de la nation restait dans une dénégation collective pour ignorer le fait qu'un assassin était à la Maison Blanche.

Avait-on des preuves pour dire que Johnson avait tué Kennedy. Cela va dépendre de la définition du mot 'preuves'. S'il y avait un tribunal avec juge et jury il n'y aurait probablement pas assez de 'preuves' pour le mettre en examen. Johnson était trop intelligent pour laisser traîner des preuves. Le planning fut établi par des subordonnés et intermédiaires aussi on ne trouvera pas ses empreintes digitales. Aucune conversation sur le complot ne fut enregistrée et il n'y avait pas de document écrit pour permettre de le faire coffrer. Mais de manière objective et en y regardant de près il est manifeste que Johnson fut l'homme derrière le complot de l'assassinat.

''De nombreux chercheurs aujourd'hui croient que Johnson fit partie du complot pour tuer Kennedy mais ils divergent sur le degré de sa participation. Certains comme moi-même pensent qu'il en était l'initiateur et l'homme-orchestre. D'autres pensent qu'il doit être au courant et a choisi simplement de ne rien faire ce qui fait de lui un complice. D'autres encore croient qu'il n'était même pas au courant et quand cela advint il ne chercha pas à retrouver les tueurs car de toute façon il haïssait John Kennedy et était maintenant heureux d'être président. Ceci étant, vouloir penser que LBJ n'avait rien à voir avec le

---

[277] Barr McClellan, *Blood, Money, &Power : How LBJ Killed JFK*

complot ou le camouflage est simplement ne pas vouloir affronter l'évidente vérité.'' [278]

Nécessaire collaboration de la CIA, du Service Secret et du FBI

Ed Tatro rappela une réalité assez évidente : ''Vous ne pouvez pas tuer le Président des États-Unis à moins que le Président suivant, le Chef du FBI et le Service Secret ne soient dans le coup pour dissimuler les faits…LBJ était dans de gros ennuis ; le scandale de Bobby Baker, le scandale de Billie Sol Estes ne doivent pas détruire la carrière de LBJ qui irait en prison. Kennedy fut donc leur homme.

LBJ représentait toutes ces forces de la Droite extrême. Le Gouverneur du Texas, en premier, était le meilleur ami de Johnson et ils furent ensemble pendant des décennies. Dans le scandale des votes de 1948 John Connally fut pour beaucoup dans l'effort de dissimulation qui avait eu lieu. Il était son directeur de campagne.

Il n'y avait aucun doute que ce fut Connally qui avait entraîné Kennedy à venir à Dallas. LBJ et ses copains acolytes attirèrent Kennedy dans le piège du Texas. Une fois qu'il serait là ils avaient tout sous leur contrôle, le trajet du cortège, les preuves, la police de Dallas, tout. Il devint leur proie et c'était sur leur territoire.'' [279]

Cette analyse fut confirmée par Farrell qui ajouta que trois complots au moins furent nécessaires:

a) Un complot pour l'assassinat lui-même.

b) Un complot pour désigner un seul coupable.

c) Un complot pour la dissimulation.

Présenté ainsi cela saute aux yeux que l'expertise à la fois des agents de la CIA, du FBI et du Service Secret était nécessaire et impérative pour que l'entreprise soit menée à bien. Et du coup souligna le rôle central du nouveau président. On peut facilement imaginer ce qu'auraient été les choses si à la place de Johnson il y avait eu un Président déterminé à faire éclater la vérité. D'ailleurs cette même idée simple suffit à elle seule pour expliquer l'assassinat ultérieur de Robert Kennedy.[280]

En synthèse sur le rôle d'homme-orchestre de LBJ Zirbel offrit la courte conclusion mais qui en dit long suivante : ''Dans n'importe quel autre pays

---

[278] Alex P. Serritella, *Johnson Did it : LBJ's Role in the JFK assassination*
[279] Ed Tatro, JFK Assassination Expert, *The Men who Killed Kennedy : The Guilty Men.*
[280] Joseph Farrell, *LBJ and Conspiracy to Kill Kennedy: A Coalescence of Interests*

dans le monde, à l'exception des États-Unis, cet évènement serait vu de manière suspecte comme un COUP sanguinolent.'' [281]

***

Après plus d'une cinquantaine d'années de recherches effectuées par une foule de chercheurs et d'historiens assidus apportant avec eux des preuves solides il apparaît sans ambiguïté que le président Kennedy tomba dans une embuscade qui équivalut à un coup d'état organisé par des éléments appartenant aux organismes de l'appareil d'état au service de la Sécurité Nationale. Ce fut clair qu'une partie de la CIA, des militaires de l'US Army, du FBI, certaines figures connues de la Mafia et finalement le Vice-président LBJ, tous de connivence, agirent pour renverser le gouvernement élu des États-Unis.

Certainement aucun particulier ou groupe d'exilés Cubain ou éléments de la Mafia, ne pouvaient ourdir un tel complot de manière indépendante comme certains auteurs avaient voulu le montrer pendant des années. Les forces qui étaient derrière l'assassinat de Kennedy non seulement avaient le pouvoir et les moyens pour entreprendre une telle opération mais avaient aussi l'extraordinaire souplesse et la capacité pour mobiliser des ressources étendues pour lancer un second complot aux proportions monumentales – un camouflage à une échelle démesurée incluant une autopsie secrète pour modifier les preuves relevées lors d'une expertise médicolégale des blessures de Kennedy et présenter les fausses conclusions d'une 'autopsie officielle'. Tout ceci fut maintenant parfaitement bien documenté. Aucune autre entité d'origine domestique ou étrangère que l'appareil du gouvernement américain dédié à la Sécurité Nationale ne pouvait posséder les leviers, la flexibilité, la mobilité et l'autorité pour orchestrer une aussi énorme entreprise incluant la manipulation des principaux médias.

Innocence perdue et véritable atteinte à la Démocratie

Jim Garrison écrivit dans *On the trail of the Assassins* (1991) : ''Mes enquêtes sur l'assassinat de Kennedy et mes expériences de la vie depuis avaient changé à jamais la conscience de mon existence et de ma vie. Ce livre fit état de ce changement, de la désillusion croissante, de la colère et de la connaissance. Mon expérience comme acteur éminent dans des évènements historiques la rendit atypique. Mais la nation entière partagea à des degrés variés mon changement d'état de conscience. Un quart de siècle plus tard il était possible de voir que l'assassinat et la dissimulation du complot par le

---

[281] Craig I.Zirbel. *The Texas Connection*

gouvernement et les médias furent un grand tournant dans les évènements de ce pays. Ils représentèrent la perte d'innocence des Américains de l'après-guerre, le début de l'ère du mécontentement et de la méfiance envers le gouvernement et toutes nos institutions fondamentales. Les conséquences politique, sociale et historique de cet assassinat et de sa dissimulation continuèrent à affecter nos vies avec un gouvernement secret et trompeur, une presse docile, un cynisme omniprésent et une corruption profonde.

Dans ses trois courtes années de présidence John Kennedy avait commencé à changer notre attitude et nos préconceptions à propos de la Guerre Froide. Il avait adopté une vision plus sensée, moins polarisée du monde et de ses habitants et je crois que cela l'avait mené à sa mort. Nous ne devrions pas oublier le legs durable qu'il nous avait laissé, formulé de manière si éloquente à l'American University en juin 1963 : « Si nous n'arrivons pas à faire disparaître maintenant nos différences, au moins essayons de faire de notre monde un lieu sûr pour la diversité. Car, en dernière analyse, notre lien commun le plus basique est que nous habitons tous cette petite planète. Nous respirons tous le même air. Nous chérissons tous le futur de nos enfants. Et nous sommes tous mortels. »"[282]

Lors d'une cérémonie de commémoration le 22 novembre 1993 Gaeton avait donné son interprétation de la signification de l'évènement : "Les meurtriers de Kennedy ont tué plus qu'un Président. Ils ont tué quelque chose de profond dans l'âme de ce pays- la croyance innocente et non ternie - peut-être naïve, mais glorieuse et constamment auto-réalisatrice - que nous sommes librement les détenteurs de notre propre destin. L'assassinat de Kennedy avait produit les implications historiques qui sont des fissures dans le socle de notre démocratie." [283]

Pour Murdoch "La vision d'un monde meilleur de Kennedy disparut ce jour-là sur le Dealey Plaza. Il avait déjà pris des dispositions pour arrêter la guerre du Việt Nam (du moins la guerre américaine), pour trouver des bases d'entente avec l'Union Soviétique et pour en finir avec la ségrégation dans les États du Sud.

Mais voilà, avant que la guerre du Việt Nam ne s'arrête 58000 Américains et 2 millions de Vietnamiens perdirent la vie. La Guerre Froide s'intensifia et de nombreuses années furent perdues dans la lutte pour l'égalité entre races."[284]

---

[282] Jim Garrison, *On the trail of the Assassins* (1991)
[283] Gaeton Fonzi, *The Last Investigation*
[284] Robert Murdoch, *Ambush in Dealey Plaza : How and Why They Killed President Kennedy*

CHAPITRE 21.

Retour sur le coup d'état et le meurtre de Diệm

Jim Garrison fut parmi les premiers à relier l'assassinat de Kennedy à la guerre du Việt Nam. Il fut rejoint par Oliver Stone qui développa la thèse de façon convaincante et la popularisa avec succès parmi le grand public avec son film JFK. Ceci justifie la nécessité de revenir sur le coup d'état et le meurtre de Diệm, évènements qui furent à l'origine d'un radical tournant dans le cours de la guerre.

A l'origine du coup d'état

On peut lire dans la quasi-totalité des documents, études, livres la phrase plus ou moins formulée comme suit : ''La CIA fut responsable du coup d'état renversant Diệm et conduisant à son meurtre par des généraux rebelles.''

Cette phrase contient des éléments de vérité mais en toute rigueur elle recèle des erreurs et peut être considérée seulement comme une demi-vérité car la réalité est beaucoup plus complexe.

On se rapproche un peu plus de la vérité en donnant le contexte et en ajoutant à la phrase la cause à l'origine de l'action de la CIA sans la dénaturer : ''Constatant que le régime de Diệm confronté à une crise bouddhique grave ne serait plus en mesure de gagner la guerre car il a perdu le soutien de la population à majorité bouddhique, l'administration Kennedy utilisa deux agents de la CIA pour susciter un coup d'état conduisant à son meurtre par des généraux rebelles.''

Pour autant on est encore loin de la vérité car en réalité selon les documents de FRUS les deux agents de la CIA, Conein et Spera envoyés par Cabot Lodge prirent contact fin août 63 avec deux généraux, Khiêm et Khánh, pour leur annoncer le feu vert américain. Manque de chance cette action de la CIA n'eut pas de suite car ces deux généraux ne furent pas organisateurs du coup d'état qui n'eut lieu qu'au début de novembre.

L'un des trois principaux organisateurs du coup du 1er novembre, le général Đôn, (les deux autres étant Minh et Kim), n'approcha Conein en vue du coup qu'au début du mois d'octobre 63. Ironie du sort le gouvernement de Kennedy avait déjà renoncé à l'idée d'un coup d'état et Lodge reçut de la part de Rusk l'instruction ''qu'aucun effort ne devrait être fait pour stimuler des tentatives de coup''. Lodge n'en tint pas vraiment compte et bien évidemment ce fut avec son plein accord que le coup d'état fut entrepris par la suite par les généraux avec Conein comme intermédiaire et agent de liaison.

Le général Đôn avait bien expliqué dans ses mémoires que la motivation principale des généraux pour faire le coup d'état fut la crise bouddhique et son écrasement, résultat impolitique et inacceptable obtenu par les frères Ngô par la force et la répression.

A l'origine de la crise bouddhique

Ceci nous conduit logiquement à nous interroger sur cette crise bouddhique qui explosa soudainement de manière inattendue. La bonne et cruciale question à poser serait : « Est-ce que Diệm a vraiment pratiqué une politique de répression du Bouddhisme ? »

Force est de constater que pendant les neuf années de pouvoir de Diệm on n'avait pas fait état d'une politique répressive ni vu d'actions de répression contre les Bouddhistes de la part des différents gouvernements de Diệm.[285] Les actions de répression ne furent constatées qu'à partir du 8-5-1963 en réaction maladroite et inintelligente aux manifestations qui commençaient à se développer. Elles ne traduisirent que la grande bêtise de la part d'un '*monarque*' déconnecté de la réalité et ayant développé une forte tendance paranoïaque à la suite de longues années de pouvoir absolu.

Le général Tôn Thất Đính, homme clef du coup d'état renversant Diệm avait d'ailleurs souligné dans ses mémoires: « Même si le Bouddhisme a beaucoup de problèmes et ses représentants bien de choses à reprocher au gouvernement, tout cela n'a pas produit avant la date du 8 mai une situation telle que les Bouddhistes de Huế soient animés d'une haine contre le gouvernement pour être à l'affût de toute bonne occasion pour lancer leur révolte. »[286]

Il faut donc revenir à la genèse même de la crise bouddhique pour essayer d'y voir plus clair.

Qui a envoyé le télex ?

Il faut rappeler qu'à l'origine de la crise il y eut un câble 'qui prétendument interdit le déploiement dans l'espace public des drapeaux bouddhiques', reçu par les autorités de Huế.

---

[285] Đỗ Mậu qui fut un défenseur immodéré de la thèse d'une politique répressive n'avait pas pu fourni d'arguments convaincants pour étayer sa thèse.
[286] Tôn Thất Đính, *20 Năm Binh Nghiệp* p. 313

Concernant ce fait il faut signaler les témoignages troublants de personnalités dignes de confiance.

''Bien des années après, Quách Tòng Đức, le directeur du Cabinet de Diệm affirme formellement : Il n'a pas reçu d'ordre de M. Diệm ni de rédiger, ni d'envoyer le télex n* 9159, numéro qu'il n'a pas retrouvé dans les registres du palais. Il rappelle en revanche qu'avant cette date d'envoi supposée du 6 mai, il y a eu le fait suivant qu'il relate : « En **avril 1963** au retour d'une tournée d'inspection ordinaire effectuée aux alentours des fêtes de Pâques, le président Diệm m'a donné ordre d'envoyer une circulaire pour rappeler aux responsables provinciaux les principes à respecter pour le déploiement du drapeau national dans l'espace public, à l'occasion des fêtes religieuses, quelle que soit la religion : sa position doit être centrale et surplomber tous les drapeaux confessionnels ou d'organisations. A l'intérieur des édifices religieux il n'y a pas de restriction quant au déploiement des drapeaux confessionnels. Cette circulaire a été dispatchée dès le lendemain. »

Đức ajoute se souvenir nettement qu'après le drame à la station de radio de Huế le président Diệm l'a convoqué pour lui montrer une copie du télex en lui demandant avec un air fatigué, attristé et las « Qui l'a envoyé ?» Đức lui a répondu ne pas le savoir après avoir vérifié qu'il n'y a pas trace d'envoi du télex en question dans le registre des envois.

Selon Đức dans la situation politique en ébullition du moment Diệm n'a même pas donné l'ordre de faire mener une enquête. Peut-être a-t-il pensé que le télex 9159 est un nouveau mauvais coup basé sur une contrefaçon de la part d'opposants au régime (les bouddhistes de la pagode Ấn Quang ? la CIA ? les partis politiques ? les commu-nistes ?).''[287]

Le deuxième témoignage donné par Nguyễn Trân expliqua que le télex était en réalité parti de la 'Direction générale de l'Information' et portait normalement toujours en plus la mention 'Secrétariat de la Présidence de la République'. Ceci pourrait laisser penser qu'il provint du palais mais donna en tout cas une bonne explication du pourquoi Đức au palais n'avait pas connaissance de son existence ; il valida ainsi le témoignage de Đức.

Compte tenu de son caractère hautement sensible il était **impensable** que le Directeur général de l'Information ait pu rédiger ce télex et l'envoyer sans les accords exprès de Diệm et de Nhu. Or Nhu n'était pas au courant et avait réagi avec agacement quand il fut mis au courant de l'affaire. Il ne pouvait s'agir que d'un **faux** qui serait plus simple d'ailleurs à fabriquer pour être envoyé à partir

---

[287] Lâm Lễ Trinh, entretien avec Quách Tòng Đức, *Chín Năm Bên Cạnh Tổng Thống Ngô Đình Diệm*

de la DGI. La question reste donc qui avait intérêt à manigancer un tel stratagème ?

Explosions mortelles devant la station de radio de Hué.

Le mot grenade fut utilisé par le Consul américain pour désigner vaguement l'engin explosif utilisé. Il serait plus intéressant de rechercher l'avis de quelqu'un de mieux placé qu'un diplomate pour ce genre de question. Selon le général Tôn Thất Đính « les grenades généralement utilisées dans le traitement des émeutes sont des MK3 ; elles n'ont pas la puissance nécessaire pour provoquer les blessures mortelles constatées sur les victimes. En revanche les grenades d'assauts qui sont conçus pour tuer sont du type à fragmentation mais on n'a pas constaté d'éclats sur les corps des victimes. L'explosif utilisé ne correspond donc pas aux explosifs connus et utilisés dans l'ARVN ni même à une charge de plastic du Viêtcong. »

Un groupe d'experts, formé du général Trần Văn Đôn, du Médecin en Chef du Service de Chirurgie de l'ARVN et d'un officier de liaison, fut nommé par Diệm pour effectuer une enquête. L'enquête conclut à l'explosion de charges de plastic sans plus de précisions et laissa demeurer un certain mystère.

Pour Tôn Thất Đính l'incident du 8-5 restera un secret de l'histoire.[288]

Ce qu'on pouvait quand même affirmer suite au témoignage de Đính et du résultat de l'enquête c'était que la ou les explosions n'étaient pas le fait des forces gouvernementales, infirmant la conclusion hâtive que sembla avoir prise le consul américain à Hué.

Le mystérieux James Scott

Plus troublants encore furent les témoignages concernant un certain capitaine James Scott, qui aurait avoué en 1966 à son homologue vietnamien [commandant d'un bataillon de la 1ere Division de l'armée de Terre] qu'il conseillait, qu'il était à l'origine de l'explosion qui s'était produite pendant la manifestation des bouddhistes devant la station radio de Hué, trois années auparavant.[289]

Sur ce même point Nguyễn Trân confirma l'existence et l'action du capitaine James Scott puisqu'il «affirme avoir lu en 1975 dans un magazine américain pendant les mois qui suivirent la chute de Saigon un article signé de Scott relatant son action plus de dix années auparavant. Mais Trân avoue ne pas

[288] Tôn Thất Đính, *20 Năm Binh Nghiệp*, p.303
[289] Lương Khải Minh & Cao Vị Hoàng, *Làm Thế Nào Để Giết Một Tổng Thống*

pouvoir remettre la main sur l'article en question et à ce jour aucune preuve formelle de l'existence de ce personnage n'a été apportée. »[290]

Les deux faits évoqués ci-dessus ne permirent pas de montrer de manière indubitable une main de la CIA américaine derrière la crise bouddhique mais constituèrent bien de lourdes présomptions liées à l'existence des 'covert actions', spécialités de l'Agence, pendant cette période trouble de l'histoire du Việt Nam.

Quand la crise bouddhique devint plus grave les rapports vers la Maison Blanche affluaient et concluaient très vite à une atmosphère très favorable aux coups d'état. Si tel était le but recherché par les metteurs en scène de cette éventuelle 'covert action' il faut reconnaître qu'ils avaient totalement réussi.

Fort bien à propos on pouvait lire dans les mémoires de Trần Văn Đôn « le lancement d'une grenade devant la station de radio de Huế a déclenché le conflit opposant les leaders du Bouddhisme et la famille des Ngô provoquant la chute du régime ; il a commencé par un acte très banal : le déploiement de drapeaux. Est-ce la goutte qui fait déborder le vase contenant la rancœur et la colère de la population ou une machination diabolique issue d'un esprit habile ? Vingt-cinq ans après l'histoire continue de garder les secrets dans ses ténèbres. »[291]

La main de la CIA derrière la crise bouddhique ?

Il est fort curieux qu'un assez grand nombre de Vietnamiens aient toujours cru à l'idée selon laquelle Kennedy avait pris la décision de faire renverser Diệm pour avoir toute liberté d'envoyer ses troupes de combat au Việt Nam. Idée à posteriori absurde vu qu'il sera démontré que Kennedy jusqu'à sa mort ne voulait pas de l'envoi des troupes de combat et avait favorisé le coup des généraux mais pour d'autre motifs. Les agents de la CIA sur ordre de Kennedy ne s'étaient manifestés que bien plus tard pour donner sans succès le feu vert à deux généraux et non pas pour déclencher la crise bouddhique. Mais maintenant qu'il était presque totalement prouvé que l'assassinat de Kennedy fut le résultat d'un complot impliquant des agents de la CIA alors les choses pouvaient être revues sous un autre angle.

Et si les deux assassinats étaient liés ?

Pour provoquer le renversement de dirigeants de pays étrangers indésirables aux yeux de Washington la CIA cherchait souvent à créer des conditions favorables à un coup d'état. Ce mode opératoire usuellement pratiqué parmi des

---

[290] Nguyễn Trân, *Công và Tội*, p. 411, p. 415
[291] Trần Văn Đôn, '*Việt Nam Nhân Chứng*' p.163

méthodes variées consistait à faire naître un moment décisif pour la révolte avec la colère de la population suscitée en réaction à une action du pouvoir en place, elle-même provoquée par un incident.

La crise bouddhique semblait s'inscrire parfaitement dans cette logique opératoire de la CIA et la main d'agents de la CIA pourrait alors expliquer les deux mystères de cette crise évoqués ci-avant, le télex et l'explosion d'une charge de plastic. Jusqu'ici le seul élément dissonant allant à l'encontre de cette thèse fut que le chef de station de la CIA à ce moment-là, un ami de Nhu, était favorable au maintien de Diệm au pouvoir. D'ailleurs en ce début du mois de mai, Kennedy, malgré les récentes difficultés avec Nhu, continuait de soutenir Diệm qui apparaissait toujours comme la seule personne capable de diriger le Sud Việt Nam.

Mais maintenant que la thèse d'un pouvoir de l'ombre pouvant mobiliser des agents de la CIA sans la connaissance et l'accord de sa direction pour assassiner Kennedy était devenue non seulement crédible mais réelle les choses pouvaient apparaître sous un autre jour.

L'hypothèse d'un complot unique

Ainsi ne serait ni absurde ni improbable l'hypothèse d'un vaste complot avec pour objectif l'envoi massif de troupes américaines qui organiserait à la fois les éliminations des frères Ngo et de Kennedy. Nhu n'avait-il pas, justement à ce moment-là, menacé de demander un retrait des Américains.

Cette hypothèse rendrait même les choses plus claires et plus cohérentes. Plus rien ne s'opposerait à l'envoi de troupes et cela permettrait à L.B. Johnson d'intensifier la guerre au grand bonheur du complexe militaro-industriel.

Le hasard fait que pendant mes recherches sur l'assassinat de Kennedy j'ai trouvé dans le livre d'Alex P. Serritella 'Johnson did it : LBJ's Role in the JFK Assassination' (Juin 2018) un paragraphe qui cite le 'Buddhist Uprising' (La révolte des Bouddhistes) au Việt Nam comme une illustration des manœuvres de la CIA au service de la politique étrangère des États-Unis. Le texte donne une description fidèle des évènements mais fournit en plus les précisions suivantes : ''Soudainement deux violentes explosions retentirent balayant la foule massée devant l'entrée de la station de radio...Les docteurs de l'hôpital trouvèrent que les blessures n'étaient pas comme usuellement constatées et qu'il n'y avait pas de fragments métalliques. Ils conclurent que les explosifs étaient du type plastic.

Mais les forces de sécurité du gouvernement tout comme le Việt cộng ne disposaient pas d'explosifs pouvant infliger de telles blessures. Alors que seule la CIA pouvait en disposer.

L'utilisation d'explosifs de type plastic n'était pas une chose nouvelle pour la CIA. Le 9 janvier 1952 deux bombes explosèrent à Sài Gòn tuant 10 personnes et blessant plusieurs autres. Ces explosions furent causées par des bombes de type plastic fournies par des agents de la CIA au général rebelle Thế. Un photographe du magazine Life était présent car prévenu par la CIA pour pouvoir fournir les preuves de ces soi-disant actions malfaisantes des communistes. ''

Ainsi une autre source venait étayer la thèse d'un complot ourdi par un pouvoir de l'ombre pour éliminer les deux présidents Diệm et Kennedy qui étaient opposés à l'envoi des troupes de combat américaines et permettre à Johnson de déclencher la guerre américaine au Việt Nam.

CHAPITRE 22.

Que fit Johnson quand il devint Président ?

Le premier document que signa Johnson fut le NSAM 273 dans lequel il donna instruction à ses généraux d'aider les Sud-Vietnamiens à gagner la guerre avec le Nord. Selon Newman ce document fut préparé du vivant de Kennedy juste avant sa mort et il n'avait même pas eu l'occasion de l'approuver. En réalité Johnson signa le 26 novembre une version modifiée de manière significative, surtout son paragraphe 7 portant sur les opérations visant le Nord Vietnam, laissant la porte ouverte aux attaques directes de l'Amérique contre le Nord.[292]

"En surface le changement dans l'effort de guerre paraissait graduel : les premiers Marines ne débarqueront que 15 mois plus tard à Danang. La raison sous-jacente qui expliquerait pourquoi le profond changement prendrait autant de temps avant de se matérialiser c'est que Johnson devait faire face au même problème qu'avait eu Kennedy : les élections de 1964. Avec une différence de taille dans leur campagne pour la réélection : Kennedy avait à dissimuler un retrait et Johnson avait à dissimuler une intervention."[293]

"Le revirement de position au regard des troupes de combat fut aussi soudain que l'émergence de l'OPLAN 34A[294]. Le commentaire que Johnson fit en décembre souligna la profonde nature et la grande portée du revirement et démontra comment la tragédie de Dallas irait modifier le cours de la guerre du Việt Nam. Kennedy avait dit à O'Donnell au printemps de 1963 qu'il ne pouvait pas se retirer du Việt Nam avant qu'il soit élu, « donc nous devrions tout faire pour assurer ma réélection. » Johnson, lui, pendant une réception à la veille de Noël à la Maison Blanche, un mois après avoir succédé à Kennedy, dit aux chefs d'état-major : « Laissez-moi [le temps de] me faire réélire et après vous pourrez avoir votre guerre. »"[295]

---

[292] John M. Newman, *JFK and Vietnam*, p.445-446
[293] John M. Newman, *JFK and Vietnam* p.442
[294] L'Opération Plan 34A (OPLAN), approuvé par Johnson le 16 janvier 1964 est conçu pour 'infliger de plus en plus de punitions au Nord Vietnam' et faire pression pour amener leurs dirigeants à renoncer à leur politique d'agression. Il comporte la collecte de renseignements, des opérations psychologiques comme le lâchage de tracts, les émissions de radio et un nombre limité de raids 'hit and run' effectués par du personnel vietnamien aidé par le soutien américain.
[295] John M. Newman, *JFK and Vietnam* p.448

Johnson fit exactement ce que le complexe militaro-industriel attendait de lui.

Pour une intervention directe des forces américaines

Le changement de Président fut un moment opportun pour l'établissement militaire d'essayer d'imposer leurs intentions belliqueuses. "Dès le 22 janvier 1964 l'état-major interarmées envoya à McNamara un mémorandum recommandant que les États-Unis cessent de s'imposer des restrictions dans la conduite de la guerre au Vietnam pour entreprendre des actions plus hardies comme notamment :

1. Armer, équiper, conseiller et soutenir le gouvernement du Vietnam pour mener des raids de bombardements d'objectifs cruciaux au Nord et procéder au minage des accès maritimes au pays.
2. Conseiller et soutenir le gouvernement du Vietnam pour effectuer des raids de commandos à grande échelle sur des objectifs cruciaux au Nord.
3. Bombarder les objectifs clés du Nord [une ligne et demie du texte demeure toujours cachée au public].
4. Faire intervenir les forces armées américaines autant que nécessaire en soutien des combats au Sud.
5. Faire intervenir les forces armées américaines dans des actions directes contre le Nord."[296]

On verra par la suite que ces propositions à l'exception de la dernière furent toutes entreprises, certes avec un certain échelonnement dans le temps.

L'escalade de la guerre se mit en place selon le schéma suivant :

Comme **représailles** à une attaque surprise des baraquements américains à Pleiku au moment même où le conseiller Bundy était en visite au Sud-Vietnam un premier raid aérien fut décidé le 6 février 1965 contre 4 cibles au Nord Vietnam, l'aviation américaine s'attaquant à 3 cibles et la quatrième par l'aviation sud-vietnamienne avec l'appui d'une couverture aérienne américaine.

L'escalade ouverte qui prit forme avec la généralisation des raids en campagne continue d'offensives aériennes *Rolling Thunder* ne débuta vraiment que le 2 mars 65. Elle avait comme objectif de détruire les ressources contribuant au soutien des forces communistes au Sud, d'interrompre, de gêner et d'entraver les mouvements d'infiltration d'hommes et de matériel vers le Laos et le Sud Vietnam.

---

[296] Doc17. Editorial Note (FRUS 1964–1968, Volume I, Vietnam, 1964)

Les envois de troupes de combat

Le premier envoi, une décision très discrète

Johnson présenta le premier débarquement de Marines à Danang comme une suite naturelle des choses alors que l'acte constitue de manière symbolique une vraie entrée en guerre des États-Unis sans déclaration de guerre : "Lorsque les bombardements intenses du Nord Vietnam commencèrent, mes conseillers et moi fûmes aussitôt persuadés que les communiste choisiraient pour objectif essentiel la base aérienne proche de Danang, car une bonne partie des attaques aériennes partaient de là. Au mois de mars, j'accédai à la requête du général Westmoreland de débarquer deux bataillons de Marines pour assurer la sécurité de la base. Cette mesure libérait pour une action offensive contre le Viêtcong une partie des troupes vietnamiennes qui protégeaient la base…"[297]

Même les Sud-Vietnamiens furent pris par surprise

Johnson omettra de demander à son ambassadeur de consulter Saigon [ce qu'il avait fait pour les premiers bombardements]. Bùi Diễm qui était alors ministre délégué auprès du premier ministre raconta : "Tôt le matin du 8 mars je venais de me réveiller quand le téléphone sonna. C'était le premier ministre [Quát] qui d'une voix pressée me demanda de me rendre à son domicile pour une affaire urgente. Je le trouvai déjà en présence de Manfull[298]. Il me fit savoir que les Marines étaient en train de débarquer à Danang et que nous devions préparer dans l'urgence une déclaration vietnamo-américaine à la presse pour expliquer cet évènement historique.

Quát mis sur le fait accompli dut accepter l'explication de Taylor qui lui-même était opposé à l'envoi de troupes combattantes et avait présenté l'action de ce matin comme de caractère limitée pour assurer la sécurité autour de la base aérienne de Danang. Quát avait déjà eu l'occasion d'exprimer à Taylor ses profondes appréhensions à ce sujet et ne souhaitait pas une intervention directe des États-Unis dans la guerre. Sur ce point Taylor parut partager la position de Quát. Il apparaît ainsi que même Taylor fut court-circuité dans l'envoi des 3500 Marines."[299]

En effet dans un télégramme du 22 février envoyé à l'état-major interarmes Taylor avait écrit : « Le général Westmoreland et moi-même considèrent qu'il n'y a pas de besoin à ce moment de considérer le déploiement [de forces combattantes] au Sud Vietnam à l'exception peut-être pour la protection de la base aérienne à Danang… Si Washington prenait une décision en ce sens il

---

[297] LBJ, *Ma Vie de Président*, p.175
[298] Manfull, Melvin L., Counselor for Political Affairs at the Embassy in Vietnam
[299] Bùi Diễm, *Gọng Kìm Lịch Sử* p.222

faudrait avoir l'accord de Saigon ; il ne serait pas difficile de suggérer au gouvernement de Saigon d'initier une requête à laquelle le gouvernement des États-Unis accédera.»[300]

Pire, ce qui fut caché à Taylor peut être lu dans le mémorandum du 1 mars de Cooper à Bundy qui fut absent de Washington pendant la dernière semaine de février: "La décision concernant les Marines à Danang implique l'envoi immédiat d'un bataillon pour la sécurité de l'aéroport ; le reste de la **brigade** [7000 à 15500 hommes] le sera par incréments et en temps voulu."[301]

Préjugé favorable à une extension de la guerre

Il apparut clairement que L.B. Johnson avait un très fort préjugé favorable à une extension de la guerre à l'opposé de ce que LBJ voulut faire transparaître dans ses mémoires. Sa manière d'annoncer subrepticement les deux décisions majeures, la campagne permanente de bombardements *Rolling Thunder* et le premier débarquement des Marines à Danang, illustrèrent bien son embarras quand il avait eu à traiter ces sujets. Venait ensuite l'escalade elle-même qui se traduisit par la série de déploiements hâtifs et massifs de troupes de combat au sol qu'il présenta comme émanant de demandes de Westmoreland et de propositions de McNamara justifiées par une soi-disant détérioration rapide de la situation militaire. Détérioration trop rapide pour être crédible aux yeux de tout lecteur de ses mémoires et d'ailleurs clairement démentie par Taylor.

Taylor avait même pu rapporter une note d'optimisme dans son télégramme du 24 mars 65 adressé à Johnson : "Ce fut une semaine calme au sens politique comme militaire. Les unités Viêtcong semblaient vouloir éviter le contact avec les forces gouvernementales sur l'ensemble du territoire et leurs activités avaient baissé au plus bas niveau depuis la nouvelle année lunaire. Il n'y avait pas eu d'attaques d'envergure et pour la première fois, autant que ma mémoire s'en souvienne, tous les trois principaux indicateurs de l'activité militaire, les tués au combat, les prisonniers capturés et les armes perdues à l'ennemi avaient tous été favorables au gouvernement. Grâce aux informations obtenues par un déserteur Viêtcong et aux renseignements on avait mis en évidence une augmentation de l'infiltration en armes. Les opérations effectuées par les forces gouvernementales avaient été maintenues à un niveau élevé. Les indicateurs concernant la pacification avaient aussi pris une tournure favorable."[302]

---

[300] Doc 153. Telegram From the Embassy in Vietnam to the Joint Chiefs of Staff, Saigon February 22, 1965.

[301] Doc 173. Memorandum From Chester L. Cooper of the National Security Council Staff to the President's Special Assistant for National Security Affairs (Bundy). Washington, March 1, 1965.

[302] Doc 214. Telegram From the Embassy in Vietnam to the Department of State Saigon, March 24, 1965

Ceci n'empêcha pas "Rusk d'informer Taylor que Johnson était enclin à approuver les déploiements mais ajouta que l'administration ne ferait plus de publicité pour les programmes dans leur ensemble mais annoncerait désormais chaque déploiement particulier de manière individuelle au moment opportun…Les demandes des militaires seront initialement réduites ou ignorées pour être finalement honorées en plusieurs étapes et par bribes. De plus en dissimulant les nouvelles concernant les derniers envois de renforts Johnson soustraira au peuple américain les informations concernant les objectifs de son engagement au Vietnam. Cette manière de faire sera appliquée jusqu'à la fin du reste de son mandat…"[303]

Cela va aussi dans le sens des souhaits des chefs d'état-major

Certes la part des chefs d'état-major dans la décision d'escalade n'était pas négligeable comme Johnson l'avait aussi justement souligné. Qui parmi les généraux n'aurait pas envie de gagner militairement une guerre quand une profusion de moyens était là, disponible? Pour autant c'est bien de la responsabilité des chefs civils de garder la tête froide et de choisir les meilleures solutions, politiques si possible. Mais très certainement, au début, Johnson avait cédé à la tentation de la gagner, cette 'sale' guerre et avait accepté de donner à ses chefs militaires les moyens en conséquence. Seulement par crainte d'une réaction violente de la Chine il adopta une stratégie ambivalente pour éviter l'engagement des États-Unis dans une guerre totale impliquant les Chinois. Il attendait et espérait secrètement voir arriver la victoire même en poursuivant militairement des objectifs limités, sans avoir à détruire l'ennemi. Ceci conduisit à une escalade de grande ampleur qui se fit par incréments donnant en apparence l'aspect d'une guerre totalement américaine.

La stratégie de 'guerre limitée' de Johnson

Johnson et ses conseillers voyaient comme principal objectif contraindre les Nord-Vietnamiens à cesser leur soutien à l'insurrection au Sud. Ils se préparaient à accomplir ce but en appliquant de manière graduelle la puissance aérienne et les forces terrestres sans menacer de détruire le Nord Vietnam, avec donc à l'esprit les principes d'une guerre limitée.

Les campagnes de bombardement au Nord

Au bout de trois mois de raids aériens ils durent se résigner à constater "qu'à la date du 17 mai 1965 les frappes aériennes sur la partie méridionale de la RDV avaient amplifié ses problèmes logistiques et réduit sa capacité à

---

[303] Edward J. Drea, *McNamara, Clifford, and the Burdens of Vietnam*, p.29-31

soutenir l'agression ouverte à l'extérieur de son territoire. Elles n'avaient cependant pas réduit sa capacité militaire globale ni sérieusement affecté son économie. Le régime du Nord sans aucune apparente opposition de sa population donna pleinement l'impression d'être déterminé de poursuivre sa ligne actuelle."[304]

"La campagne de raids aériens ne cessa pas alors de se développer en nombre de raids, en échelle d'importance des objectifs industriels, militaires et ceux liés au domaine du transport. Elle fut étendue aux dépôts de carburant et aux moyens de distribution. Mais Johnson tout en donnant son accord à l'extension de la liste des objectifs à frapper se refusait à autoriser la frappe d'objectifs majeurs comme le voulaient les généraux. Au bout d'une année de bombardements le sous-secrétaire d'État Ball dut exprimer à Johnson qu'il était convaincu que la guerre ne pouvait pas être gagnée par les bombardements au Nord et qu'elle ne se décidait que dans le Sud sur le terrain."[305]

Vers la fin de 1965 McNamara commença à devenir sceptique sur la possibilité de gagner la guerre militairement et l'objectif poursuivi par Johnson se révéla impossible à réaliser car on ne fait pas une guerre à moitié. Les bombardements au Nord ne dépassaient pas le 19eme parallèle pour éviter de déclencher une intervention chinoise. Ce qui laissait environ 90% du territoire du Nord à l'abri de ces bombardements. Haiphong le port le plus important où arrivait le gros du matériel de l'aide soviétique est situé à la latitude 20°865 et les alentours de Hanoi ne seront visés que plus tard puis de nouveau épargnés par décision de Johnson le 31 mars 68.

La guerre au sol

Sur les champs de bataille au Sud les deux premiers bataillons de Marines qui débarquèrent le 8 mars 1965 sur les plages de Danang en vue d'assurer la protection des avions qui partaient de là au Nord furent très vite complétés par d'autres pour stationner près des débouchés des pistes d'infiltration puis ensuite pour s'engager dans les combats. Mais le soutien des combats menés par les forces armées sud-vietnamiennes se faisait principalement par les forces aériennes.

La stratégie poursuivie par Westmoreland pour l'effort de guerre au sol se composait de deux volets. Le premier, encore appelé la guerre des grosses unités, consistait en des opérations mobiles contre les Nord Vietnamiens infiltrés et les grandes unités organisées du Viêtcong. Westmoreland utilisait

---

[304] Doc 306. Memorandum From the Chairman of the Joint Chiefs of Staff (Wheeler) to Secretary of Defense McNamara. Washington, May 17, 1965.

[305] Doc41. Memorandum From the Under Secretary of State (Ball) to President Johnson (1964–1968, Volume IV, Vietnam, 1966) January 25, 1966

ses forces terrestres à les disperser ou les détruire et à démanteler leurs bases logistiques. Il les avait appelées opérations 'search and destroy' [rechercher et détruire].

Le deuxième volet désigné sous le vocable de 'pacification' regroupait l'ensemble des actions militaire et paramilitaire qui étaient assurées quasi exclusivement par les forces de Saigon: De petites unités mobiles effectuant des patrouilles et des embuscades pour éliminer les guérilleros viêtcong aux alentours des villages et hameaux, des opérations de police pour mettre à jour l'administration politique clandestine de l'ennemi et des missions de protection de la population, des centres économiques et des voies de communication.

Cette stratégie avait du bon en ce sens qu'elle fixait naturellement à l'engagement américain des limites en termes d'étendue et de durée. Et en cas d'une désescalade négociée du conflit ou d'un retrait mutuel des forces extérieures elle devrait laisser Saigon en bonne posture face au Viêtcong local.

Mais il était clair que cette stratégie ne pouvait mener à la fin de la guerre tant que la volonté et la capacité de Hanoi de la continuer n'étaient pas affectées. D'autant plus que dans ses opérations terrestres les Américains s'interdisaient de pénétrer dans les territoires du Cambodge et du Laos où campaient et se réfugiaient les troupes nord-vietnamiennes une fois leurs attaques effectuées en territoire sud-vietnamien. Avec cette limitation supplémentaire aucune victoire décisive ne pouvait être remportée.

L'engrenage d'un engagement croissant

Comme les effets d'une amélioration tardaient à se faire sentir la voie naturelle qui s'offrait aux Américains était encore et encore plus de troupes. Westmoreland avait bien vu que l'ennemi s'était engagé dans une très longue guerre d'usure basée sur une guérilla soutenue par de larges formations de troupes conventionnelles opérant à partir de bases et de sanctuaires installés en terrains difficiles et/ou terrains neutres. Il pensait que « l'objectif de l'ennemi était de créer dans l'esprit de nos troupes et du public au pays l'idée d'une insécurité excessive et d'une guerre absurde. L'ennemi avait une volonté et une détermination supérieure à la nôtre et espérait vaincre par notre perte d'intérêt dans cette guerre d'usure. »

Westmoreland rechercha donc logiquement un ascendant sur l'ennemi par une amplification de l'introduction de troupes. On vit ainsi le chiffre de 3500 Marines le 8 mars 1965 passer rapidement à 77000 dès juin puis à 184000 à la fin de l'année. Il atteignit 300000 au milieu de 1966 et plus de 485000 à fin 1967. Son pic fut atteint avec plus d'un demi-million d'hommes au début de 1969.

Manquement au devoir des chefs d'état-major et tromperie du Président

Avec un esprit d'une grande acuité McMaster[306] proposa une vision perçante de la politique de Johnson et porta un jugement très sévère. Il estima que "selon la loi, les chefs d'état-major étaient les principaux conseillers militaires au président, au NSC et au Secrétaire à la Défense. Ce ne fut pas le cas pendant l'escalade du conflit vietnamien qui devint une guerre dans laquelle les hommes combattent et meurent sans une idée claire de ce pourquoi leurs actions et sacrifices pouvaient contribuer à la fin du conflit. Cela pose la question de la responsabilité pour un des plus grands désastres de la politique étrangère des États-Unis du 20ème siècle."

McMaster rappela "qu'entre novembre 1963 et juillet 1965, LBJ prit les décisions critiques qui entraînèrent profondément les États-Unis dans la guerre. Au printemps 1964 l'administration Johnson adopta la pression graduelle comme concept stratégique pour la guerre du Viêt Nam. En août, en réponse à l'incident du Golfe du Tonkin, les États-Unis franchirent le seuil des actions militaires directes au Nord Vietnam. De là fut née la stratégie de réponse flexible de Taylor [par raids aériens] avec une carte blanche pour l'escalade de la guerre donnée par la résolution du Golfe du Tonkin. Elle commença le 9 février par un programme de frappes aériennes limitées sur des objectifs au Nord et l'introduction de troupes au Sud le 8 mars 1965. Peu après l'ordre fut donné aux forces terrestres de 'tuer les Viêtcong' et la pression graduelle évolua l'année suivante en devenant le plan pour un engagement croissant de l'Amérique pour maintenir l'indépendance du sud-Vietnam.

Cette suite de décisions dont aucune n'était en soi une décision discernable pour un 'partir en guerre' mais donne globalement l'impression d'une détermination délibérée d'y aller. Le Président et le Secrétaire d'État laissèrent dans l'ombre la nature des décisions prises et dans le flou les limites qu'ils voyaient dans l'usage de la force.

Selon McMaster ce fut une tromperie avec l'approbation tacite ou le silence des chefs d'état-major. LBJ dénatura la mission des troupes de combat au Viêt Nam, déforma les vues des Chefs d'état-major pour donner de la crédibilité à son refus de mobiliser, minora le nombre de troupes demandé par

---

[306] Herbert R. McMaster, auteur de *Dereliction of Duty* basé sur sa thèse PhD à l'Université de North Carolina et publié en septembre 1997, servit dans les guerres d'Irak et d'Afghanistan ; il accéda au grade de Lieutenant-général avant d'être nommé 'National Security Advisor' par Donald Trump en février 2017.

Westmoreland et mentit au Congrès sur le coût des actions déjà approuvées comme celles en attente de décision finale.''[307]

''L'état-major devint complice de la tromperie du Président et se concentra sur une tâche tactique, tuer l'ennemi. La stratégie de l'usure de Westmoreland était par essence une absence de stratégie. Le résultat fut une activité militaire (bombardement au Nord, élimination de l'ennemi au Sud) sans le but de réaliser un objectif clair et défini.

Le désastre ne fut pas le résultat de forces impersonnelles mais uniquement d'échecs humains dont la responsabilité devrait être partagée par LBJ et ses conseillers civils et militaires. Les défauts furent nombreux et aggravants : l'arrogance, la faiblesse, le mensonge dans la poursuite d'intérêt propre et surtout la démission de toute responsabilité devant le peuple.''[308]

Si par moments Johnson apparut comme saisi par des hésitations ou des doutes les faits montraient quand même clairement qu'il avait voulu dès le début mettre les moyens qu'il faut pour tenter de gagner la guerre.

Quelles étaient les manières de faire pour la gagner ? L'administration Johnson en avait écarté une - l'invasion du Nord - à juste raison en pensant que cela pourrait provoquer l'entrée en lice de la Chine communiste comme en Corée. Les mêmes objections furent soulevées contre une autre solution préconisée par l'amiral Sharp et de nombreux chefs de l'U.S. Air Force : Des bombardements intenses et un blocus naval du Nord.[309]

L'idée d'une guerre totale se heurtait donc toujours au même obstacle incontournable l'affreuse Chine communiste qui non seulement menaçait mais encore se moquait des États-Unis comme 'd'un tigre en papier'.

Il ne resta alors pas 36 solutions. Il faut mobiliser un effort de guerre suffisamment **important** mais en évitant d'aller jusqu'à la guerre totale, en utilisant à la fois les forces aériennes [qui seules ne pouvaient pas être efficaces] et les forces terrestres. C'était cette stratégie de lutte adoptée par Johnson qu'on appela 'guerre limitée' à laquelle fut associé un objectif aussi limité celui de forcer Hanoi à renoncer à soutenir l'insurrection au Sud.

Cet objectif visé pouvait paraître pour les militaires quelque peu abstrait. Car une fois engagés dans la guerre, tout naturellement, les chefs d'état-major

---

[307] Herbert McMaster, *Dereliction of Duty: Lyndon Johnson, McNamara, the JCOS and the Lies That Led to Vietnam*, p.330

[308] Herbert McMaster, *Dereliction of Duty: Lyndon Johnson, McNamara, the JCOS and the Lies That Led to Vietnam*, p.333

[309] Ce sera plus tard la méthode utilisée par Nixon mais sur une courte durée et dans un contexte de relations avec l'URSS et la Chine communiste complètement modifiées et dans le but non pas d'obtenir une victoire mais de signer un accord consacrant leur retrait du Vietnam et le rapatriement de leurs prisonniers détenus au Nord.

ne seraient d'accord que pour un seul objectif, celui d'imposer à l'ennemi une solution conforme aux règles normales de la guerre, une défaite par la reddition ou l'anéantissement. Dans ce cas précis quand les États-Unis entrèrent de manière progressive dans la guerre les chefs d'état-major et le Président poursuivaient des objectifs différents. Les chefs d'état-major ne pouvaient pas demander le nombre de troupes qu'ils pensaient nécessaire pour gagner militairement au Sud car le Président et McNamara ne pouvaient les exaucer qu'en partie. L'intention de McNamara de limiter l'effort américain et le sentiment des chefs d'état-major, selon lequel les États-Unis ne pouvaient pas gagner dans de telles conditions, étaient inconciliables.

Westmoreland dut développer une stratégie de guerre d'usure pour s'adapter à la guerre limitée que voulait Johnson. Le résultat fut une activité militaire (bombardement au Nord, élimination de l'ennemi au Sud) dans le but de réaliser un objectif mal défini, trop timorée et irréaliste.

La stratégie souffrait aussi d'un manque de crédibilité sur le plan politique vue de Hanoi qui n'avait pas oublié de noter la retenue des États-Unis dans ses bombardements et puisque dès le 7 avril 1965 Johnson annonça que les États-Unis étaient disposés à ouvrir des *négociations inconditionnelles.*

Dans le fond c'était une stratégie inadaptée face à un ennemi coriace qui pouvait rester indifférent au nombre de pertes humaines infligées à son peuple héroïque. C'est certainement là la grande erreur dans la stratégie de Johnson. Elle était dans le refus d'essayer de comprendre l'ennemi, de l'avoir sous-estimé et d'avoir subjectivement pensé que la puissance des États-Unis pouvait tout régler.

La grande puissance un handicap ?

Dans ce combat singulier cette puissance fut paradoxalement un handicap à plusieurs titres.

Simplement et de prime abord c'est un handicap quand la puissance est là et que l'on ne peut pas en user sans contrainte.

Ensuite le déséquilibre manifeste dans le déploiement des forces et des moyens de la première puissance du monde contre les forces d'un petit pays de paysans valut à Johnson un rejet massif de 'sa guerre' par l'opinion publique mondiale, ce qui contribua à rendre impossible le succès de son entreprise même dans les limites restreintes qu'il s'était lui-même fixées.

Enfin le déploiement de la puissance des États-Unis avait encore une autre conséquence imprévue. Jusque-là Hanoi craignait Washington et se restreignait par peur d'un anéantissement si Washington faisait usage de sa puissance impressionnante. Maintenant Hanoi découvrit les intentions et les contraintes de son puissant adversaire dans l'action. C'est comme si dans une partie de poker il avait pu deviner avec jubilation, la carte cachée de l'adversaire. Il ne se priva pas alors de faire monter les enchères, demanda une aide abondante à ses alliés du camp communiste et répondit à l'escalade américaine par sa propre escalade, insolente jusqu'à pouvoir amasser une force suffisante, le croyait-il, pour tenter de balayer le régime de Saigon avec son offensive du Têt 1968. Hanoi connaissait dorénavant les limites de la puissance de Washington.

Bilan de la stratégie de guerre limitée

L'administration Johnson avait en même temps appliqué la tactique d'une 'pression graduelle'. Appliquée aux bombardements cela n'avait rien donné de bon si ce n'étaient que des répits permettant à Hanoi de s'adapter, de se réorganiser, de reprendre ses infiltrations et de pouvoir s'équiper de batteries anti-aériennes performantes. Quant aux envois de troupes terrestres l'expression ne traduisit qu'une volonté délibérée d'essayer de cacher au public l'ampleur de l'escalade.

Qu'avaient apporté les attaques aériennes ?

''L'évaluation faite par la CIA en 67-68 des campagnes de bombardement souligna 1) que les *Rolling Thunder* avaient compliqué sérieusement l'effort de guerre de l'ennemi mais le niveau des approvisionnements qui arrivaient au Viêtcong ne cessait de croître ; 2) Les bombardements américains sur le Nord Vietnam n'avaient pas constitué un facteur limitant les opérations de l'ennemi au Sud et 3) la capacité de la RDV à récupérer des attaques aériennes était très élevée.

Les officiers de la CIA jugeaient que les bombardements tels qu'ils étaient exécutés ne pouvaient rendre le Nord physiquement incapable de continuer la guerre et que les communistes arriveraient à s'adapter à toute nouvelle escalade américaine.''[310]

Faible amélioration de la situation avec l'introduction des forces terrestres

Début juillet 67 McNamara se rendit une fois encore au Vietnam. Il entendit comme dans les nombreuses fois précédentes : ''Il y a une présence accrue de Nord Vietnamiens pour le contrôle de la guerre ; c'est devenue la force principale dans les combats ; les sanctuaires sont très importants pour l'ennemi à la fois pour la logistique comme pour les avantages tactiques qu'ils

---

[310] CIA officer Dr. Harold P. Ford, *CIA and the Vietnam Policymakers: Three Episodes 1962-1968*

leur offrent. Aussi selon le MACV les unités américaines doivent être renforcées en conséquence pour pouvoir remplir avec succès leurs misions.''

''Il écouta les rapports optimistes de Westmoreland et de Bunker [qui avait succédé à Lodge au mois d'avril dernier]. « La situation n'est pas dans une impasse. » dit Westmoreland, « Nous sommes en train de gagner lentement mais sûrement et le rythme peut être accéléré si nous renforcions nos succès. » Bunker fit généralement écho à cette analyse mais ajouta une remarque cruciale « Au final ils [les Sud Vietnamiens] devraient la gagner eux-mêmes. » Westmoreland ne sembla pas partager ce point de vue et demanda de nouveau 200000 troupes additionnelles.[311] Ce qui fut refusé pour la même raison évoquée par Bunker.''[312]

Le plus intéressant resta à trouver dans le rapport effectué par Bunker en janvier de l'année 1968 : ''Dans le domaine des opérations militaires le fait d'avoir modifié le ratio des forces combattantes vers une valeur plus convenable en faveur des forces américaines et le fait d'améliorer l'état des forces sud vietnamiennes ont donné comme résultats des actions de plus en plus efficaces contre l'ennemi. Plus nombreuses sont ses tentatives de pénétration au Sud de la DMZ déjouées, ses bases neutralisées et ses forces repoussées au-delà des frontières avec le Laos et le Cambodge. Les recrutements du Viêtcong et leur morale sont en baisse.''[313]

Cependant le potentiel de nuisance de l'ennemi restait élevé tant qu'on n'osa pas s'attaquer directement aux sanctuaires situés à l'extérieur des frontières du Sud Vietnam.

Inanité de la stratégie de guerre limitée

Le bilan dressé par l'administration Johnson devait être complété par un point négatif important qui était que l'amélioration semblait trop lente et se faisait peu sentir même au prix d'une augmentation rapide des pertes humaines. Ne faisait-on pas plutôt une mauvaise interprétation d'une accalmie choisie et décidée par l'ennemi ? En même temps la futilité de la stratégie poursuivie devenait plus apparente entraînant une perte de foi dans l'effort de guerre au sein du public américain. McNamara lui-même en sera affecté puisqu'il fut à l'origine d'une proposition pour un changement de stratégie, ce qui lui valut son limogeage.

---

[311] En vérité d'après les comptes rendus de réunions avec Johnson Westmoreland avait demandé 100000 hommes ; il obtint l'approbation du président pour une augmentation de 47296 hommes portant le total autorisé à 525000. [Doc238-238-240 Notes of Meeting, Washington July 12-13].
[312] McNamara, *In Retrospect*, p. 283
[313] Doc11. Telegram From the Embassy in Vietnam to the Department of State. Saigon, January 13, 1968

Au final la preuve la plus éclatante de l'inanité de la stratégie de guerre limitée fut donnée par l'offensive du Têt qui vint démentir magistralement les propos prononcés au National Press Club le 21 novembre 1967 par Westmoreland qui avait déclaré : « Je suis absolument certain qu'en 1965 l'ennemi était en train de gagner, aujourd'hui il est en train de perdre…Il est significatif que l'ennemi n'ait pas gagné de bataille majeure depuis plus d'un an…Il a beaucoup de problèmes, perd le contrôle de la population éparpillée qui est sous son influence…Il voit la puissance de ses forces en déclin ».

En fait dès 1966 Krulak avait élevé la voix pour alerter que la stratégie d'usure ne pouvait que mener à la défaite. Les grandes opérations 'Search and Destroy' de Westmoreland n'amélioraient aucunement la sécurité à long terme dans les villages. Il avait fallu attendre la fin de 1966 pour que McNamara commençât à s'apercevoir du peu de résultats marginaux apportés par l'introduction de plus en plus de troupes supplémentaires. Une première correction fut apportée par l'envoi de Robert Komer comme chargé de la pacification et adjoint à Westmoreland vers le milieu de 1967. Après l'offensive du Têt, au printemps de 1968, Westmoreland fut remplacé par Creighton Abrams qui appliqua une nouvelle stratégie appelée 'Clear and Hold' [Nettoyer et Garder].

L'échec de la stratégie de Johnson fut total car l'objectif poursuivi qui était d'amener le Nord à cesser son soutien aux insurgés du Sud et à cesser leur propre attaque ne fut jamais atteint. Il en avait tiré ses propres conclusions en renonçant à se représenter pour un nouveau mandat. Il pensait que cela donnerait du poids à son invitation à Hanoi pour des pourparlers de paix.

Johnson était arrivé au pouvoir au moment où il y avait 16000 conseillers américains au Sud Vietnam. Il y laissa 543400 troupes et une vraie guerre intense au moment de quitter la Maison Blanche. Il fut l'initiateur de cette 'guerre américaine' qui fit déjà 29000[314] morts et qu'il laissa à son successeur dans une impasse, sans même l'amorce d'un début de règlement du conflit malgré l'ouverture de pourparlers à Paris.

Pour cet auteur Johnson est le principal sinon l'unique responsable de cet échec cuisant. Il n'avait pas bien su gérer l'aspect militaire du problème alors qu'il avait choisi deux brillants généraux pour l'aider. Sa stratégie militaire, il l'avait imposée à Westmoreland qui avait fait du mieux qu'il ait pu. Quant à Taylor, le fait remarquable pour un général et qu'on n'avait pas assez souligné, c'est qu'il s'était opposé en vain à Johnson au sujet de l'envoi des troupes terrestres. Mais Johnson l'avait tout simplement ignoré.

---

[314] Le nombre de tués américains augmenta rapidement avec l'escalade. D'un nombre de 400 environ entre 1956 et 1964 il passa à 1863 en 65, 6143 en 66 et 11153 en 67.

La principale conséquence de l'assassinat de Kennedy c'est une guerre de 9 années

Avec le temps, un demi-siècle d'enquête et la dé-classification de documents gardés secrets les choses apparurent beaucoup plus clairement. L'engagement massif et délibéré de Johnson dans une guerre inutile était là pour étayer fortement l'idée qu'il existât un marché entre lui et le complexe militaro-industriel. Ceci fut prouvé par l'historien de l'armée de Terre Graham A. Cosmas et mérite qu'on y revienne car ce fut peut-être la conséquence la plus importante de l'assassinat de Kennedy.

Les choses furent faites de manière subtile. LBJ laissa apparaître qu'il ne changeât rien à la politique de Kennedy pendant le bout restant de son mandat partiel mais il n'attendit pas plus longtemps que sa réélection. Dès la fin de 64 le rassemblement de forces aériennes dans le Pacifique ouest était fin prêt suite à l'incident du Golfe du Tonkin et au sein du Pentagone les discussions sur le déploiement de troupes terrestres se firent plus précises.

Les premiers envois de troupes dans la version de Cosmas

Selon l'historien du Corps d'armée de Terre, Graham A. Cosmas, ''en décembre 1964 Johnson poussa son réticent ambassadeur et le commandant du MACV à proposer une utilisation plus large des troupes de combat au Sud Vietnam. Il voulait prendre toute mesure possible pour insuffler de l'énergie dans le combat contre le Viêtcong. Il envoya le 2 mars 1965 le chef d'état-major de l'armée de terre le général Harold Johnson à Saigon pour faire l'examen de l'effort américain existant et décider de ce qui pouvait et devrait être fait. Sa tâche était, dit-il à Taylor, alors ambassadeur au Sud Vietnam, *'d'évaluer l'utilisation actuelle des moyens de la Défense et de déterminer si l'ajout de nouvelles forces et techniques aurait une grande valeur.'*

Le Président utilisa aussi un langage plus imagée et le général Harold Johnson se souvint nettement qu'au matin de son départ « il enfonça son index dans ma poitrine en disant 'Get things bubbling'[315] au Vietnam. »''[316]

De fait ''l'encouragement et l'incitation furent déployés par Harold Johnson qui indiqua que les autorités à Washington seraient très réceptives aux demandes de Westmoreland. Ceci aboutit à la première demande de Westmoreland donnant lieu au débarquement des Marines à Danang destinés à la protection des bases aériennes. Westmoreland continua cependant à agir avec

---

[315] Traduction approximative 'Mettez-moi de l'effervescence dans tout ça !'
[316] Graham A. Cosmas, *MACV: The Years of Escalation, 1962-1967,* p. 200-201. US Army Center History. 2005.

précaution en paraissant suivre plutôt que précéder les intentions de Washington. Ce fut seulement avec le changement d'opinion de Taylor, devenu plus favorable sur la question de l'envoi de troupes, que Westmoreland encouragé, s'enhardit pour recommander l'introduction de troupes pour des combats au sol.''[317]

A la fin mars 1965, Westmoreland, le chef d'état-major de l'armée de terre et le chef d'état-major des Armées avaient tous, chacun de son côté, recommandé l'introduction de troupes de combat en quantité massive jusqu'à plusieurs divisions. Ceci allait dans le sens des vœux du président Johnson et de ses plus proches conseillers qui étaient à ce moment-là en faveur de l'idée d'un renforcement de l'ARVN par des soldats américains.

Et l'hypothèse d'un complot unique dans tout ça ?

Arrivé à ce stade l'hypothèse d'un complot unique visant à assassiner les deux présidents Diêm et Kennedy et ouvrant la voie à une entrée en guerre des États-Unis au bénéfice du complexe militaro-industriel semble pouvoir se reposer sur des étais solides. En tout cas l'hypothèse permet de donner une interprétation logique et cohérente à des faits qui s'ils étaient considérés comme le fruit du pur hasard conserveraient des zones d'ombre inexpliquées.

En effet on peut difficilement imaginer que Johnson ait eu de lui-même et apparemment sans raison valable une envie irrésistible de déclencher une escalade et de faire entrer en guerre les États-Unis. Quel serait son intérêt ou même l'intérêt des États-Unis alors qu'il venait d'être élu et que la situation au Viêt Nam bien que toujours difficile à cause d'une situation politique instable, n'était pas critique du point de vue militaire et ne nécessitait pas une mesure aussi radicale. Etait-il concevable logiquement qu'il ait pu déclencher cette guerre parce qu'il avait pensé simplement pouvoir la gagner ? Et/ou dans le but de sauver le Sud Viêt Nam pour le garder du côté du Monde libre ? Ce n'est qu'une fois ces questions posées qu'on se rend compte que Johnson n'avait probablement pas le libre choix de ses décisions et qu'il avait pris sa difficile décision pour des raisons profondément personnelles. Certes le choix d'entrer en guerre n'était pas non plus très difficile à priori compte tenu de la puissance des États-Unis et de la présumée force de l'ennemi à combattre. Ceci explique d'ailleurs les erreurs de la stratégie choisie et du but poursuivi qui conduisirent à l'impasse constatée après 5 années de guerre et malgré une présence de 500000 troupes au Viêt Nam.

---

[317] Graham A. Cosmas, *MACV : The Years of Escalation, 1962-1967,* p.487. US Army Center History, 2005.

CONCLUSION.

Une Guerre absurde qui se termine sans gloire

Prenant acte de l'échec désastreux de sa politique vietnamienne résultant en une guerre profondément impopulaire Johnson fit un discours à la nation le 31 mars 1968, pour proclamer qu'il limitait les bombardements au sud du 20ième parallèle afin de montrer la bonne volonté des États-Unis qui étaient désireux et prêts à entamer des négociations à tout moment. Il en profita pour annoncer qu'il renonçait à se représenter aux élections pour un nouveau mandat pour marquer les esprits et témoigner de son sérieux et de sa sincérité.

"Je voulais replacer l'offensive du Tết entreprise en début d'année par l'ennemi dans ses perspectives propres et maintenant que l'offensive avait été déjouée et qu'il y avait une chance que l'ennemi réponde favorablement je voulais annoncer notre nouvelle initiative de paix. Nous allions prendre le risque d'un arrêt des bombardements, mais j'ai l'impression que je devais dire clairement que ma décision avait été prise indépendamment de toute considération politique. Je voulais que cette décision soit bien comprise, par l'ennemi et par le monde entier, comme un effort sérieux et sincère sur la voie de la paix. Je pensais que la manière la plus convaincante de faire admettre ma position serait d'annoncer en même temps un arrêt des bombardements et ma décision de ne pas solliciter un second mandat.''[318]

Robert Kennedy entre en campagne

Il se trouva qu'à cette même année Robert Kennedy décida de se présenter aux présidentielles. Et voici ce qu'il disait en faisant campagne : « Je ne fais pas la course à la présidence pour simplement m'opposer à qui que ce soit mais pour proposer de nouvelles politiques. Je fais cette course parce que je suis convaincu que ce pays est sur un chemin périlleux, parce que j'ai de forts sentiments sur ce qui doit être fait et parce que je pense que je peux le faire et dois le faire.

Je fais cette course pour chercher de nouvelles politiques. Une politique pour terminer l'effusion de sang au Việt Nam et dans nos cités ; une politique pour combler le fossé qui existe entre Blancs et Noirs, entre Riches et Pauvres entre Jeunes et Vieux dans ce pays et dans le reste du monde. »

---

[318] Lyndon B. Johnson, *Ma Vie de Président*, p.514-516

Apparemment ce discours plut, rencontra un accueil enthousiaste et lui permit de gagner la primaire décisive de Californie. Certes la victoire dans la primaire de la Californie n'était pas encore la garantie d'une nomination mais ce fut l'accomplissement d'une grande étape dans le parcours vers ce but ultime.

Comme John, Robert fut assassiné

Bobby Kennedy était en bonne voie de gagner les primaires pour pouvoir être désigné comme le candidat du parti Démocrate ce qui l'opposerait à Richard Nixon le candidat du parti Républicain dans l'élection présidentielle de novembre 1968. Mais justement est-ce pour cela qu'il fut mortellement touché par des tirs après avoir prononcé le discours de victoire le soir des résultats de la primaire de la Californie ?

Bien étrangement la décision de Bobby Kennedy d'entrer en campagne avait beaucoup inquiété Jackie Kennedy. Quelques jours après l'annonce de sa candidature Jackie demanda à Arthur Schlesinger pendant un dîner à New York « Savez-vous ce que je pense qu'il va arriver à Bobby ? » et après que Schlesinger lui ait répondu par la négative elle dit : « La même chose qui arriva à Jack.»

Dans une Amérique déchirée par les émeutes raciales, les manifestations contre la misère et la colère publique s'exprimant de manière violente dans les rues contre la guerre catastrophique du Việt Nam Bobby Kennedy paraissait être, pour ses détracteurs comme ses supporters, le candidat représentant la promesse d'un radical changement à l'intérieur comme à l'extérieur du pays.

Il avait fait une exaltante campagne d'opposition, réclamant ouvertement une 'révolution'. Il dynamisa les jeunes, les démunis et tous les assoiffés de changement. Et tous croyaient en lui. Pour ceux qui faisaient campagne pour lui, c'était un article de foi qu'un deuxième président Kennedy à la Maison Blanche serait le signal de la fin des fléaux de pauvreté urbaine et d'inégalité raciale, à l'origine des émeutes à travers tout le pays depuis l'assassinat de John Kennedy et qui constituaient l'arrière-plan du meurtre de Martin Luther King en avril 1968.

Plus important encore les supporters de Bobby croyaient qu'il arrêterait la guerre au Việt Nam ; et comme il avait fait savoir, bien que tardivement, qu'il n'était pas convaincu par l'enquête de la Commission Warren, tous espéraient aussi une nouvelle enquête pour clarifier toutes les contradictions existant dans la narration officielle des évènements de Dallas de 1963.

Mais nombreux aussi furent ceux qui le méprisaient et le haïssaient. Il avait comme ennemis les officiels corrompus, les leaders de la Mafia et surtout le

Directeur du FBI Hoover. Sans compter la CIA et les militaires faucons de haut rang, après le Débarquement de la Baie des Cochons et la crise des missiles à Cuba. En tant que défenseur des droits civiques, de la justice raciale et du sort des fermiers américains il attira aussi la foudre des ségrégationnistes, des suprématistes blancs et certains rois de l'agriculture.

En fin de compte il avait les mêmes ennemis que ceux de son frère. Et surtout il devait fortement inquiéter ceux qui furent mêlés de près et de loin à l'assassinat de John et sa dissimulation. Bobby avait fait remarquer à un reporter ''Vous n'aurez pas de difficultés pour trouver mes ennemis. Ils sont tous là, en ville.''

Son élimination de la scène politique cette nuit de juin 1968 apporta un grand soulagement à ses ennemis et en même temps fit disparaître tous les espoirs de ceux qui croyaient en lui et en la promesse de changement qu'il représentait

Beaucoup plus clairement que dans le cas de l'assassinat de John Kennedy les principaux faits du meurtre de RFK ne correspondaient pas à la conclusion officielle qui, de nouveau, dit que seul Sirhan Bishara Sirhan avait tiré sur Bobby. Pourtant dans les minutes qui suivirent le meurtre des preuves apparaissaient montrant que Sirhan n'avait pas agi seul.

Robert Kennedy fut touché à l'arrière de sa tête et dans le haut de son dos à bout portant alors que Sirhan fut appréhendé arme à la main et positionné à des pieds de distance devant Bobby. Les coups fatals furent tirés de près comme le montrèrent les traces de poudre. De plus au moins dix coups de feu furent identifiés alors que l'arme de Sirhan ne contenait que huit cartouches. Les témoins de la scène affirmèrent avoir vu deux autres tireurs derrière Kennedy au moment où celui-ci tombait au sol. Sirhan ne se souvenait pas du crime même interrogé sous hypnose et ne semblait pas être 'dérangé' de l'avis des psychiatres qui l'avaient examiné.

Dans les semaines suivantes le Département de la Police de LA et le bureau du Procureur savaient qu'ils ne pouvaient pas faire accorder les résultats de l'autopsie officielle avec les témoignages des témoins oculaires du meurtre. Et malgré la promesse d'une enquête méticuleuse et transparente ils n'avaient rien fait pendant 20 années.

Quinze années plus tard un documentaire de Brad pour la chaîne Discovery Times présenta une preuve scientifique de l'existence d'un deuxième tireur. L'analyse de l'unique bande sonore qui avait enregistré les sons au moment du meurtre fit apparaître qu'au moins 13 coups de feu furent tirés, largement plus que les 8 coups que permettaient le pistolet de Sirhan.''[319]

---

[319] Lisa Pease, *A Lie Too Big to Fail: The Real Story of The Assassination of Robert Kennedy*

Ce qui est frappant dans l'assassinat de Bobby Kennedy, une fois connu le mensonge grossier de la thèse officielle attribuant à Sirhan la paternité du meurtre, c'est le lien manifeste qui existait entre son assassinat et celui de John. Il était évident même 5 ans après que les auteurs de l'assassinat de JFK ne voulaient pas prendre le risque de voir un nouveau Kennedy président faire ouvrir une nouvelle enquête. Ceci est un élément de plus venant étayer l'idée que Johnson est le suspect numéro 1 du premier meurtre. Car si Bobby arrivait au pouvoir - et il était en bonne voie pour y arriver - alors là plus rien ne permettrait à Johnson de pouvoir échapper à la prison. On peut raisonnablement penser que Bobby, devenu Président, mettrait les moyens de l'appareil gouvernemental au service de la recherche de la vérité. Mais les forces qui avaient collaboré avec LBJ pour lui permettre de s'emparer du pouvoir frappèrent à nouveau pour écarter toute nouvelle enquête et préserver leur propre impunité. Cette sinistre et implacable démonstration de leur puissance ne peut que faire froid au dos.

Une même méthode de la CIA

Selon Patrick Nolan ''Les preuves montrèrent de façon concluante que les deux complots utilisèrent des variantes d'une effroyable opération de la CIA au nom de MKULTRA utilisant un bouc émissaire involontaire en même temps que des tueurs habiles et cachés. C'était cette découverte qui permit de comprendre la vraie histoire des assassinats des Kennedys.

Seuls Richard Helms et James Angleton, les chefs du contre-espionnage de la CIA avaient les moyens pour planifier et exécuter ce type d'opération sans attirer de suspicions et bien qu'ils soient obligés de se reposer sur leurs plus proches collaborateurs David Atlee Phillips le chef des Affaires d'Amérique Latine de la CIA et E. Howard Hunt l'expert en sabotage ainsi que certains autres. Helms et Angleton avaient des motivations imprescriptibles comme la soif de pouvoir et l'auto-préservation. En même temps ils entretenaient avec zèle un ardent désir de vaincre le Communisme dans toutes ses formes à l'étranger et à domicile. Ils faisaient partie de la génération qui avait 'peur du Rouge', de plusieurs années plus jeunes que le sénateur Joseph McCarthy ils avaient inventé les 'Listes Noires' dans leur traque aux Communistes dans l'armée, le gouvernement et Hollywood. JFK et RFK avaient choisi une voie différente pour affronter l'anti-communisme fanatique de leur époque. Sur les questions de la guerre, de la paix et des droits civiques ils écoutaient d'autres sons de cloche et à cause de cela ils furent abattus dans la fleur de l'âge.''[320]

---

[320] Patrick Nolan, *CIA Rogues and the Killing of the Kennedys*

Élection de Richard Nixon

Richard Nixon gagna les élections présidentielles le 5 novembre 1968 sur une combine en accord avec son surnom 'Tricky Dick' [Dick le Retors] contre le candidat démocrate, le Vice-président sortant Humphrey. Par l'intermédiaire d'Anna Chennault veuve d'origine chinoise du général héros des 'Tigres Volants' pendant la Deuxième Guerre Mondiale il envoya un message au président sud-vietnamien Thiệu pour lui recommander de différer l'annonce de sa participation aux négociations de paix de Paris jusqu'après les élections. Ceci en échange d'un soutien plus ferme à la cause du Sud Vietnam s'il était élu.

Ce que fit Thiệu bien volontiers et la délégation de la RVN n'arriva que le 8 décembre 1968 et la première réunion élargie à quatre n'eut lieu que le 25 janvier 1969, 5 jours après la prise de fonction de Nixon. Ce faisant Thiệu priva le camp démocrate d'un trophée symboliquement important, celui d'ouvrir la voie à un règlement pacifique du conflit. En conséquence au dernier moment avant le scrutin l'ascension de Humphrey dans les sondages fut stoppée et Nixon l'emporta de peu, par moins d'un demi-million de voix ou 0,7 % d'écart.

La promesse du candidat Nixon

Pendant sa campagne la presse avait annoncé que le candidat Nixon avait un plan secret pour régler le conflit vietnamien et qu'il ne le dévoilerait qu'après les élections. En réalité il n'avait jamais rien dit en personne. Il avait cependant fait campagne en promettant de « mettre fin à la guerre et gagner la paix ».

Il avait déclaré en mai 1968 ''si en novembre cette guerre n'était pas terminée je dis que le peuple américain serait en droit d'élire un nouveau Président et je vous promets que le nouveau Président terminera cette guerre et gagnera la paix dans le Pacifique.''

Le plan d'action de Nixon pour la guerre du Việt Nam

Vietnamisation de la guerre

En mars 1969 le président Nixon révéla son plan d'action. Il dépêcha au Việt Nam le Secrétaire à la Défense Melvin Laird, accompagné du général Wheeler, porteur d'un clair message : ''Le peuple américain met ses espoirs dans la nouvelle administration pour mettre fin à la guerre dans des conditions satisfaisantes et une de ces conditions satisfaisantes est synonyme, pour la plupart des Américains, d'un désengagement ultime des troupes américaines des combats''. Laird fit savoir à ses responsables militaires au Việt Nam que ''leur tâche consistait désormais à se décharger du fardeau des combats de manière **prompte et méthodique** sur les sud-Vietnamiens''. C'est la fameuse 'vietnamisation' de la guerre de Nixon avec des retraits partiels et échelonnés de ses troupes.

De fait cette politique était déjà appliquée par nécessité, sans publicité et sans qu'une formulation explicite soit faite. Elle consistait à renforcer l'ARVN par l'augmentation de son effectif tant pour l'armée régulière que pour les forces régionales et locales, la fourniture de leurs équipements et la mise en place de leur entraînement. Sous Nixon elle fut érigée comme un objectif et un principe pour justifier et permettre le rapatriement des troupes américaines sans réduire sensiblement le niveau général de sécurité en fournissant au mieux un remplacement à ces départs en conformité avec la proposition du Secrétaire à la Défense.

Activation des négociations à Paris

Les pourparlers publics de la rue Kléber à Paris traînaient en longueur depuis 1968. Quelques jours seulement avant la passation de pouvoir à l'administration Nixon, le 16 janvier 1969 l'administration de Johnson put quand même annoncer la fin de son travail avec le succès des discussions portant sur les conditions, les procédures, et notamment la forme de la table, permettant aux quatre parties de commencer leurs séances de négociations, deux jours après.

Le temps nécessaire à la nouvelle administration de Nixon pour se mettre en place, pour achever leur analyse de la situation et définir leur ligne politique, conduisit rapidement à mars 69 période à laquelle, aux séances de réunions publiques quadripartites, les Américains commen-cèrent à mettre l'accent sur deux principes de base : l'auto-détermination des Sud-Vietnamiens et le retrait mutuel de toutes les forces étrangères du Sud Việt Nam.

Pour faire avancer plus rapidement les choses dès juillet 1969, Nixon et Kissinger firent appel à Sainteny[321] comme intermédiaire, pour initier en parallèle des négociations secrètes avec Hà Nội.

Voilà comment au bout de quelques mois était installé le cadre de la politique vietnamienne de Nixon, caractérisé par les deux axes d'actions menées en parallèle : un programme de Vietnamisation de la guerre et une recherche d'une paix honorable au moyen de négociations secrètes.

---

[321] Jean Sainteny, politicien envoyé à Hanoï comme délégué du gouvernement français auprès du Nord Việt Nam après les accords de Genève de1954.

Recherche d'une paix dans l'honneur ?

Le programme de Vietnamisation de la guerre se révéla rapidement être une politique de **retrait unilatéral** des troupes dès juillet 1969, modulée en fonction de la capacité des Sud-Vietnamiens à se substituer aux troupes américaines.

Début 69 à l'arrivée de Nixon à la Maison Blanche 535 000 militaires américains étaient présents au Việt Nam, fin 69 il en restait 475 200, fin 70 plus que 334 600, fin 71 plus que 156 800 et fin 1972 il n'en restait que 24 200.[322]

Le programme fut un succès certain car l'ARVN tint le coup suite à la grande offensive générale de 1972 déclenchée par Hà Nội alors que plus aucun soldat américain ne participait encore aux combats. L'ARVN ne bénéficia guère que d'un appui aérien américain.

Sur le plan des négociations Kissinger apprit à ses dépens que Lê Đức Thọ était un négociateur coriace, alors qu'en plus pratiquement il ne disposait pas de beaucoup de moyens de pression, à part les bombardements de Nixon. Les décisions de retrait des troupes qui pourraient constituer un atout, Nixon les avaient déjà 'défaussés' en appliquant son plan de vietnamisation de la guerre.

Aussi, mis en position de demandeur d'un règlement, Kissinger était astreint à lâcher des concessions au fur et à mesure, jusqu'à atteindre la ligne de fond en reniant jusqu'aux demandes initiales les plus fondamentales alors que Thọ pouvait disposer apparemment de tout son temps.

Kissinger avait fait montre d'une patience exceptionnelle et d'une grande endurance dans cette longue partie de bras de fer avec Lê Đức Thọ qui dura plus de trois ans et demi avant de voir arriver le résultat que furent les accords de Paris.

Ils furent signés le 27 janvier 1973 par les représentants des États-Unis dans le soulagement, par les représentants de Hà Nội dans le triomphe, par les représentants de Saigon dans la résignation mêlée d'appréhension et par les représentants du FNL (Front National de Libération) dans la joie mêlée d'espoir.

Ce fut pour Nixon un succès personnel car il avait réalisé sa promesse de rapatrier totalement et en sécurité ses 'boys' du Việt Nam et de récupérer les prisonniers détenus par Hà Nội. Par la même occasion il avait réalisé le souhait du peuple américain qui ne comprenait plus le sens de cette guerre et voulait voir sa terminaison.

Toutefois ce résultat final ne pouvait pas constituer un succès pour les États-Unis compte tenu de leurs objectifs initiaux quand ils s'étaient engagés

---

[322] Marilyn B. Young, *The Vietnam Wars, 1945-1990*, p.334-335

dans ce qui était devenu ensuite une galère de presque dix ans. Les États-Unis voulaient au début empêcher l'Indochine de tomber dans la sphère communiste en aidant matériellement et financièrement la France. Ils voulaient ensuite aider et contribuer à la naissance d'un état sud-vietnamien non-communiste et viable. Ils déployèrent des efforts énormes, surtout pendant les neuf dernières années où la guerre était **aussi** devenue une guerre américaine pour se terminer avec les accords de Paris.

Ce résultat pouvait même être considéré comme un grand revers en regard du nombre de plus de 55 000 militaires tués, des milliards dépensés et d'une perte de prestige considérable des États-Unis sur la scène internationale. De plus, les accords de Paris, laissaient le Sud Việt Nam, seul, dans une situation précaire, face à un ennemi acharné et implacable, pleinement soutenu par ses puissants alliés que constituaient la Chine communiste et l'URSS. Ils prévoyaient que les Sud-Vietnamiens devaient régler leurs problèmes de manière pacifique et sans ingérence étrangère. Mais ce fut finalement par la force des armes que le Sud Việt Nam tomba le 30 avril 1975 aux mains des communistes du Nord.

Le seul élément pouvant donner un sens aux 58000 morts américains par la faute de LBJ disparut aussi ce jour-là avec l'idée qu'on peut compter sur l'Amérique comme un allié fidèle et fiable.

DOCUMENTATION

SUR LA GUERRE DU VIETNAM

Foreign Relations of the United States (FRUS) series. Office of the Historian.
  https://history.state.gov/historicaldocuments
Arthur J. Dommen *The Indochinese Experience of the French and the Americans*

Bernard Fall, *Le Việt Minh*

Bùi Diễm, *Gọng Kìm Lịch Sử*
Bùi Ngọc Vũ, *Les 'Quốc gia' 1949-1959* Tome I, *1960-1975* Tome II,
         Les Perdants de la 2ème Guerre du Việt Nam.
Cao Văn Luận, *'Bên giòng lịch sử 1950-1965'*

Cao Văn Viên, *The Final Collapse*, Center of Military History US Army

Chính Đạo, *'Phiến Cộng Trong Dinh Gia Long'*

CIA review program. *Reexamination of our Perception of Vietnam.* 2 July 1996

Đoàn Thêm- *Những Ngày Chưa Quên*

Edward Miller, *Liên Minh Sai Lầm: Ngô Đình Diệm, Mỹ và số phận Nam Việt Nam*

Fletcher Prouty, *JFK : The CIA, Vietnam & the Plot to Assassinate John F. Kennedy*
Fletcher Prouty, *Understanding Special Operations And Their Impact
         on The Vietnam War Era*

Gary Aguilar, *JFK, Vietnam, and Oliver Stone*, November 2005
Graham A. Cosmas, *MACV : The Years of Escalation, 1962-1967*.
         US Army Center History, 2005

Harold P. Ford, *The CIA and the Vietnam Policymakers: Three Episodes1962-1968*
Herbert R. McMaster, *'Dereliction of Duty : Lyndon Johnson, McNamara,
         the JCOS and the Lies That Led to Vietnam'*

historynet.com/north-vietnam's master-plan

Hoàng Cơ Thụy, *Việt Sử Khảo Luận, Từ Thái Cổ Đến Hiện Đại*

Howard Jones, *Death of a Generation*

John M. Newman, *JFK and Vietnam*

John Prados, *JFK and the Diem Coup*, NSA Electronic Briefing Book

John Prados, *The Diệm Coup After 50 Years*, the National Security Archives

Lâm Lễ Trinh, *Chín Năm Bên Cạnh Tổng Thống Ngô Đình Diệm*

Larry Berman, *No peace, no Honor*

Lương Khải Minh & Cao Vị Hoàng *Làm Thế Nào Để Giết Một Tổng Thống*

Lyndon B. Johnson, *Ma Vie de Président*

Marilyn B. Young, *The Vietnam Wars, 1945-1990*

Mark Moyar, *Triumph Forsaken*

Max Boot, *The Road Not Taken- Edward Lansdale and The American Tragedy in Vietnam*

National Security Action Memorandum

Neil Sheehan '*A Bright Shining Lie*'

Nguyễn Trân, *Công và Tội*

openvault.wgbh.org, '*Vietnam War, 1961-1975, Personal narratives*', interviews

Patrick J. Sloyan, *The Politics of Deception. JFK's Secret Decisions on Vietnam, Civil Rights and Cuba*

Philippe Devillers et Jean Lacouture, *Việt-Nam De la Guerre Française à la Guerre Américaine*

Richard Nixon, *Plus Jamais de Vietnam*

Robert D. Schulzinger, *A Time For War*

Robert McNamara, *In Retrospect*

Roger Stone '*The Man Who Killed Kennedy*'

Rufus Phillips, *Why Vietnam Matters*

Special National Intelligence Estimate (FRUS)

Stanley Karnov, *Vietnam, le premier récit complet des guerres du Vietnam*

Thomas L. Ahern, Jr, *The CIA and the House of Ngô*

Tôn Thất Đính, *20 Năm Binh Nghiệp*

Trương Như Tảng, *Mémoires d'un Viêtcong*

Võ Long Triều, *Hồi Ký*

William J. Rust, *Kennedy in Vietnam*

SUR L'ASSASSINAT DE JFK

Alex P. Serritella, *Johnson Did it : LBJ's Role in the JFK assassination*

Anthony Summers, *The Kennedy Conspiracy* (1980)

Barr McClellan, *Blood, Money, &Power : How LBJ Killed JFK*

Craig I.Zirbel. *The Texas Connection*

Dan Abrams, *Kennedy's Avenger : Assassination, Conspiracy and the Forgotten Trial of Jack Ruby*

David W. Mantik, *The Silence of the Historians* inclus dans *Murder in Dealey Plaza*

Ed Tatro, JFK Assassination Expert, *The Men who Killed Kennedy : The Guilty Men.*

Edward J. Drea, *McNamara, Clifford, and the Burdens of Vietnam,*

Eli Watkins, edition.cnn.com, *JFK File Release: Mob hits on Castro, a threat on Oswald..*

Gaeton Fonzi, *The Last Investigation*

Gary Aguilar, *JFK, Vietnam, and Oliver Stone*, November 2005

Glen Sample, Loy Factor et Mark Collom, *The Men on the Sixth Floor*

Graham A. Cosmas, *MACV : The Years of Escalation, 1962-1967*. US Army Center History.

Henry Hurt, *Reasonable Doubt: An Investigation into the Assassination . of John F. Kennedy .*

Herbert McMaster, *Dereliction of Duty: Lyndon Johnson, McNamara, the JCOS and the Lies That Led to Vietnam*

HIGH TIMES September 1991

Jacob Homberger, *Regime Change : The JFK Assassination*

James W. Douglas, *JFK and the Unspeakable : Why He Died and Why It Matters*

Jerry Kroth, *'Coup d'état : The Assassination of President Kennedy'* 2013

Jim Garrison, *On the trail of the Assassins* (1991)

Jim Garrison, *The Warren Report: Part 3*

Jim Marrs, *Crossfire*

John Simkin, (john@spartacus-educational.com), Primary Sources : Mannlicher Rifle

John Simkin, *James Files*, www.spartacus-educationnal.com

Joseph Farrell, *LBJ and Conspiracy to Kill Kennedy: A Coalescence of Interests*

Lisa Pease, *A Lie Too Big to Fail: The Real Story of The Assassination of Robert Kennedy*

Mark Lane, *Rush to Judgement* (2013).

Michael Kurtz, *Crime of the Century: The Kennedy Assassination From a Historian's Perspective*

Phillip Nelson, *'LBJ : The Mastermind of the JFK Assassination'*, 2013

Richard E. Sprague, *The Taking of America* (1976)

Robert J. Groden, *The Search for Lee Harvey Oswald* (1995)

Robert Murdoch, *Ambush in Dealey Plaza: How and Why They Killed President Kennedy*

Rodney Stich, *Defrauding America* (1998)

Roger Stone '*The Man Who Killed Kennedy*'

Vincent Salandria, *The JFK Assassination : A False Mystery Concealing State Crimes*

William Reymond et Billie Sol Estes, *JFK. Le Dernier Témoin*

Printed in France by Amazon
Brétigny-sur-Orge, FR

21094098R00167